Maravillas

Cover and Title pages: Nathan Love

www.mheonline.com/lecturamaravillas

Copyright © 2017 McGraw-Hill Education

Send all inquiries to:
McGraw-Hill Education
Two Penn Plaza
New York, New York 10121

ISBN: 978-0-02-141672-1
MHID: 0-02-141672-9

Printed in the United States of America.

3 4 5 6 7 8 9 QVS 20 19 18 17 16

B

Maravillas

Autores

Jana Echevarria

Gilberto D. Soto

Teresa Mlawer

Josefina V. Tinajero

Mc
Graw
Hill
Education

LA GRAN IDEA

¡Eureka! ¡Lo conseguí!

 ¡Conéctate! www.connected.mcgraw-hill.com.

LA GRAN IDEA

Ir de aquí para allá

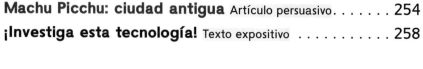

¡Conéctate! www.connected.mcgraw-hill.com.

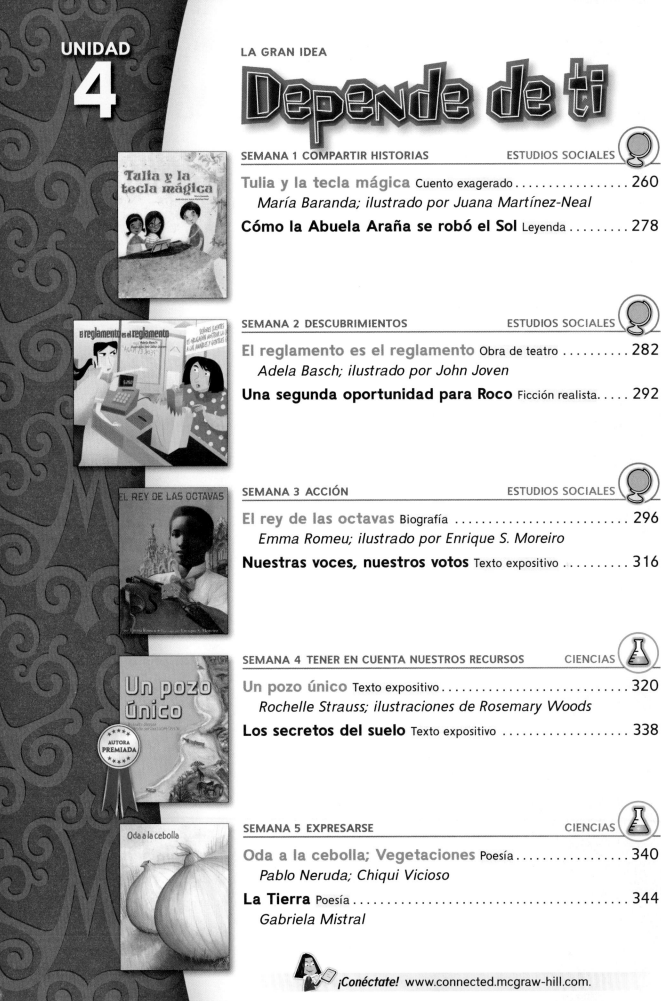

UNIDAD 4

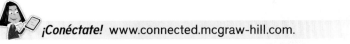

¡Conéctate! www.connected.mcgraw-hill.com.

LA GRAN IDEA

¿Qué sigue?

¡Conéctate! www.connected.mcgraw-hill.com.

LA GRAN IDEA

Vinculados

La vendedora de nubes

Basada en la idea de la niña
Magda Montiel Solís

Elena Poniatowska
Ilustraciones de El Fisgón

Pregunta esencial

¿Cómo conseguimos lo que nos hace falta?

Lee acerca de cómo una niña intenta vender algo para poder comer.

¡Conéctate!

10

El mercado huele a maíz tostado, a cebolla, a cilantro, a yerbas del monte. Huele bonito. Los **vendedores** ofrecen sus alteros de naranjas, sus sandías atrincheradas, sus pirámides de chile poblano que relumbran de verdes, sus montoncitos de pepitas de calabaza.

Entre los puestos atiborrados de **mercancía**, uno permanece vacío: ni un huacal tiene, ni una sillita, ni un rastro de sudor de mango que atraiga a las moscas. Sin embargo, sobre el tendido de plástico, una niña espera de pie.

—Bueno, niña, y tú ¿qué vendes?

—Yo, esta nube.

—¿Cuál nube?

—La que está allá arriba.

—¿Dónde?

—Aquí encima, ¿qué no la ve?

El señor levanta la vista y ve que, en efecto, una nube aguarda a prudente distancia.

—Niña, ¡las nubes no se venden!

—Pues yo la tengo que vender porque en mi casa somos muy pobres.

—Yo soy licenciado, niña, y puedo afirmarte que las nubes no son de nadie; por lo tanto, no pueden venderse.

—Pero esta sí, es mía: me sigue a todas partes.

—Ni la compraste, ni la hiciste tú con tus manitas, así que no puede ser tuya.

—¡Claro que sí! A lo mejor no con mis manitas, pero yo la hice. Una noche la soñé y tal como la soñé amaneció frente a mi puerta.

—¡Con mayor razón! ¿Quién vende sueños? La juventud de ahora anda de cabeza.

El licenciado se aleja refunfuñando. Tras de él, una señora se detiene.

Lleva puestos unos collares tan largos que casi no la dejan avanzar y brillan tanto que lastiman los ojos. Su pelo parece un panal de abejas de tan tieso y encopetado, aunque ni la abeja más **valiente** se le acerca porque huele a pura laca y a las abejas lo que les gusta es la miel.

—A ver, ¿de qué es tu nube?

—De agüita, señora. Aunque, a veces, de cristales de nieve.

—¿Es importada?

—No, señora, es de aquí.

La señora arruga la nariz.

—Lo importado es de mejor calidad.

—Le puede regar su jardín —insiste la niña—, le puede adornar la vista desde el ventanal de la sala.

—¿Para que parezca cromo? ¡Dios me libre! Las nubes son anticuadas. Decididamente tu nube no tiene nada especial.

La niña sonríe a la nube para animarla. "Olvida el desaire", le dice, y cuando todavía está mirándola, un político de traje reluciente se detiene frente a ella:

—Creo que tu nube, niña, puede ser un elemento positivo en mi campaña para diputado. ¿Sabrá escribir letras en el cielo?

—Depende de las letras, señor.

—Las del nombre del candidato. Todos podríamos verlas flotando encima de la ciudad. Si vienes con ella mañana al centro, a la sede del partido...

—¡Oh, no, señor, yo al centro no voy y menos a una oficina! Allá hay mucho esmog, del más denso y negro, y se tizna mi nube.

—Te pago un buen precio.

—No, señor, fíjese que no.

El político se da la media vuelta, pero la niña todavía alcanza a preguntarle:

—Oiga, señor, ¿en qué hojalatería le cortaron su traje?

El político se aleja disgustado porque los políticos siempre quieren tener la última palabra.

La niña permanece una hora en medio de su puesto, sin que nadie se acerque, a pesar de que anuncia su nube al estilo de los voceadores en las esquinas del centro de la ciudad:

—¿Quién quiere una nube? ¿Quién compra una nube? Una nube limpiecita, sin esmog.

Hasta que se cansa y empieza a hablarse a sí misma en voz alta:

—¡Qué hambre! ¡Lástima que no me pueda comer un pedazo de nube!

Al oírla, un militar la interrumpe.

—¿Por qué hablas sola, niña, qué tanto murmuras?

—Le estaba hablando a mi nube, capitán, le vendo esta nube, una nube de verdad.

—¡Mmm...! Una nube... No lo había pensado, pero podría servir para esconder mis aviones. Nadie se atrevería a sospechar que en una nube... ¿Sabe acatar órdenes tu nube?

—¡Oh, no señor, sus aviones se verían de inmediato! Mi nube no sirve para pelear. ¿No ve usted qué blanca y qué limpia es?

—Entonces, si no es para guerrear, no la quiero. ¡Hasta luego! —dice el militar furibundo, se pasa la mano por su cabeza de nopal llena de agujitas de cabello y se va marchando.

Una mujer flaca como las ramas de una escoba y con ojos tan chiquitos como los de un topo casi choca con el militar. Al cerrarlos para ver mejor lo que vende la niña del puesto vacío, parece exprimir sus ojitos.

—¿Quiere una nube? Le vendo mi nube.

La señora topo no responde, pero ve a la niña con cara de pregunta. No entiende nada.

—Esta nube que ve aquí es mía —le explica la niña—. Yo la soñé y ahora me sigue a todas partes, pero tengo que venderla porque mi familia es muy pobre y no tengo para comer.

—¡Claro que te la compro, chaparrita! —dice la señora, ahora con los ojos grandes y la boca abierta, como si se la fuera a comer—. Yo soy científica y sé justo qué uso darle a tu nube.

—¿Qué le va a hacer?

—Pues la voy a llevar al laboratorio y la voy a medir y le voy a tomar la temperatura y la voy a picar con agujas... Puedes venir tú también.

—¡Nooo...!

—Niña, tengo una universidad que me respalda. Voy a pagarte mucho dinero por tu nube.

—Nada, no quiero que nos inyecte. ¡Váyase!

Un vagabundo, con su morral deshilachado y su sombrero agujerado, ha estado escuchando y se acerca para ahuyentar a la señora científica, quien se aleja, pero no mucho. Le sonríe a la niña con su boca chimuela.

—Así que esa nube es tuya... Claro, ya lo sabía.

—Sí, señor. ¿Cómo lo **adivinó**?

—Pues por el mecatito del cual la traes amarrada. Yo también, de niño, tuve una nube y la llevaba jalando como un globo, nomás que se me perdió. Con la edad, se le van perdiendo a uno las cosas.

AHORA COMPRUEBA

Volver a leer ¿Por qué no ha podido vender su nube la niña? Te puede ayudar a contestar la estrategia de Volver a leer.

15

Un obrero, de overol y cabello blanco, pregunta al pasar:

—A ver, niña, si te la compro, ¿cómo me la llevo?

—Pues desamarro el cordelito y usted la jala.

—¿Y en dónde la meto? En mi casa no va a caber.

—Sí cabe, cómo no, sí cabe. Nosotros somos siete y vivimos en un solo cuarto. Yo, en la noche, la meto en una botella para que no ande flotando por ahí, arrimándose a otras puertas; vayan a decir los vecinos que anda en busca de que le regalen un taco.

—Bueno, ¿y qué come?

—Airecito pero del limpio.

—Y si se hace agua, ¿me voy a quedar sin nube?

—No, al día siguiente vuelve a **evaporarse**. Ya me ha sucedido y siempre regresa.

—Y en la mañana, ¿cómo le hago si tengo que ir a la fábrica?

—Nomás destapa la botella, la nube sale, bosteza, se estira, se alisa la falda, se esponja el cabello y ya la puede usted sacar al patio a que se vaya para arriba de nuevo. Solita se suspende en la atmósfera. Es muy acomedida, entiende todo, como los perros, y por eso me sigue como uno de ellos.

—¿Cuánto quieres por ella?

—$7.75. La semana pasada la daba a $7.50, pero como todo va subiendo hasta las nubes debido a los malos políticos, tuve que aumentar su precio. Nomás cuídela usted cuando haya tormenta porque, como ya le anda por irse con las otras nubes, se inquieta mucho y se pone negra de coraje.

El obrero cuenta los $7.75, se amarra el mecate a la muñeca y la vendedora le da un empujón diciendo: "Vete, nube".

El vagabundo, que ha presenciado toda la operación, se entristece. Bajo los ojos de la niña ruedan dos grandes lágrimas.

—¿Para qué vendiste semejante tesoro? ¡Lástima, lástima!

—Ahora mismo recojo mi tendido para ir a comprar y te convido a comer.

La niña se seca las lágrimas y junto con el vagabundo enrolla el plástico que tenía en el piso para delimitar su puesto, cuando la señora científica, que ha estado escondida todo este tiempo detrás de unas cajas con cáscaras de melones, se acerca y le dice:

—El señor vagabundo tiene razón. A mí me encantaría saber por qué pudiste soñar una nube, por qué una nubecita te sigue como un cachorro a su dueño y por qué todas esas cosas te pasaron a ti, cuando nunca le pasan a nadie. Pero más importante que saber todo esto y hasta más importante que los $7.75 que ahora tienes en tus manos, es que puedas disfrutar de tu nube.

Al escuchar todo esto la niña llora de nuevo.

Se siente la peor niña del mundo por haber **abandonado** a su nube-borreguito.

> **AHORA COMPRUEBA**
>
> **Volver a leer** ¿Por qué cuestionan el vagabundo y la científica la venta de la nube? Usa la estrategia de Volver a leer para ver si comprendiste bien.

Cae la noche y un charco de lágrimas crece alrededor suyo... cuando aparece refunfuñando el obrero de pelo blanco.

—Esta nube a cada rato me jalonea, de todo reniega; por poco y me rompe el brazo. Mientras salíamos del mercado se comportó, pero ya no la aguanto más. ¡Es muy mustia! Devuélveme mis $7.75.

En menos de un segundo, la vendedora le tiende los brazos a la nube.

—¿Y mi dinero? —se irrita el obrero.

—Aquí está, aquí está... Yo tuve la culpa: la nube no quería irse y yo la obligué y no es bueno forzar a las nubes.

La nube desciende hasta quedar a los pies de la niña; el vagabundo, contento, ordena:

—Súbete rápido.

—¿Qué vamos a hacer?

—Irnos de viaje, darle la vuelta al mundo. Yo sé de eso, ¿qué no ves que soy vagabundo? Vamos a soñar, que es lo mismo que viajar; las nubes son muy sabias y al ratito, cuando nos cale el hambre, bajaremos a cortar elotes tiernos. Súbete, súbete, pícale; tú también, nube. ¡Arranca...!

AHORA COMPRUEBA

Volver a leer ¿Consigue la niña lo que le hace falta? Explica. La estrategia de Volver a leer te puede ayudar.

La nube se levanta despacio. Lleva en sus brazos de algodón a la niña y al vagabundo.

Y antes que los marchantes y las señoras que regatean en el mercado puedan hacerse cruces, desaparece en el horizonte estrellado con su preciosa carga. Entonces, un estallido de cohetes la hace subir todavía más alto para que nadie pueda alcanzarla.

En la noche oscura el espectáculo es magnífico: en medio de las luces artificiales, un vagabundo y una niña sonríen sobre la nube que se eleva rumbo al cielo.

FIN

Dos periodistas premiados internacionalmente

Elena Poniatowska

¿Sabías que Elena Poniatowska fue la primera mujer en recibir el Premio Nacional de Periodismo de México? Eso fue en 1979. También se le reconoce por ser una gran escritora de cuentos, novelas y poemas.

Poniatowska nació en París. Su madre era mexicana y su padre polaco. Elena tenía 10 años cuando llegó a México y se nacionalizó como mexicana cuando tenía 32 años. Los temas principales de la escritura de Poniatowska son: México, con su belleza y sus injusticias, y la mujer y su rol en la sociedad.

Rafael Barajas

"El Fisgón" nació en la Ciudad de México y es arquitecto de la Universidad Nacional Autónoma de México (UNAM). Además, es caricaturista desde que descubrió a los veinte años que esa era su verdadera vocación. Sus cartones e historietas han aparecido regularmente en muchas de las publicaciones más prestigiosas de México. En el 2000 fue publicado su libro *La historia de un país en caricatura,* por el Consejo Nacional para la Cultura y las Artes (Conaculta). En el 2002 recibió la prestigiosa Beca Guggenheim y se dedica a la investigación de la caricatura en México.

Propósito de la autora

La autora utiliza elementos reales e imaginarios en el cuento. ¿Cómo ayuda esto a entender el mensaje que ella nos ha tratado de enviar?

Resumir

Usa los sucesos importantes del cuento *La vendedora de nubes* para resumir. Los detalles del organizador gráfico pueden servirte de ayuda.

| Personaje |
| Ambiente |
| Principio |
| ↓ |
| Desarrollo |
| ↓ |
| Final |

Escribir

Piensa en la relación de las ilustraciones con la narración del relato. ¿Cómo te facilitan los elementos de la estructura del texto entender los sucesos y las emociones de los personajes?

> La estructura del texto consta de...
> Esto me facilita entender los sucesos y las emociones de los personajes porque...

Hacer conexiones

Comenta en qué forma la niña obtuvo lo que necesitaba.
PREGUNTA ESENCIAL

Habla acerca de lo importante que es la solidaridad cuando hay necesidad de algo. EL TEXTO Y EL MUNDO

¿Cuánto vale una vaca?

Robert y Aída Marcuse

La invención del dinero

Juan regresó descontento. Le parecía
que había hecho muy mal **canje.** Le
había dado a Pablo tres estampillas que
consideraba valiosas, pero sólo había
obtenido a cambio dos de las que él quería.

—Entonces… ¿cómo se hace para
conocer el valor de algo? —preguntó a su
padre con un gruñido.

—Ustedes se sorprenden cuando
les contamos que sus abuelos vivían sin
aparatos de televisión, computadores, ni
teléfonos celulares. Pero… ¿saben que en
una época tampoco existía el **dinero**?
—contestó papá—. En ese entonces era
muy complicado intercambiar bienes.

Si alguien tenía una vaca lechera y
quería cambiarla por tres pollos, un montón

de leña, dos taburetes para sentarse y tres ovejas, que pertenecían a cuatro personas distintas, tenía un problema. No podía darle a cada uno un pedazo de su vaca sin matarla, ¡y nadie hubiera podido ordeñar una vaca muerta!

Por suerte, cada vez que se necesita algo, alguien lo inventa. Entonces se inventó el dinero. Es uno de los inventos más importantes de todos los tiempos, pues transformó el mundo, al permitirnos comprar y vender cosas grandes o chicas, sin tener que cortar las grandes en otras más pequeñas.

Ahora pueden vender la vaca por una suma de dinero y comprar cualquier cosa que necesiten, sin tener que sacrificar al pobre animal.

—¡Viva la vaca! —bromeó Juan.

"¿CUANTO VALE UNA VACA?" ©Marcuse, Aída y Robert J. Marcuse ©Panamericana Editorial Ltda., 2011 Calle 12 No. 34-20, Tels. (571) 3603077 Fax. (571) 2373805

¿Dinero o jirafas?

—Claro que primero hay que darle un precio a cada cosa. El precio es el valor en dinero que se le da a algo —explicó papá—. En cuanto el empleado de una tienda nos dice el precio de una bicicleta, podemos decir si es barata o cara, porque tenemos idea de qué otras cosas podemos comprar por la misma cantidad de dinero. Difícilmente hubiéramos podido conocer el valor de la bicicleta si el empleado nos hubiera dicho que su precio era dos jirafas, porque no tenemos la más remota idea sobre cuánto vale una jirafa.

24

—Y Pablo y yo no sabemos cuánto valen nuestras estampillas, ni en jirafas, ni en dinero... a mí me parecen más valiosas las mías, y él cree que las suyas valen más —comentó Juan.

—Aunque lo supieran, igual deberían ponerse de acuerdo sobre su precio antes de intercambiarlas —puntualizó papá.

Haz conexiones

Di cómo el dinero puede ayudar a conseguir algo que se necesita. PREGUNTA ESENCIAL

¿En qué forma ha conseguido algo que necesita una persona sobre la que hayas leído? ¿Cómo ayudó o pudo ayudar el canje o el dinero? EL TEXTO Y OTROS TEXTOS

Pregunta esencial

¿Qué nos puede hacer cambiar de idea?

Lee sobre cómo la investigación de un crimen llevó a conclusiones distintas.

¡Conéctate!

EL INTRUSO Y LOS CUERVOS

José Moreno
ilustrado por Viviana Diaz

Unos dicen que apareció a finales de marzo, como las cigüeñas. Otros que bien avanzado abril porque no lo recuerdan con ropa de invierno y la nieve, aseguran, se había ido de las montañas cuando irrumpió en nuestras vidas. Nadie sabe cómo, por qué, ni tan siquiera cuándo vino, pero al llegar el verano era tan necesario en nuestro paisaje como el álamo de la Calle Mayor, el supermercado Maravillas o la estatua de Venancio Gómez, gloria nacional injustamente olvidada.

No hablaba, no saludaba, no sonreía a los niños, no acariciaba a los perros, no pedía, no daba, no tenía nombre. Simplemente estaba allí: confundido con los muros de la esquina donde dormía o paseando cabizbajo con sus propiedades a cuestas. Simplemente estaba, y de tal manera que parecía tan antiguo como el pueblo.

Naturalmente se hablaba de él. Junto con el calor sofocante y el repentino divorcio del señor alcalde, el intruso surgía una y otra vez en las conversaciones de aquel verano. Compréndanlo, en mi pueblo nunca ocurría nada. Nada extraordinario, quiero decir.

Un día se presentó ante el cajero automático del banco y metió su tarjeta en la máquina como un ciudadano cualquiera. Sin conceder una mirada de aliento a sus asombrados vecinos, sacó una cantidad de dinero que fue creciendo fabulosamente a medida que pasaba de boca en boca. Las inquietudes también crecieron.

Para el dueño de la papelería el asunto no planteaba dudas: —Nadie en su sano juicio duerme en la calle si puede vivir como un pachá. Deberían encerrarlo en un manicomio porque le falta un tornillo.

El vendedor de electrodomésticos estaba fuera de sí: —Esto es muy sospechoso. Ese tipo oculta algo y, créanme porque sé de qué hablo, algo turbio, tal vez algo criminal...

El director del banco, siempre cauteloso y sensato, trataba de calmar los ánimos con palabras bien escogidas: —No hay que precipitarse. La cuestión merece una investigación serena, objetiva. Y estoy seguro de que las autoridades se harán cargo de la misma, como les corresponde.

Las autoridades, sin embargo, no se hacían cargo de nada. El alcalde parecía estar más ocupado en otros problemas. El **juez** trataba de explicar (con fastidio y poco éxito) que aquel extraño individuo no había cometido ningún delito, que las acusaciones eran pura fábula y que no le pagaban por juzgar la imaginación de la gente.

Leónidas Bermejo, sargento de sí mismo en la policía municipal, era la autoridad más desdichada. ¿Cómo tranquilizar a los caballeros que desde las mesas del café pedían drásticas medidas? ¿Cómo razonar con las señoras que lo perseguían agitando sus bolsos? ¿Cómo proteger a la infancia de tan pésimo ejemplo?

Supongo que cuando hablaban de la infancia, se referían a mí, que por entonces era una niña de once años. Pues bien, la infancia se preguntaba por qué aquel misterioso individuo debía servirnos de ejemplo, bueno o malo. Es verdad que también nos intrigaba: al fin y al cabo era el primer vagabundo de carne y hueso que

habíamos conocido. Pero nuestro interés habría desaparecido con el tiempo de no ser por el constante alboroto de los mayores.

No les contaré lo que en mi casa decían los mayores porque, poco más o menos, eso mismo decían en todas las casas, y ustedes, lectores inteligentes, sabrán adivinarlo. Sí les contaré, en cambio, mis charlas con Virgilio.

Virgilio tenía una edad y un pasado imprecisables; vivía de una pensión ganada, según parece, en una guerra victoriosa, y pasaba las horas meciéndose en el porche de una casa catastrófica. Entre sus peculiaridades destacaba la de ser más bien pobre y poseer la biblioteca más rica en muchos kilómetros a la redonda. Además era ciego.

Yo lo visitaba con frecuencia. Al principio para cobrar las pocas monedas que pagaba por leer en voz alta unos libros incomprensibles, después para abrumarlo a preguntas.

Una tarde nos perdimos en el laberinto de una poesía que hablaba de fugas y **fugitivos**. Todavía no he encontrado la salida, pero en aquella ocasión el intruso nos permitió bajar un rato de las nubes.

—Mucha gente dice que es un hombre malo, que se debería investigar su vida.

—Mira niña —nunca faltaba esa frase cuando se irritaba—, por ahora no es ni malo ni bueno, simplemente es distinto. Vamos a ver, ¿por qué molesta?

La pregunta se quedó suspendida en el aire.

—Pero la gente está asustada, y piensa...

—La gente asustada piensa con los pies —Virgilio podía ser demasiado tajante y también algo injusto—. Escucha. Estamos convencidos de que todos los cuervos son negros, y desde luego se trata de una convicción muy justificable porque nadie ha tropezado con un cuervo amarillo o verde. Pero imagínate ahora al dueño de la papelería paseando por el campo. De pronto ve un objeto blanco con pico que da saltitos y revolotea. "¡No puede ser!", exclama aterrado. Se aproxima a la cosa y la cosa es un cuervo. Escandalosamente. Pero una lucecita alivia los temores del paseante: "Lo parece, pero a mí no me engaña. Si es blanco no es cuervo". Nuestras ideas, como ves, pueden cegarnos.

De vuelta a casa pensé que tal vez Virgilio era también un cuervo blanco; tan blanco, tan extraño y tan intruso como el desconocido a quien defendía.

El verano murió despacio. Los niños regresamos a la escuela y mis encuentros con Virgilio se hicieron menos frecuentes. Las hojas invadieron el pueblo hasta que un viento helado se las llevó hacia el sur, como a las cigüeñas. El intruso, sin embargo, siguió en su esquina, abrazado a una manta y envuelto por la desconfianza de casi todos. Los cuervos también se quedaron.

Una mañana las calles amanecieron blancas. Primero fueron ocupadas por sonrientes muñecos y blandas batallas, después por el silencio. ¿Han oído el silencio de la nieve?

Hacía ya rato que mis padres habían apagado el televisor. Yo volaba en sueños sobre la cordillera y descendía como un águila hacia el valle cuando un trueno me obligó a aterrizar en el dormitorio. Abrí los ojos. Sonó otra detonación y todas las casas estallaron de luces. Y las ventanas se abrieron y se oyeron preguntas nerviosas y a los pequeños nos ordenaron que volviéramos a la cama. ¡Inmediatamente!

¿A la cama? Desde lo alto de la escalera traté de sacar algo en limpio de las frases entrecortadas que se amontonaban abajo. Alguien había entrado en una casa, alguien había robado no sé qué, alguien había disparado al ladrón, pero éste había huido.

Al día siguiente todo se aclaró. La víctima era doña Rosa Pantoja, y el botín... ¡sus joyas! Nada menos que sus joyas. Todo el mundo había oído contar que la señora Pantoja escondía un fantástico tesoro. Nadie lo había visto, y ella fabricaba una sonrisita cómplice cuando se le mencionaba el asunto, pero sólo unos pocos dudaban de su existencia. Entre ellos, claro, Virgilio.

La identidad del malhechor, por el contrario, era indudable. Aprovechando la oscuridad de las calles desiertas, el intruso había forzado una puerta y penetrado en la mansión de la anciana. Sigilosamente se había dirigido a la cocina, había destapado una olla y se había apoderado de las joyas. Aun durmiendo como un tronco, la señora Pantoja oyó ruidos. Se levantó, tomó una vieja escopeta y se lanzó escaleras abajo.

Cuando distinguió la silueta del malhechor hizo dos disparos; el primero a través de los vidrios rotos de la puerta y el segundo desde el jardín. Su reacción fue rápida, pero el malvado consiguió perderse entre las sombras. Sus huellas, limpiamente dibujadas sobre la nieve, se adentraban en la maleza.

El pueblo era un gallinero. Leónidas Bermejo dirigía las indagaciones con una seriedad que no lograba disimular su alegría. ¡Por fin un delito de verdad! El alcalde estaba muy afectado y prometía la instantánea captura del delincuente. El juez callaba.

AHORA COMPRUEBA

Volver a leer ¿Por qué pensaba la gente que el intruso era el ladrón? Volver a leer te puede ayudar.

Virgilio y yo decidimos visitar el escenario de la fechoría. De la afligida señora Pantoja sólo obtuvimos lágrimas y lamentos. La dejamos al cuidado de las voluntarias que se habían juntado para consolarla y salimos a inspeccionar el jardín. Allí Virgilio me fue haciendo toda clase de preguntas hasta que finalmente exclamó: —Ya está, acompáñame a casa.

Por el camino me detalló sus conclusiones.

—Aquí no ha pasado nada.

—Me parece que ha pasado un robo —dije sonriendo.

—Eso no está claro. Primero convendría saber si había algo que robar, porque las célebres joyas fueron siempre invisibles, y no lo digo sólo por mí. Pero lo importante es que nadie entró en la casa: se supone que el ladrón rompió el vidrio de la puerta, introdujo la mano y abrió el cerrojo. En fin... ya es raro que se arriesgara a organizar un estrépito semejante, pero que los cristales rotos cayeran hacia afuera es milagroso.

—¿De veras crees que la señora Pantoja está mintiendo? ¿Que no hay joyas? ¿Que no ha habido robo?

—No. Probablemente cree lo que dice. Ésta es mi teoría: la buena mujer duerme como un angelito cuando un ruido la despierta; puede ser un gato o una pesadilla, pero ella agarra su escopeta. A través de la puerta ve una sombra en el jardín. Puede ser un perro o un extraterrestre, pero ella sabe que es un ladrón y dispara destrozando vidrio y cerrojo. En cuanto a las joyas, ¿qué te puedo decir? Quizá después de tanto ocultarlas haya olvidado el último escondite. Quizá sean una ilusión.

—Eso no me convence —le dije—, algo no encaja. Todo lo basas en que la señora delira, y eso es suponer demasiado.

—No te apresures, todavía falta el gran argumento.

—¿Cuál? —repliqué desafiante.

—Elemental: el presunto bandido jamás hablaba con nadie y, por lo tanto, desconocía la existencia de las joyas.

—Pudo escuchar una conversación y...

—Sí, ¿pero cómo pudo averiguar que el tesoro estaba en una olla? Ni hay señales de que revolviera la casa ni, por otra parte, tuvo tiempo de hacerlo.

—Vigiló a la señora. Se dice que ella cambiaba el escondite de las joyas cada dos por tres.

—Eso no tiene sentido. Él era el vigilado. Recuerda que se trata de una rareza y si lo hubieran visto merodear por la casa...

—De todos modos —lo interrumpí—, todos están de acuerdo en que su huida lo delata; es como una confesión. Y has olvidado las huellas.

—Eso es lo alarmante, que todos estén de acuerdo. Nuestra **inocencia** necesita culpables, y si no hay uno a mano... se

inventa. En cuanto a las huellas, tú misma me dijiste que había un montón. Teniendo en cuenta la muchedumbre de detectives que se presentó allí, parece improbable que pudieran distinguirse precisamente las del bandido. Sólo nos queda la huida. Nada nos cuesta ponernos en el lugar del sospechoso. Dormita, trata de combatir el frío envuelto en mantas y cartones y, como todos, escucha el estruendo. No sabe qué ha ocurrido, pero da igual; sabe que es un culpable ideal y que conviene levantar el vuelo.

Había algo frágil en los razonamientos de mi amigo. Ahora, años después, creo que pensaba empujado por una voluntad de absolver tan fuerte al menos como las ganas de culpar que él veía en el resto del pueblo.

Pasaron varios días. La indignación casi se había desinflado cuando una tarde reapareció el intruso. Dos policías lo escoltaban. Se alojó aquella noche en el calabozo del ayuntamiento bajo la atenta mirada de Leónidas Bermejo, que no pensaba tolerar la fuga de un ladrón tan ilustre.

AHORA COMPRUEBA

Volver a leer ¿Por qué piensa Virgilio que es un error culpar al intruso? ¿Está de acuerdo con él la niña? Usa la estrategia de Volver a leer.

33

A la mañana siguiente, nuestro pésimo ejemplo fue interrogado por el juez mientras la gente aguardaba expectante. Más de uno lo imaginaba cargado de cadenas en una **prisión** inmunda.

Yo no asistí al interrogatorio, pero con la maraña de habladurías logré reconstruir lo que había ocurrido dentro del juzgado.

—Como ya sabe, se le acusa de haber robado las joyas de la señora Pantoja la noche del treinta de noviembre. Tiene usted derecho a la asistencia de un **abogado** —dijo el juez.

—No necesito abogado.

—En ese caso quiero advertirle de que todo lo que diga puede ser utilizado en su contra; naturalmente tiene usted derecho a no contestar si...

—Conozco mis derechos. Los he oído en mil películas.

—Ahórrese aclaraciones y procedamos. Para empezar, ¿por qué vino a este pueblo?, ¿qué intenciones traía?

—Ninguna. Me instalé aquí como podía haberlo hecho en cualquier otro sitio. De todos modos no me parece que investigar mis intenciones sea tarea de este juzgado.

—Yo decido cuáles son las tareas de este juzgado. ¿Entendido?

—Perfectamente.

—Entonces vayamos al grano. ¿Robó usted las joyas de la señora Pantoja?

—Pues no. Son ustedes muy listos, pero de sus observaciones han excluido la más simple: el frío. Yo caminaba tiritando por las calles. No podía dormir. De pronto vi la ventana de un granero o un garaje o lo que fuera, y me dije "allá voy". Y allí fui, pero con tan mala fortuna que la estúpida ventana crujió. A los pocos segundos la puerta de una casa cercana saltaba hecha añicos y una mujer visiblemente enojada me disparaba con una escopeta. No le extrañará que corriera como alma que lleva el diablo.

—¿Y por qué huyó?

—Porque ustedes practican la hospitalidad a tiro limpio. Además, si hubiera sabido lo del robo me habría quedado para no levantar sospechas. Pero le garantizo, amigo mío, que ignoraba la existencia de esas joyas.

Cuando Leónidas Bermejo le contó la historia a Virgilio, mi amigo sonrió con alegría maliciosa: la **acusación** se había desmoronado aunque los hechos no se ajustaran a sus elegantes razonamientos.

El juez decidió no considerar el delito menor (allanamiento de morada o algo así) y retiró la acusación principal por falta de pruebas. Al fin y al cabo, sólo la víctima había visto el botín. El intruso fue puesto en libertad, pero muchos ciudadanos no lo absolvieron: había una culpa vacante y alguien debía cargar con ella.

Él partió hacia el sur, como las cigüeñas. Y nos dejó solos.

Han pasado los años. Doña Rosa murió, su mansión fue demolida y en su lugar se alza ahora una estupenda pizzería. Entre los triturados tablones del piso se descubrió un pequeño cofre. Contenía unas cuantas baratijas que los obreros depositaron en la basura. Virgilio ha envejecido, pero continúa meciendo sus ideas en el porche de una casa catastrófica.

Mientras escribo, los cuervos revolotean sobre la nieve en una ciudad del norte.

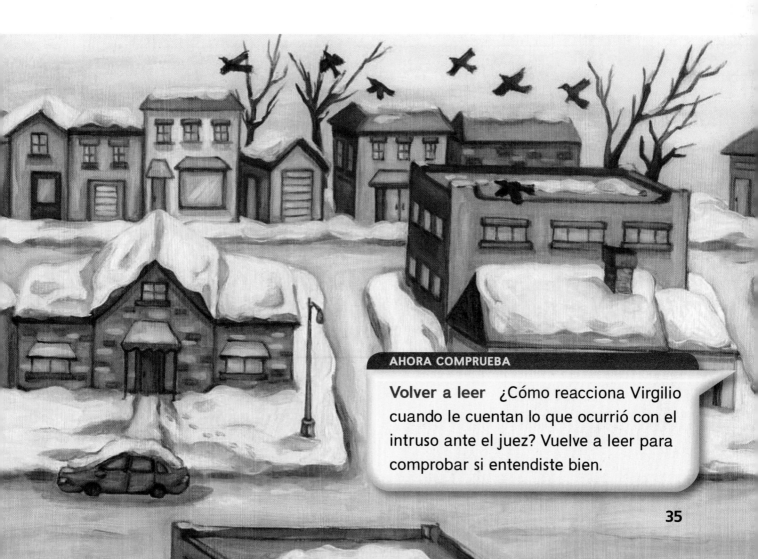

AHORA COMPRUEBA

Volver a leer ¿Cómo reacciona Virgilio cuando le cuentan lo que ocurrió con el intruso ante el juez? Vuelve a leer para comprobar si entendiste bien.

Conozcamos al autor y a la Ilustradora

José Moreno

Viajero infatigable y gran observador, lo primero que guarda José Moreno antes de salir de viaje son sus cuadernos y lápices. Con ellos escribirá las historias que le contará a su hijo Diego.

Cuando no está viajando, y a veces también durante sus viajes, José escribe para varias editoriales de Estados Unidos y España.

La idea de escribir *El intruso y los cuervos* nació a raíz de una conversación telefónica, en la que un amigo le comentó a José Moreno lo molestos que estaban en su pueblo por la llegada de "alguien que no tiene nada que ver con este lugar". "Sorprendido al ver cómo el miedo atonta a la gente, decidí escribir el cuento y enviárselo como regalo", dice José.

Viviana Diaz

El haber crecido en una familia cubana ha sido una gran fuente de inspiración para Viviana Diaz. Recuerda haber dibujado todos los días después de la escuela; ilustró su primer libro a los siete años. Desde luego, pasaron muchos años antes de que hiciera su primera ilustración oficial para una revista.

Viviana estudió en la Ringling School of Art & Design en Florida, y luego trabajó como artista escénica en Dallas (Texas). Entre la enseñanza y la publicidad ha participado en muchos aspectos del mundo del arte.

Propósito del autor

Los escritores escriben para entretener, enseñar o persuadir. ¿Qué motivó al autor a escribir el cuento? Da un ejemplo.

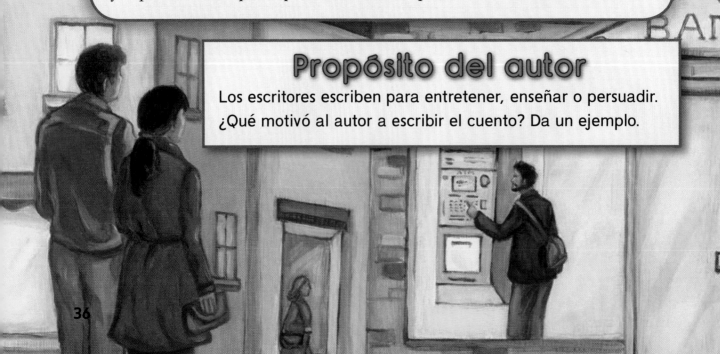

Respuesta al texto

Resumir

Usa los detalles más importantes de *El intruso y los cuervos* para resumir el cuento. Incluye detalles y sucesos del organizador gráfico de problema y solución.

| Personaje |
| Ambiente |
| Problema |
| Sucesos |
| |
| Solución |

Escribir

Piensa en cómo desarrolla el autor el personaje del vagabundo a lo largo del relato. ¿Cómo emplea algunos recursos para crear este personaje y comunicar que no debemos juzgar a los demás sin evidencia suficiente?

> Para desarrollar el personaje del vagabundo, el autor emplea recursos como…
> Estos recursos sirven para transmitir el mensaje de la lectura, ya que…

Hacer conexiones

Habla sobre cómo tuvieron que cambiar de idea el sargento Leónidas Bermejo y la gente del pueblo cuando fue demolida la mansión de la señora Pantoja. PREGUNTA ESENCIAL

En este cuento, Virgilio y el sargento Leónidas Bermejo llegaron a conclusiones muy distintas sobre el significado de las pistas. ¿Cómo demuestra este cuento que es importante cuestionar a fondo todas las evidencias y pruebas cuando se investiga un delito? EL TEXTO Y EL MUNDO

Compara los textos

Lee acerca de cómo se investiga
un crimen.

Cómo se Investiga un Crimen

La policía asegura la escena de un crimen con una cinta especial amarilla.

Una computadora desaparece de la casa de una señora a mitad del día. Nadie vio lo que ocurrió. Es el trabajo de la policía averiguar quién cometió el crimen. Sin tener un testigo, ¿dónde pueden comenzar? ¿Dónde comenzarías tú? ¡En las ciencias, por supuesto! Misterios como este se resuelven todos los días con la ayuda de los científicos, quienes, como la policía, quieren atrapar criminales.

Cuando se comete un crimen, la primera persona a la que llaman al lugar del delito es un investigador. Con frecuencia los investigadores trabajan en equipos formados por científicos y detectives de la policía. Juntos tratan de resolver los misterios. Cada **investigación** es diferente. El equipo de investigadores debe usar distintos grupos de personas y crear nuevas maneras de resolver cada caso.

Norma Jean Gargasz/Alamy

38

¿Qué es el lugar del delito?

El lugar del delito es en donde se cometió el crimen. Cada lugar del delito se maneja de manera diferente, pero hay pasos que los investigadores deben seguir. Primero, el equipo de investigadores observa el lugar para recopilar información. Tienen que decidir qué parte del área puede ser considerada lugar del delito. Si hubo un robo, ¿pueden los investigadores ver por dónde anduvo el ladrón? De ser así, la trayectoria es parte del lugar del delito. Luego, bloquean un área mayor al lugar del delito, para proteger el lugar. Los investigadores necesitan asegurarse de que nadie toque o mueva algo que pueda haber sido parte del crimen.

Buscar y recopilar evidencias

Los investigadores buscan evidencias minuciosamente en el lugar del delito. Para buscar a fondo, siguen un patrón. A veces buscan en un área circular. Otras veces, buscan en un patrón yendo hacia delante y hacia atrás. La primera evidencia que recolectan es una descripción del lugar. ¿Qué ven, huelen o escuchan los investigadores? Toman fotos y anotan cualquier cosa que tenga importancia. Los detectives además recogen otras evidencias de los testigos. Entonces los investigadores usan la evidencia del lugar del delito para decidir qué tipos de científicos e instrumentos serán necesarios para llevar a cabo su investigación.

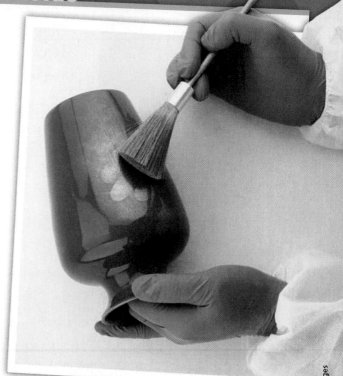

Cualquier fragmento de evidencia, como una huella digital, puede conducir a la policía a la persona que cometió el crimen.

Dorling Kindersley/Getty Images

Los investigadores recopilan evidencias físicas. Buscan pequeños fragmentos de evidencia, como trozos de pintura, de hierba y vidrios rotos. También buscan huellas y marcas de cualquier instrumento que se pueda haber usado. También recolectan fibras y cabellos. Esta evidencia se lleva a los científicos en el laboratorio para que se haga un **análisis**.

Esta científica está haciendo pruebas con la evidencia recopilada en un lugar del delito.

El trabajo del científico

Los científicos que estudian las evidencias se llaman científicos forenses. Ellos examinan todas las evidencias para obtener medidas correctas y hacer comparaciones. Al terminar de analizar los resultados, los científicos, con frecuencia, dan opiniones acerca de la evidencia. Sus opiniones y los resultados de las pruebas pasan a manos de los detectives del caso.

Resolver el caso

Los detectives usan la evidencia que recolectaron y la información de los científicos para averiguar lo que sucedió en un crimen. Así la policía puede usar toda esa información para buscar y capturar a los criminales.

La evidencia y los hallazgos de los científicos se presentan en la corte ante un juez y un jurado.

Leer una tabla

Esta tabla muestra los pasos a seguir para resolver un crimen.

Pasos para resolver un crimen	
Paso 1	Los investigadores observan la escena y recopilan información.
Paso 2	Los investigadores deciden qué tan grande es el área del lugar del delito.
Paso 3	El equipo de investigadores protege el lugar del delito.
Paso 4	Los investigadores buscan y recopilan evidencia.
Paso 5	Los detectives interrogan a los testigos.
Paso 6	Los investigadores entregan las evidencias a los científicos para que las analicen.
Paso 7	Los científicos hacen pruebas con toda la evidencia.
Paso 8	Los científicos entregan los resultados de las pruebas y sus opiniones a los detectives.
Paso 9	La policía usa la evidencia para buscar y arrestar a los criminales.

Haz conexiones

Habla acerca de cómo un análisis de las pistas en un lugar del delito podría llevar a un cambio de opinión en una investigación. PREGUNTA ESENCIAL

¿En qué se parece la forma de investigar un crimen en este texto a la forma en que Virgilio investigó el crimen en la casa de la señora Pantoja? ¿En qué difieren? EL TEXTO Y OTROS TEXTOS

Pregunta esencial

¿Cómo puede una vivencia cambiar tu manera de pensar sobre la naturaleza?

Lee acerca de cómo el viaje del presidente Roosevelt a Yosemite cambió su forma de ver la naturaleza.

¡Conéctate!

De CAMPAMENTO con el PRESIDENTE

Ginger Wadsworth
ilustrado por Karen Dugan

El presidente Theodore Roosevelt montó en su caballo favorito y sacudió las riendas. Renown y él salieron rápidamente por la puerta del establo de la Casa Blanca. Galoparon en línea recta hacia el bosque en su paseo diario. Como siempre, oían cascos que golpeaban detrás de ellos. El presidente se aseguraba de que el Servicio Secreto tuviera que galopar muy rápido para no perderlo de vista.

El vigésimo sexto presidente de Estados Unidos amaba su ajetreado trabajo... excepto por una cosa. Extrañaba lo que él llamaba la "vida agotadora". Quería caminar solo por los bosques, silbándoles a los pájaros. Anhelaba cortar leña o cazar animales salvajes.

La mayoría de las noches dedicaba algo de tiempo a la lectura. Algunos de sus libros favoritos trataban de la naturaleza. Una tarde en la Casa Blanca, el presidente terminó el último libro de John Muir, *Nuestros parques nacionales*. Las descripciones del autor del Parque Nacional Yosemite en California fascinaron al presidente. Trató de imaginar los muros de tres mil pies de altura que rodean el valle de Yosemite. Además de las cascadas, había rocas de granito más grandes que edificios con nombres como Half Dome y North Dome. Picos de montañas lejanas se elevan más de diez mil pies hacia el cielo.

Los ensayos de Muir sobre la naturaleza **indicaban** claramente a un hombre con fuertes convicciones acerca de la preservación de la tierra. Roosevelt disfrutaba los debates animados. Sería emocionante hablar con el experto en conservación más reconocido del país y explorar Yosemite.

Pero ¿por qué no podía hacerlo? Él era el presidente de todo Estados Unidos, ¿verdad?

El presidente tomó su bolígrafo. Escribió tan rápido que sus anteojos bailaban en la punta de la nariz.

Apreciado señor Muir:
Me dirijo hacia el Oeste. Quisiera ir
de campamento con usted y nadie más...

En su carta explicó que había decidido hacer un viaje de exploración en la primavera de 1903. Roosevelt nunca había visto el Lejano Oeste, y estaba ansioso por conocer a las personas y aprender sobre los recursos naturales como minerales, árboles y agua. En el futuro esta visita le ayudaría al presidente a tomar mejores decisiones acerca de la región.

Roosevelt le escribió a Muir que primero visitaría el Parque Nacional Yellowstone. Después de visitar el Gran Cañón y Arizona, iría a California en tren. Para terminar su viaje, el presidente le pidió a Muir que lo guiara por la región de Yosemite. Podrían hablar mientras acampaban y evitaban a los dignatarios.

El presidente sonrió cuando puso su sello oficial al reverso del sobre. ¡Acampar parecía divertido! En especial, quería conocer las secuoyas gigantes de California, los seres vivos más grandes del mundo. ¡Cuatro días completos en los bosques silvestres de Yosemite! El presidente se sentía aturdido de emoción.

Debía comprar ropa del Oeste.

Meses después, el tren especial del presidente se dirigía a toda velocidad hacia el sudeste a través de California, desde Oakland, en la costa, hasta llegar al pequeño pueblo de Raymond, al final de la línea del ferrocarril.

"Encantado de conocerlo", dijo el presidente Theodore Roosevelt, al tiempo que sacudía de arriba abajo la mano de Muir.

AHORA COMPRUEBA

Hacer y responder preguntas ¿Por qué quería el presidente hablar con John Muir? Lee de nuevo el texto para hallar la respuesta.

Pronto, Roosevelt, Muir y el resto del grupo presidencial fueron escoltados en diligencias cerca de treinta millas cuesta arriba por las faldas de las montañas de la Sierra Nevada en los bosques silvestres de Yosemite. Los dos hombres se detuvieron en la arboleda Mariposa de Grandes Árboles en frente de la Grizzly Giant, una de las secuoyas gigantes más grandes del mundo. A ambos lados de Muir y Roosevelt, hombres importantes posaban para las cámaras, entre ellos George Pardee, gobernador de California. *¡Puf!* El polvo blanco del destello de luz del *flash* los dejó ciegos.

Roosevelt sonrió mostrando sus famosos dientes a las cámaras. Los periodistas escribirían acerca de la Grizzly Giant y de los otros árboles de esta arboleda. ¡Pero no tendrían mucho más de que escribir porque el presidente no iba a atenderlos en el futuro cercano!

El presidente anunció que estaba "preparado para entrar en el Yosemite con John Muir... Quiero dejar por completo la política durante cuatro días...". Golpeó el puño en su mano para poner **énfasis**.

Todos clamaron con desilusión. Pero no había nada que argumentar al decidido líder de Estados Unidos. Se despidió de los periodistas para que se fueran. Todos los dignatarios se subieron a sus diligencias. Treinta soldados de caballería montaron en sus caballos tordos. Saludaron al presidente.

Finalmente, el presidente incluso ordenó a sus hombres del Servicio Secreto que se mantuvieran alejados. Las espuelas tintineaban y el cuero crujía. El presidente observó cómo todos bajaban por el camino zigzagueante al pueblo más cercano.

Tres hombres esperaron con los animales de carga y el equipo.
Estaban bajo la atenta vigilancia del guardabosques del gobierno
Charlie Leidig. La familia de Charlie administraba un hotel en el valle
de Yosemite, donde había vivido y trabajado durante toda su vida. Era el
hombre perfecto para estar a cargo del acontecer diario de la excursión.

Secuoyas gigantes de cientos de años rodeaban a Roosevelt. Alargó
su brazo para tocar la corteza color canela de la Grizzly Giant. Se sentía
esponjosa. Las ramas contorneadas del árbol se alzaban hacia el cielo,
tan pesadas que ni siquiera se mecían con el viento de la tarde.

Adentro en el bosque, una ardilla chillaba. Después un ave cantó.

El presidente respondió con un silbido, con la esperanza de atraer a su primera ave de Yosemite. Un petirrojo descendió de una rama y esparció **desechos** por todo el piso del bosque.

Roosevelt sacó una libreta de bolsillo que siempre llevaba. Escribió "Bosque silvestre de Yosemite, mayo de 1903, petirrojo".

Luego, el presidente aspiró una bocanada de aire fresco de la montaña. "¡Esto sí es divertido!", gritó. "Muchachos, encendamos una hoguera".

Cuando Roosevelt se despertó a la mañana siguiente, reconoció la "hermosa música" de un zorzal ermitaño, una de sus aves favoritas.

¡El presidente estaba hambriento! Forcejeó con Charlie y le arrebató la sartén. Muy pronto, humo con aroma a tocineta flotaba a la deriva por el bosque. Luego, el presidente batió seis huevos junto al trozo de tocineta.

Comió un desayuno enorme, feliz de estar alejado de los cocineros de la Casa Blanca que se preocupaban excesivamente por su dieta.

Después de mordisquear una corteza de pan, John Muir recogió un cono de secuoya. Lo sacudió. Se derramaron diminutas semillas oscuras, mucho más pequeñas que copos de nieve. Muir explicó que el Grizzly Giant había germinado de una sola semilla, cerca de dos mil años atrás. Otros árboles de la arboleda eran casi igual de viejos. Muchos tenían cientos de años. Las secuoyas, agregó Muir, crecen en las pendientes occidentales de la Sierra Nevada, pero en ningún otro lugar del mundo.

Los ojos de Roosevelt se agrandaron con sorpresa.

Cono de secuoya

AHORA COMPRUEBA

Hacer y responder preguntas ¿Por qué está sorprendido el presidente? Encuentra detalles en el texto que sustenten tu respuesta.

50

Momentos después, Muir se trepó a un tocón de secuoya cercano como si fuera una cabra montés. "Está muy lleno de vida para tener sesenta y cinco años", pensó Roosevelt.

La superficie del tocón era tan amplia que cabría una docena de hombres o más. Muir gritó que habían tardado varios días en cortar este árbol. Cuando cayó, se astilló. La madera de secuoya solo se usaba para postes de cercas. Pero los leñadores aún los cortaban.

Molesto, el presidente pensó: "¿Cómo puede alguien cortar un árbol que ha crecido durante tanto tiempo? ¡Para postes de cercas! ¿Y si las **generaciones** futuras no ven nunca una secuoya gigante?".

El señor Muir y él tendrían que conversar acerca de la conservación de los bosques, pero más tarde. Ya era hora de partir. Roosevelt bebió una última taza de café, cargado y caliente, tal como le gustaba.

Su caballo resoplaba y bailaba de lado a lado por todo el sendero. El presidente miró hacia atrás. ¡Parecía que nadie lo seguía! ¿Había escapado de la vigilancia de sus hombres del Servicio Secreto?

Horas más tarde, los dos hombres llegaron a Glacier Point, con su panorama **espectacular.** Un remolino de viento trató de quitarle el sombrero al presidente, mientras Roosevelt y Muir avanzaban lentamente hacia Overhanging Rock, en la cima de Glacier Point.

El valle de Yosemite estaba directamente a tres mil pies debajo de ellos. El río Merced, una cinta serpenteante gris azulada, corría a través del suelo verde del valle. Muros de roca, intercalados con cascadas, enmarcaban el valle. Muir señaló las cataratas de Yosemite en la parte superior e inferior, con su neblina que asciende desde abajo, y la cara **escarpada** de Half Dome. Más allá se extendía la región de montañas altas y accidentadas.

Para variar, Roosevelt se quedó sin palabras.

De repente aparecieron los periodistas, que interrumpieron con preguntas y llamados de "señor presidente, señor presidente". El viento tomó sus palabras y se las llevó. La boca del presidente se cerró con un chasquido. ¿De dónde venían?

De nuevo, las personas y las cámaras lo rodeaban. El presidente estaba enojado, muy enojado. Corrió hacia su caballo. "Muchachos, manténganlos alejados de mí", gritó Roosevelt al Servicio Secreto, contento por una vez de que estuvieran rondando cerca.

¿Cómo podría acampar sin comodidades con una multitud a su alrededor?

Al atardecer, Roosevelt y Muir escogieron otro lugar para acampar. El presidente tomó un hacha e insistió en prender la fogata. El sudor escurría de su frente mientras cortaba la leña. Pronto, una fogata espectacular brillaba en la oscuridad. Y de nuevo, Roosevelt le quitó la sartén a Charlie.

Mientras el presidente comía su bistec y papas fritas, Muir habló de la necesidad de suministrar "protección gubernamental… a toda la arboleda y el bosque en las montañas". Instó a Roosevelt a separar tierras, incluida la arboleda Mariposa de Grandes Árboles y el valle de Yosemite, administrado por el estado, que visitarían al día siguiente.

El presidente nunca había conocido a alguien que hablara tanto, o tan rápido, acerca de la importancia de la naturaleza. De hecho, ¡Muir parecía alimentarse de palabras, no de comida! Mientras Roosevelt escuchaba, oyó un ruido en los árboles, encima de él. ¿Sería un hombre del temido Servicio Secreto que lo cuidaba desde un árbol? Escuchó de nuevo. Luego, se rio. En su libreta, el presidente escribió "búho".

¡En la mañana estaban cubiertos por cuatro o cinco pulgadas de nieve!

"¡Esto es aún más divertido! No me lo perdería por nada", gritó el presidente, sacudiendo la nieve de sus mantas. Se afeitó a la luz de la fogata rugiente, luego despuntó y enceró su bigote.

Esa mañana, siguieron un sendero estrecho que se abrazaba a los muros de granito verticales. Pasada la tarde, el pequeño grupo cubierto de polvo llegó a la aldea Yosemite, una agrupación de carpas y edificaciones de madera.

Una multitud que lo esperaba aclamaba en voz alta y empujaba hacia delante, con la esperanza de darle la mano al presidente. Él desmontó.

"[El señor Muir y yo] dormimos bajo una tormenta de nieve anoche. ¡Este ha sido el día más espléndido de mi vida! ¡Uno que recordaré durante mucho tiempo! Solo piensen donde estuve anoche. Allá arriba", y con un movimiento de su mano señaló hacia Glacier Point, "entre los pinos y los abetos plateados... y sin carpa".

El presidente agitó su sombrero. "¡Ahora, el señor Muir y yo armaremos nuestro campamento cerca de la catarata de Bridalveil!". Montó su caballo. Este retrocedió de repente y agitó las piernas en el aire. Charlie se adelantó para empujar hacia atrás a la multitud.

Sacudiendo sus colas, las bestias de carga permanecieron en el extremo del campamento. El aire se enfrió luego de que el sol se ocultó. De repente, una mula rebuznó. Se rompieron las ramas. Con sospechas de que los habían seguido, Charlie desapareció en la oscuridad. Les dijo a cientos de admiradores que esperaban en una pradera cercana que se fueran porque el presidente estaba muy cansado. "Se fueron, algunos de ellos incluso en puntillas, para no molestar a su presidente", le contó más tarde a Roosevelt.

Cuando salió la luna, el presidente se quitó los zapatos y remangó sus pantalones. Mientras caminaba en el agua helada del riachuelo, Roosevelt le gritaba a John Muir. Estaba "tan contento como un niño fuera de la escuela".

Luego, los dos hombres extendieron sus colchonetas sobre
ramas de helecho y abeto, aún hablando acerca del derroche de
los recursos naturales. Por una vez, el presidente solo escuchó.
Respetaba los consejos del montañés sobre la importancia de
preservar terrenos en todo el país.

Por encima de ellos, el Capitán resplandecía en la luz nocturna.
El río Merced corría suavemente; la catarata de Bridalveil rugía
estruendosamente. Y se estaba haciendo tarde. El presidente estaba
cansado. "¡Buenas noches, muchachos!", dijo. Se metió debajo de
sus mantas y se durmió. Por tercera noche consecutiva, roncó.

Sin embargo, demasiado pronto, la luz del sol irradiaba en el valle. La diligencia tirada por caballos del presidente trajo a su grupo oficial.

"Fue divertido", dijo el presidente, al tiempo que sacudía de arriba abajo la mano de John Muir. "¡Me divertí como nunca!".

Roosevelt subió a su diligencia y se inclinó hacia delante. "Hasta luego, John. Venga a visitarme a Washington".

Luego, le indicó a John que se acercara. "Tenga paciencia. Es posible que el Congreso se duerma durante mis extensos discursos, pero prometo despertarlos".

"Qué lugar tan mágico", pensó Roosevelt, mirando a su alrededor por última vez. Estaba contento de haber ido a Yosemite. Se sentía más vivo que nunca, gracias a su divertida excursión con John Muir. De regreso a Washington, Roosevelt podría hacer "algo de bien forestal", como diría el viejo **naturalista**.

Roosevelt miró en todas las direcciones mientras su diligencia rodeaba el valle. Quería recrear sus recuerdos de Half Dome, de la luz del sol en las rocas heladas, del rugir de las cascadas, de los venados y del olor de la fogata en Yosemite. Luego hizo un último adiós.

Momentos después, el presidente se había ido envuelto en una nube de polvo.

> **AHORA COMPRUEBA**
>
> **Volver a leer** ¿Cómo influyeron las ideas de John Muir en el presidente? Usa la estrategia de Volver a leer como ayuda.

Conozcamos a la
AUTORA y a la
ILUSTRADORA

Ginger Wadsworth desarrolló un amor profundo por el Oeste y la naturaleza gracias a sus aventuras infantiles. Mientras crecía, Ginger pasó varios veranos trabajando en un rancho en Idaho, donde cabalgaba, hacía canotaje, hacía excursiones y pescaba. Ha escrito varias biografías sobre personas que trabajaron para proteger el medioambiente, como John Muir y Rachel Carson. Ella no inventa ninguno de los diálogos de sus biografías. Al contrario, pasa alrededor de dos años reuniendo las palabras del personaje de sus diarios, cartas y obras publicadas.

Karen Dugan creó su primera obra maestra a la edad de dos años sobre una colcha blanca con un pintalabios rojo. Hoy, emplea su talento en la ilustración de libros infantiles. La mayor alegría de Karen son los libros. Ella dice: "Se me pone la piel de gallina cuando entro a una librería o a una biblioteca".

Propósito de la autora
¿Por qué crees que Ginger Wadsworth usa citas reales como diálogos en sus escritos? ¿Qué aprendiste sobre el presidente a partir de lo que dijo?

Respuesta al texto

Resumir

Usa detalles importantes de *De campamento con el presidente* para resumir lo que aprendiste sobre el viaje de Roosevelt a Yosemite. La información del organizador gráfico de causa y efecto puede servirte de ayuda.

Causa → Efecto
→
→
→
→

Escribir

Piensa en las cosas que el presidente Roosevelt hizo y dijo durante su viaje a Yosemite. ¿Cómo muestra la autora el modo como Roosevelt cambió gracias a esta experiencia?

> La autora narra lo que le sucede a Roosevelt recurriendo a…
> El diálogo y las ilustraciones me ayudan a…
> Esto me ayuda a comprender que Roosevelt…

Hacer conexiones

Comenta cómo cambió el punto de vista del presidente sobre la naturaleza con el viaje a acampar. PREGUNTA ESENCIAL

¿Cómo vivir la naturaleza te enseña más que escuchar o leer sobre ella? EL TEXTO Y EL MUNDO

Comparar textos

Lee acerca de cómo una vivencia cambió lo que Theodore Roosevelt pensaba sobre las aves.

Un paseo con Teddy

No mucho tiempo después de que Theodore Roosevelt acampara en Yosemite, emprendió otro viaje para explorar la naturaleza. Esta vez fue a Inglaterra.

Theodore Roosevelt, o "Teddy" como lo solían llamar, siempre había estado interesado en las aves de Inglaterra. Pero solo había leído acerca de ellas en libros. Roosevelt decidió dar un paseo por el campo con un naturalista. Quería ver las aves en persona. Mientras caminaba, un tipo de ave lo impresionó. Después escribió acerca de este encuentro en su autobiografía.

Theodore Roosevelt era conocido por su amor a la naturaleza.

Salimos de Londres en la mañana del 9 de junio... Al descender del tren en Basingstoke, condujimos hasta el precioso y risueño valle de Itchen. Allí caminamos durante tres o cuatro horas, luego condujimos de nuevo, esta vez hasta el límite de New Forest, donde primero tomamos té en una posada, y luego caminamos a través del bosque hasta otra posada al otro lado, en Brockenhurst. Al final de nuestra caminata mi acompañante hizo una lista de las aves que habíamos visto...

El ave que más me impresionó en mi caminata fue el mirlo. Ya había escuchado ruiseñores en abundancia cerca del lago Como... pero nunca había escuchado al mirlo, al zorzal común o a la curruca capirotada; y aunque sabía que los tres eran buenos cantores, no sabía cuán estupendos eran. Los mirlos eran muy abundantes y tenían un papel destacado en el coro que escuchábamos durante el día... En sus hábitos y comportamiento, el mirlo se parece notablemente a nuestro petirrojo americano... Salta por todas partes sobre el césped, tal como lo hace nuestro petirrojo... Su canción tiene un ligero parecido a la de nuestro petirrojo, pero varias de sus notas son mucho más musicales, más parecidas a las de nuestro tordo... En realidad, considero que el mirlo no ha recibido el honor que merece en los libros. Sabía que era un ave cantora, pero en realidad no tenía idea de su magnificencia.

Andrew Howe/Photodisc/Getty Images

Un hombre de acción

Roosevelt se dio cuenta de que ver y escuchar a esas aves en la naturaleza le proporcionó más información que cualquier libro. Pudo ver las aves en acción. Pudo escuchar sus llamados. Su experiencia le mostró mucho sobre las aves del campo.

Roosevelt siguió viajando durante toda su vida. Aprovechó cada oportunidad para estudiar a los animales en la naturaleza. Pero sus viajes también le mostraron que los hábitats necesitaban protección. En sus años como presidente, Roosevelt trabajó para preservar la tierra. Estableció 150 bosques nacionales, 5 parques nacionales y 51 reservas de aves. Estos sitios continúan protegiendo la vida silvestre de la nación.

Roosevelt declaró parque nacional a Crater Lake. Este lago es el más profundo de Estados Unidos. Mide 1,943 pies de profundidad.

Durante su presidencia, Roosevelt estableció el Refugio Nacional de Fauna y Flora de Pelican Island. Esta fue la primera región que el gobierno federal separó para proteger la fauna y flora.

 Haz conexiones

Comenta cómo la vivencia de Roosevelt en Inglaterra cambió lo que pensaba sobre las aves. PREGUNTA ESENCIAL

¿En qué se parece el viaje de Roosevelt a Inglaterra a otra vivencia con la naturaleza sobre la cual hayas leído? ¿En qué se diferencian ambas vivencias? EL TEXTO Y OTROS TEXTOS

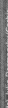

A todo color

Vivian Mansour Manzur
Ilustrado por Santiago Grasso

Pregunta esencial

¿Cómo promueve la tecnología ideas creativas?

Lee sobre cómo el joven Guillermo González
Camarena inventó algo que cambió el mundo.

¡Conéctate!

Guillermo González Camarena

¿Qué vas a hacer hoy por la tarde? Entre otras cosas, seguramente vas a ver un poco de televisión. Televisión a colores, claro. En la pantalla, podrás distinguir las colinas cafés, el pasto verde brillante de los estadios de futbol o el amarillo encendido de los pájaros que salen en las caricaturas.

La televisión a color ya forma parte de nuestras vidas de una forma tal que es casi imposible imaginar la vida sin ella. Pero antes de la II Guerra Mundial "se hablaba de la televisión como de un sueño fantástico y lejano. No parecía posible que bastara con abrir las puertas de un mueblecito, desplegar una pantalla, dar la vuelta a dos botones y atenuar las luces, para tener frente a sí la imagen de eventos que estuvieran ocurriendo a distancia". Ese invento parecía cosa de ciencia ficción.

Sin embargo, no porque las cosas no existan, quiere decir que sean imposibles. Y la televisión a color, prácticamente como la conocemos, surgió primero en la imaginación de un joven mexicano.

Ese joven se llamaba Guillermo González Camarena. Nace el 17 de febrero de 1917 en la ciudad de Guadalajara, Jalisco. Cuando Guillermo contaba con dos años de edad, la familia se traslada a la Ciudad de México, a la calle de Havre número 74. A la edad de siete años, igual que a muchos niños, sus padres le daban cada semana su "domingo", es decir, unas monedas para que las gastara en lo que quisiera. El niño Guillermo no gastaba su "domingo" en dulces o juguetes, ¡sino en comprar pilas y focos! Pasaba la mayor parte del tiempo jugando y experimentando con ellos, encerrado en el sótano de su casa. Dicen que los adultos debemos escoger una profesión que tenga que ver con los pasatiempos de la infancia: y en el caso de Guillermo, nada más cierto.

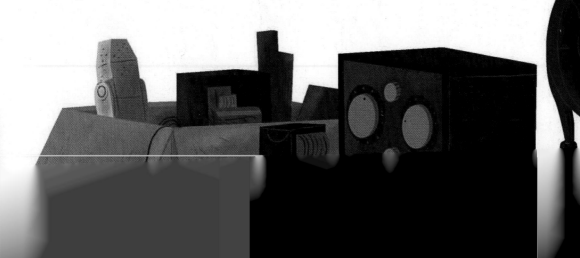

Cuando tuvo que elegir su carrera profesional, se inscribió en la Escuela de Ingenieros Mecánicos y Electricistas y al mismo tiempo trabajaba en la estación de radio de la Secretaría de Educación. Al terminar su trabajo en la radioemisora, se iba a su casa, bajaba a su sótano y seguía con sus experimentos. Ganaba ochenta pesos mensuales, que aun en esa época era muy poco.

Sus estudios lo llevaron a interesarse por la televisión, la cual todavía se encontraba en fase de experimentación, y con pruebas que solo mostraban imágenes en blanco y negro.

Aquí tenemos que hacer una pausa para que entendamos muy bien algunas cuestiones técnicas que tienen que ver con lo que **inventó** Guillermo.

Recuerda que la televisión —igual que el radio— se basa en el fenómeno de las ondas electromagnéticas.

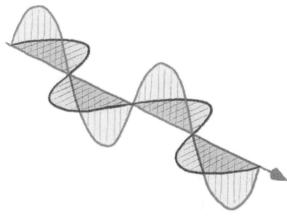

Las ondas son una forma de transportar energía por el aire. Esta onda puede tener información que viajará por el aire y una vez recibida por una antena receptora, esta podrá descifrarla y volver a emitir la información que recibió. El aire está lleno de estas ondas que, aunque no las vemos, existen y mandan información sin necesidad de cables. Estas ondas que se transmiten por el aire se usan tanto para radio como para televisión. (Por eso, Guillermo experimentó primero con **aparatos** de radio).

Si estamos de acuerdo en que las ondas son manifestaciones de energía, la energía tiene que ver con átomos, y los átomos con electrones. Las cámaras de televisión descomponen la imagen en electrones, hacen que estos viajen por el aire en forma de ondas electromagnéticas para luego ser captadas por las antenas de los receptores de televisión. En resumen: la televisión trabaja con flujos de electrones dirigidos hacia una superficie que es la pantalla.

En 1939, Guillermo pensó que la televisión a color requeriría de tres cañones de electrones (uno para el color rojo, otro para el verde y otro para el azul). El haz emitido por cada cañón pasaría por un disco que lo dirigiría hacia el filtro de su color para activarlo con un brillo concreto. A este disco le llamaría Adaptador Cromoscópico para Televisión.

Para hacer una **demostración** de su descubrimiento, necesitaba motores, filtros, lentes y lámparas de gas. Conseguir este material era difícil y costoso. Guillermo buscaba artículos equivalentes en los mercados que vendían objetos usados. El ingenio mexicano vino en su ayuda mientras observaba las cosas expuestas sobre el asfalto de las calles de la Ciudad de México. Sustituyó motores por dínamos de bicicleta, algunos filtros por papel celofán de varios colores y lentes por potentes lupas. La lámpara de gas fue la más difícil de conseguir. Después de muchas pruebas, la adaptó combinando vidrios y focos de neón, hasta que logró el efecto deseado.

Ni el dinero ni los recursos fueron un obstáculo para él.

> **AHORA COMPRUEBA**
>
> **Hacer y responder preguntas**
> ¿Cómo logró Guillermo demostrar su descubrimiento? Volver a leer te puede ayudar.

Cuando tuvo todo reunido, armó su cámara y su receptor de televisión y demostró su funcionamiento en su casa de la calle Havre. ¿Cómo era ese aparato? Seguramente una caja gigantesca, muy pesada, con una pantalla muy gruesa. Imaginemos que después de algunas manipulaciones como por arte de magia apareció ante los ojos de Guillermo la realización de su sueño: la pantalla le devolvió la imagen de un bebé en su carreola, pero esta vez, gracias a su invento,

se podían distinguir perfectamente el color rosa de su piel y las ropas azules.

Algunos años más tarde, cada vez que una familia encendía su televisor a color aparecían unas barras de distintos colores cubriendo toda la pantalla. Dicen que debajo de cada una de las franjas, sobre el panel de control, había un botoncito que el espectador tenía que ajustar hasta lograr que el verde fuera verde y no gris, el rojo, rojo y no blanco, etc. Estas barras marcaron el inicio de una nueva era.

El 19 de agosto de 1940, a los 23 años de edad, le fue otorgada en México y en Estados Unidos, la primera **patente** de la televisión a colores, con número 40235. Las patentes significan que uno se registra como el dueño y creador de una idea y que nadie más puede usarla sin su autorización. Guillermo logró registrar durante toda su vida cinco importantes patentes, todas relacionadas con la transmisión de televisión a color.

A partir de su sistema en otros países empezaron a surgir diferentes procedimientos más elaborados, pero todos basados en su idea original.

Registrar sus inventos costaba mucho dinero. Tenía que pagar entre dos y tres mil pesos, así que el joven inventor dio paso a otro tipo de creatividad: escribió una canción que tuvo mucho éxito en la radio llamada *Río Colorado*.

Con las ganancias obtenidas por la canción, pagaba los altos costos de sus patentes.

¿Sabes cuál es la diferencia entre invento y descubrimiento? Los descubrimientos no se pueden patentar. Los descubrimientos son hechos que suceden en la naturaleza. En cambio, un invento es cuando una persona modifica algo de la naturaleza con base en la tecnología para ponerla al servicio del hombre.

Ya con la patente registrada de su invento, Guillermo trabajó en dos estaciones de radiodifusoras. Con su sueldo, logró equipar mejor su laboratorio. Sin embargo, no creas que todo fue tan inmediato. Era apenas el inicio de un largo camino para que la televisión a color estuviera presente en todos los hogares de México.

RÍO COLORADO

Había continuado con sus pruebas en su laboratorio en el sótano de su casa, pero él quería hacer una transmisión a distancia, es decir, mandar sus imágenes a color a otro receptor cada vez más lejos de su hogar.

Para ello, pidió permiso a las autoridades mexicanas para operar globos meteorológicos dentro de la Ciudad de México. ¿De qué se trataba esto? Como su nombre lo indica, eran grandes globos inflados con gas helio. ¿Para qué los quería? Su propósito era estudiar la forma de reflejar a lugares más distantes las imágenes por él transmitidas. Estos globos fueron lanzados desde la azotea de su casa y contribuyeron a completar sus **indagaciones**.

AHORA COMPRUEBA

Hacer y responder preguntas ¿Para qué usó Guillermo los globos meteorológicos? Lee el texto para encontrar la respuesta.

73

En 1946, a los 29 años, inauguró la primera estación de televisión experimental. Esta estación contaba tan solo... ¡con dos televisiones! Ambas habían sido fabricadas por él. Una se encontraba en la Liga Mexicana de Radioexperimentadores y otra —según era más conveniente— en la estación de radio XEW o XEQ. (Estas extrañas letras son una clave para poder identificarlas).

La población de todo el mundo estaba experimentando el asombro ante la llegada de la televisión. Para que te des una idea de la emoción que sentían los iniciadores de estas transformaciones tecnológicas, estas son las palabras de Emilio Azcárraga Milmo, uno de los fundadores de la televisión mexicana, en 1943, para explicar los alcances del nuevo aparato:

"Esto de la televisión tiene infinitas aplicaciones... Habrá oportunidad de viajar por todo el mundo; de conocer museos con las mejores obras que haya producido el arte de todos los tiempos, tanto en pintura como en escultura. Se podrán hacer verdaderos viajes a través de la India, del viejo Egipto; todos conocerán el gesto de la Esfinge y la enormidad de las pirámides milenarias; la televisión irá a las selvas vírgenes y al fondo de los mares...

"Y para la juventud, que querrá como siempre bailar al compás de música alegre, divertirse y gozar, la televisión traerá hasta sus salones de esparcimiento las mejores orquestas de baile del mundo. Con la televisión, México dará a conocer la arquitectura de Taxco, de Puebla, de Querétaro y de Cuernavaca; sus industrias, sus adelantos y sus paisajes de fauna y flora variadísimos... La televisión nos traerá hasta la sala las mejores obras teatrales que se produzcan; peleas de box, conferencias culturales, etc., y a nuestra vez, podremos mandar las palpitaciones de un espectáculo tan nuestro como los jaripeos y las corridas de toros... Son muy grandes las posibilidades que abarcará la televisión. Y puede usted decir que ya es a colores".

Un par de años después, González Camarena obtiene la autorización del gobierno para que sus laboratorios fabriquen equipos transmisores de televisión, junto con cables, tableros, proyectores, antenas y todo lo que se necesitaba para poder armar televisiones. En esa primera entrega, fabricaron ¡siete receptores! Los distribuyeron en tiendas y almacenes, y uno, por supuesto, en casa de su mamá. ¿Qué transmitían esos primeros receptores? Varios programas de corte comercial patrocinados por los almacenes.

Fue hasta 1950 cuando nace oficialmente el Canal 5 de televisión. Escogió el canal 5 porque está en el centro. En ese tiempo no existía el control remoto, por lo que para ir de un canal a otro había que girar un gran botón y pasar, a fuerzas, por el número cinco.

La planta transmisora se hallaba en el último piso del edificio más alto de la ciudad de México.

Ese mismo año, la ciudad de Chicago le solicitó a Guillermo su ayuda para la fabricación de su equipo. México empezó a exportar a Estados Unidos equipos de televisión a color hechos en México.

Pero una de las utilidades más importantes de la televisión a color estuvo al servicio de la Medicina. Ante la presencia del presidente de la República, se inauguró la primera estación de televisión a colores para la enseñanza de anatomía en la Escuela Nacional de Medicina. Pantallas gigantes se instalaron en el auditorio y permitieron seguir a los asistentes uno a uno los movimientos y aspectos más importantes de las intervenciones quirúrgicas.

El 10 de mayo de 1952, cuando en México se festeja el día de las madres, se inauguró oficialmente la estación televisora XHGC, con equipo construido por Guillermo González Camarena, transmitiendo a control remoto desde el Teatro Alameda, en un festival en honor a las madres mexicanas. Las letras de la estación corresponden con las iniciales de Guillermo González Camarena.

Poco después, este canal estaría dedicado casi exclusivamente a los niños. El ingeniero insistía en que la televisión por las tardes debía estar enfocada al público infantil.

Desafortunadamente, el 18 de abril de 1965, cuando Guillermo regresaba de inspeccionar una antena repetidora del Canal 5 en un cerro del estado de Veracruz, encontró la muerte a sus 48 años de edad en un accidente automovilístico. Se transmitió por radio y televisión la noticia del triste suceso, así como los funerales. En señal de duelo, se interrumpieron las transmisiones de televisión durante todo el día.

Pero la historia tiene un final feliz: hasta la fecha, nosotros disfrutamos de la imaginación, del trabajo constante y de la creatividad de González Camarena. Hace poco, Google recordó su natalicio poniendo en su página de inicio el gráfico de las barras de color como homenaje a su gran invento. Y otra de las patentes de Guillermo es la que actualmente utiliza la NASA para sus **transmisiones** espaciales.

Así que esta tarde, cuando veas televisión a colores, recuerda que todo empezó en la mente de un niño como tú de siete años, que jugaba todas las tardes con pilas y focos en el sótano de su casa.

AHORA COMPRUEBA

Volver a leer ¿Cuál fue la función de la televisión a color en la escuela de medicina? Volver a leer te puede ayudar.

Intérpretes de la vida de un inventor

Vivian Mansour Manzur

Nació en México, Distrito Federal, y es egresada de la Universidad Iberoamericana, de la carrera de Ciencias de la Comunicación. Fue publicista y ahora es escritora. Hay muchas cosas de las cuales se arrepiente: ha dormido demasiado, ha viajado muy poco, no ha escalado montañas y solo sabe hablar español. De lo que no se arrepentirá nunca es de leer todo lo que ha leído, porque con los libros es capaz de hacer todo lo que no ha hecho. Entre sus publicaciones hay más de una docena de libros infantiles: *Familias familiares, La vida útil de Pillo Polilla, ¡Fuiste tú!, El enmascarado de lata, La mala del cuento, Ladridos en el infinito* y *Lotería de piratas.*

Santiago Grasso

Nació en La Plata (Argentina) en 1969. Estudió Diseño Gráfico en la Escuela de Artes de la Universidad de La Plata; después se graduó en la Universidad de Cine en Buenos Aires, donde se especializó en Dirección. Ha estado dibujando desde niño. Cuando dibuja le gusta crear situaciones de algo que está pasando o sobre algo que pasará con los personajes. Le gusta elegir el mejor lugar para espiarlos, como si tuviera una cámara; se imagina sonidos, palabras y movimientos.

Propósito de la autora

¿Por qué crees que Vivian Mansour escribió *A todo color*? Incluye detalles del texto para respaldar tu respuesta.

Respuesta al texto

Resumir

Utiliza detalles de *A todo color* para resumir los sucesos más importantes de la vida de Guillermo González Camarena, y que influyeron en su invención de la televisión a color. La información del organizador gráfico de sucesos puede servirte de ayuda.

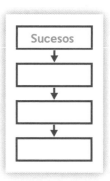

Sucesos

Escribir

Reflexiona sobre la información técnica y biográfica que la autora incluye en el texto. ¿Cómo emplea la autora algunos recursos para captar la atención del lector y facilitar su comprensión de los logros de Guillermo?

> Para captar la atención del lector, la autora emplea…
> Para facilitar la comprensión de los logros de Guillermo, emplea…
> Estos recursos son útiles porque…

Hacer conexiones

Comenta cómo ayuda la tecnología para que Guillermo González Camarena planteara ideas creativas. PREGUNTA ESENCIAL

Piensa en una máquina o una invención que conocemos hace tiempo ¿Cómo ha ido cambiando esa máquina o invención hasta la actualidad? EL TEXTO Y EL MUNDO

Compara los textos

Lee acerca de cómo una niña usa creativamente la tecnología para resolver un problema.

HORA DE inventar

Lunes `8:05 AM`

—¡Lidia! ¡Creí que ya te habías levantado, pero no escuchaste el despertador!

Lidia abrió los ojos y vio a su mamá al lado de la cama. Al fondo escuchaba un pitido casi imperceptible.

Se incorporó frotándose los ojos y miró la hora en su despertador. Eran las 8:05. —Lo siento, mamá —dijo saltando de la cama y comenzó a vestirse rápidamente.

—Ya sé que esta es la primera vez que intentas levantarte por ti misma —dijo su mamá—, pero no quiero que llegues tarde a la escuela.

—El despertador estaba demasiado bajo —le dijo Lidia tratando de ocultar la decepción por el fracaso de su plan. Finalmente había convencido a su mamá de que la dejara hacer el intento de levantarse sola. Después de todo, estaba en quinto grado. Pero ahora se daba cuenta de que debía probar que sí podía hacerlo.

Para no perder el autobús, desayunó a toda prisa, y en la puerta se volvió para decirle a su mamá: —¡Te prometo que mañana me levantaré a tiempo!. —Sin embargo al subir al autobús se preguntó si realmente podría lograrlo.

Illustrator: Christina Rodriguez

Esa noche, después de mucho rogarle a su mamá, Lidia logró que consintiera en darle otra oportunidad. Para asegurarse de que escucharía el despertador, subió y subió el volumen hasta el tope. Y aunque no parecía ser la manera más tranquila de despertar, Lidia pensó que con eso bastaría.

A la mañana siguiente, un pitido agudo que resonaba en toda su habitación la despertó de una sacudida. Mientras Lidia buscaba a tientas el botón de apagado del despertador, su madre entró corriendo en la habitación con las manos en los oídos.

—¿Qué es ese ruido tan espantoso? —gritó. Lidia apagó el despertador de un golpe.

—Bueno, al menos me desperté a tiempo —farfulló avergonzada. Su madre la miró con enojo.

—¡Y también el vecindario entero!

Aunque Lidia pudo tomar el autobús a tiempo aquel día, sabía que su madre no toleraría la misma situación todas las mañanas. Y si quería convencerla debía encontrar una mejor manera de levantarse por sí sola.

Cuando Lidia regresó a casa de la escuela, su madre le pidió que la ayudara a encontrar su viejo teléfono móvil. —Conseguí uno nuevo esta tarde y quiero darte el viejo, pero no puedo encontrarlo en ninguna parte. —Su madre marcaba el antiguo número mientras Lidia buscaba por toda la casa. En la cocina escuchó un ruido sordo que provenía de un cajón. La niña abrió el cajón y allí, vibrando entre los bolígrafos y los blocs de papel, estaba el móvil de su madre.

De repente, Lidia hizo un **descubrimiento**. —Lo encontré, mamá —dijo al responder el teléfono—. ¿Y me darás otra oportunidad de despertarme sola mañana?

Aquella tarde, Lidia programó la alarma del teléfono para que vibrara. Después fue a la cocina y miró en el basurero de reciclaje. Allí encontró una lata metálica de café y una tapa que le ajustaba. Las lavó y luego las llevó arriba. Puso el teléfono en modo vibrar, lo introdujo en la lata y colocó la tapa. Comenzó a contar los segundos en que la alarma se activaría: 3, 2, 1. De repente, la lata sonó y se sacudió a medida que el aparato vibraba en su interior. Mientras escuchaba, se había **imaginado** a sí misma despertándose a causa del ruido. El sonido producido por el teléfono era más fuerte que cuando estaba en el cajón, pensó, pero no tanto para que alguien más pudiera escucharlo. Más importante aún, se preguntó si sería lo suficientemente alto para despertarla en la mañana. Solo había una manera de averiguarlo.

Martes `8:30`PM

Antes de acostarse esa noche, Lidia programó la alarma para que se activara a las 7:50 a. m. y puso el teléfono en la lata. Mientras lo tapaba, pensó por qué a nadie se le había ocurrido eso antes. ¡Era tan sencillo! Luego la asaltó un pensamiento de duda. ¿Y si no funcionaba? Había hecho la prueba, pero no estaba dormida al hacerla. Esperaba que funcionara y estuvo despierta un buen rato preguntándose si así sería. Finalmente, se quedó dormida.

Miércoles `7:50`AM

A la mañana siguiente la despertó un golpeteo. Esperó a ver si el ruido molestaría a su madre, pero la casa estaba en silencio.

Durante el desayuno, Lidia le mostró el invento a su madre. La lata golpeteaba sobre la mesa.

—¡Qué idea tan ingeniosa! ¡Nunca había visto algo así! —exclamó su madre—. No solo has probado que puedes levantarte sola, sino que ¡también te has convertido en una inventora! Lidia sonrió orgullosa.

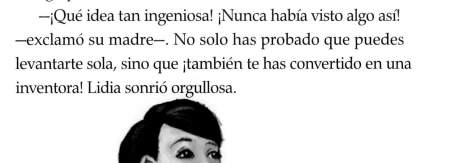

Haz conexiones

Comenta cómo usó Lidia la tecnología para llegar a una idea creativa. PREGUNTA ESENCIAL

¿En qué se parece la manera en que Lidia resuelve un problema al trabajo de otros inventores? EL TEXTO Y OTROS TEXTOS

El futuro del transporte

Pregunta esencial

¿Cuáles son los efectos negativos y positivos de la nueva tecnología?

Lee acerca de cómo está cambiando la nueva tecnología el transporte.

¡Conéctate!

POSICIÓN / CONTRAPOSICIÓN

El progreso de los autos
Los autos nos mantendrán en movimiento hacia el futuro.

La mejor forma de viajar es en auto. Los autos son mucho más cómodos que los atestados trenes o buses. Nos llevan a donde queremos ir, cuando queremos ir y sin tener que esperar a otros pasajeros.

Hacia lo ecológico

El transporte público tiene sus puntos positivos. Consume menos combustible por persona que un auto. Sin embargo, los autos han disminuido su consumo de combustible. Para **citar datos** del gobierno, en 1975 los autos recorrían en promedio 13.1 millas por galón. En 2009, el promedio de millas por galón se había elevado a 21.1. Algunos autos nuevos contaminan menos. Los autos eléctricos funcionan con baterías que no emiten dióxido de carbono. Estos atractivos autos también consumen menos energía.

Autos automáticos

Algunos ingenieros **promueven** planes para que conducir sea más fácil. Hacen pruebas con autos que arrancan, se conducen y se detienen sin conductores. Los autos tienen radares, escáneres láser y cámaras de video. Estos aparatos mantienen el auto en el camino, esquivan otros autos y no exceden el límite de velocidad. Una computadora **tiene acceso** a la información de sensores y hace un análisis de la situación.

¿Cuál es el **razonamiento** de la construcción de estos autos? La **seguridad** es la meta. El 20% de los accidentes más graves los causan personas que usan teléfonos móviles, comen y beben mientras conducen. Esto no pasaría con un auto sin conductor: ¡la computadora no puede distraerse!

Algunas personas temen que estos autos causen más accidentes. No es así, los autos sin conductor tienen un historial de seguridad casi perfecto.

Los autos sin conductor y los que consumen menos combustible mejorarán el transporte en las vías.

Los autos eléctricos funcionan con baterías. Se conectan para recargarlas.

AHORA COMPRUEBA

Volver a leer Según el autor, ¿cómo ha mejorado los autos la tecnología?

T-Pool/STOCK4B/Getty Images

La vía del tren
El transporte público es el camino a seguir.

¿Dónde estaríamos sin el transporte público? Probablemente estaríamos atascados en un auto en medio del tráfico. Los trenes, buses y metros son la mejor forma de viajar. El transporte público consume menos energía y es mejor para el medioambiente. Es una alternativa económica y cómoda comparada con los viajes en auto.

Menos petróleo

Según los datos del gobierno, el 70% del petróleo que se consume en Estados Unidos se usa para el transporte. Los vehículos personales consumen más del 60% de ese total y los aviones el 9%. Los buses y trenes solo consumen alrededor del 3%. Cerca de 4,200 millones de galones de petróleo se ahorran cada año gracias a las personas que usan el transporte público. Se podría ahorrar aún más energía si más personas cambiaran las llaves de su auto por un billete de bus o tren.

Los viajeros pueden evitar las congestiones de tráfico viajando en tren.

Menos contaminación

La contaminación es importante. Cerca del 35% de las emisiones de carbono vienen de los autos, mientras el 2% viene de los trenes. Usar el transporte público en lugar de los autos evita que se liberen al aire 745,000 toneladas métricas anuales de monóxido de carbono, un gas tóxico.

¡Más velocidad!

El adelanto más reciente en la tecnología del transporte público es el tren de alta velocidad, que circula en Europa y en Asia; viajan a velocidades de 150 millas por hora o más. Estos trenes serían perfectos para viajar entre las ciudades de Estados Unidos.

Algunas **desventajas** podrían descarrilar los planes de estos trenes en EE. UU. Los contradictores citan el costo. Sería muy costoso construir el sistema. La seguridad es otra preocupación. Los accidentes serían terribles. Aun así, muestran excelentes historiales de seguridad.

Los trenes de alta velocidad también funcionan con electricidad, lo que reduce la contaminación. Según un análisis, un sistema de alta velocidad en Estados Unidos significaría 29 millones menos de viajes en auto cada año.

Estos trenes y otros avances mantendrían el transporte público en Estados Unidos en el camino correcto.

En Japón, los trenes de alta velocidad conectan ciudades distantes.

Respuesta al texto

1. Resume la selección a partir de los detalles importantes. **RESUMIR**

2. Piensa en cómo los dos autores plantean su posición respecto a la tecnología del transporte. ¿Cómo sustenta cada autor sus argumentos? **ESCRIBIR**

3. ¿Qué avance en la tecnología del transporte crees que marcó la diferencia en la vida de las personas? Sustenta tu respuesta. **EL TEXTO Y EL MUNDO**

Compara textos

Lee cómo los datos pueden sustentar los avances en el transporte.

IR DE UN LADO A OTRO

(t) Lorcan/Digital Vision/Getty Images; (b) Chuck Eckert/Alamy

Los pasajeros no son los únicos que se movilizan en estos días. La tecnología del transporte también lo hace. Los autos y trenes están cambiando a un ritmo veloz. Estos avances pueden ofrecer más formas de transporte.

Las formas en que la gente viaja diariamente

Mientras que los investigadores del transporte pueden contar los pasajeros del tren o el número de autos que pasan por un peaje, una encuesta es otro modo como los expertos recogen datos. Un estudio gubernamental mostró que la mayoría de las personas van a trabajar en su vehículo personal. Algunas interpretan que es la forma preferida de viajar. Mejorar el transporte público podría cambiar eso.

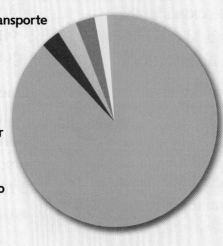

▨ Auto, camión o camioneta	88%
▨ Bus	3%
▮ Caminar	3%
▢ Trabajar en casa	3%
▢ Tren o metro	2%
▨ Otro	1%

Fuente: Oficina del Censo de Estados Unidos, 2000. Resumen de archivo 3.

Una forma en que la tecnología ha cambiado el transporte ha sido mejorando la eficiencia energética en los autos. Los ingenieros han ofrecido una **contraposición** para el ahorro de combustible en el transporte en tren. Para esto, han creado autos eléctricos e híbridos. Los autos eléctricos reciben toda la energía de baterías. Los híbridos la reciben tanto de gasolina como de baterías. Estos autos economizan más combustible, o usan menos por milla, que los autos convencionales.

Economía de combustible en autos

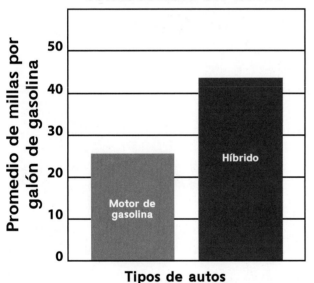

Fuente: Departamento de Energía de Estados Unidos

Reducción del tiempo de viaje en tren
(Trenes desde Chicago hasta San Luis)

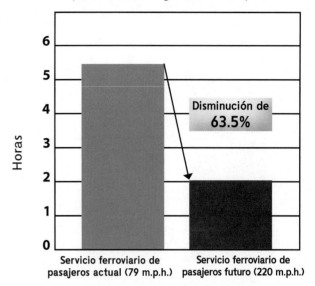

Fuente: Departamento de Energía de EE. UU.

Los trenes tienen más eficiencia energética por pasajero. Sin embargo, los tiempos de viaje en tren aún dejan margen para mejorar. Los sistemas de trenes de alta velocidad podrían ser la solución. Aumentar la velocidad de 79 a 220 millas por hora, por ejemplo, podría reducir mucho el tiempo de viaje entre ciudades de Estados Unidos.

En auto o en tren, es probable que el transporte del futuro ofrezca formas con mayor eficiencia, rapidez y **seguridad**.

Haz conexiones

¿Cómo pueden mostrar los datos los efectos de los cambios en el transporte? PREGUNTA ESENCIAL

¿En qué se diferencian los hechos en este texto y en otros textos sobre transporte? ¿Cuál es el propósito de cada texto? EL TEXTO Y OTROS TEXTOS

¿QUIÉN ESCRIBIÓ LA CONSTITUCIÓN DE ESTADOS UNIDOS?

Candice Ransom

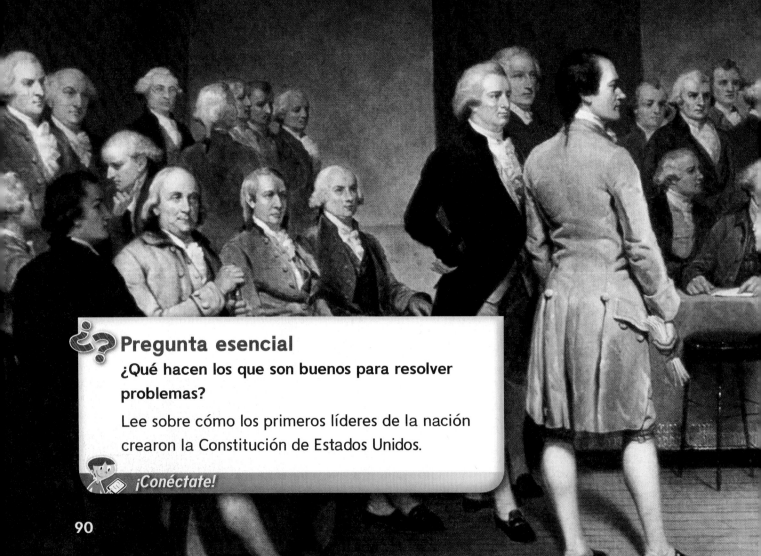

Pregunta esencial

¿Qué hacen los que son buenos para resolver problemas?

Lee sobre cómo los primeros líderes de la nación crearon la Constitución de Estados Unidos.

¡Conéctate!

En 1787, cuatro años después de que terminara la Guerra de Independencia, Estados Unidos seguía luchando por mantenerse unido. Durante la guerra, los estados se habían unido bajo los Artículos de la Confederación. Los cuales establecían un gobierno federal que defendía la **unión** de los estados, pero que le otorgaba a cada uno el poder de gobernarse a sí mismo. Poco tiempo después de la guerra, las debilidades del gobierno federal se hicieron palpables. Surgieron conflictos entre los estados, pero era poco lo que el gobierno federal podía hacer para **resolverlos**.Los Artículos de la Confederación no estaban funcionando. Así que los líderes estatales celebraron con urgencia una **convención** en Filadelfia para debatir qué se podría hacer para mantener a la nación unida.

UN NUEVO PLAN

El gobernador de Virginia, Edmund Randolph, fue el primero en hablar el martes 29 de mayo de 1787. Randolph planteó los problemas que tenían los Artículos de la Confederación. Muchos estados reñían por las fronteras que compartían con otros estados. La gente tenía problemas para llevar a cabo actividades comerciales entre las fronteras estatales. Los gobiernos estatales no tenían dinero. Algunos estados acuñaban moneda, pero esta no estaba respaldada por oro o plata. La mayor parte no tenía valor.

Randolph se refirió a otro problema serio, los impuestos. El costo de la Guerra de Independencia dejó endeudado a Estados Unidos. El gobierno debía dinero a los ricos de Estados Unidos y a países extranjeros como Francia y Holanda. Con el fin de recaudar dinero para pagar la deuda, el gobierno estadounidense pidió a cada estado fijar impuestos a sus residentes.

No todos estuvieron de acuerdo. Pero estados como Virginia y Massachusetts lo implementaron. Se debían pagar en efectivo, lo cual era un problema para

muchos. La clase trabajadora no contaba con mucho efectivo. Vivían de lo que poseían y cultivaban: su tierra, ganado, sus propiedades, herramientas y cultivos. Si necesitaban algo, como una nueva herramienta o un par de botas, lo canjeaban. Pero no podían canjearle nada al estado para pagar sus impuestos.

La **situación** era especialmente grave para los granjeros. Los estados comenzaron a enviar a juicio a los que no podían pagar sus impuestos y otras deudas. Los tribunales les confiscaron sus tierras y el ganado. Algunos granjeros incluso fueron llevados a prisión.

Durante el verano de 1786, cientos de granjeros furiosos de Massachusetts crearon una fuerza rebelde. Uno de los líderes fue Daniel Shays, un héroe de la Guerra de Independencia, un político y granjero. Entre agosto de 1786 y enero de 1787, los rebeldes tomaron los tribunales de Northhampton, Worcester y otros pueblos de Massachusetts.

Obligaron a que se cerraran los tribunales. La rebelión de Shays impactó al país.

Con todos estos problemas por enfrentar, ¿qué podían hacer los delegados de la convención?

Grabado en madera de Daniel Shays (*izq.*) y el líder rebelde Job Shattuck. Fue impreso en el almanaque *Bickerstaff´s de Boston* en 1787.

¿Por qué fue importante la rebelión de Shays?

En octubre de 1786, el Congreso de la Confederación decidió usar tropas federales para detener a los rebeldes. Pero no pudo convencer a los gobiernos estatales de que contribuyeran con los gastos de los soldados. Los líderes de Massachusetts tenían que recaudar su propio dinero. En enero de 1787, Shays y sus rebeldes atacaron una armería (un edificio usado para almacenar armas) en Springfield, Massachusetts. Las tropas detuvieron el asalto y arrestaron a muchos rebeldes.

En la primavera de 1787, Massachusetts aprobó leyes para ayudar a los granjeros con sus deudas. La rebelión se debilitó. Pero para muchos, había mostrado qué tan débil era el gobierno federal y que los Artículos de la Confederación fallaban.

Randolph presentó un plan escrito por James Madison y otros delegados de Virginia. El Plan Virginia creó un gobierno federal más fuerte, que pudiera proteger al pueblo estadounidense.

Randolph explicó que el plan creaba una asamblea legislativa nacional con dos ramas. El pueblo elegiría a los miembros de la primera rama (la Cámara de **Representantes**). Los miembros de la Cámara escogerían a los delegados para la segunda rama (el Senado). Conjuntamente, la Cámara y el Senado elegirían al presidente de Estados Unidos y a los jueces federales.

Después de hablar por más de tres horas, Randolph por fin tomó asiento. La primera plenaria real de la convención les había dejado a los delegados mucho en qué pensar.

Al día siguiente, el 30 de mayo, 41 delegados comenzaron a repasar el Plan Virginia punto por punto. Los Artículos de la Confederación habían establecido que el Congreso de la Confederación era el gobierno federal. Pero los Artículos también protegían la libertad e independencia de cada estado. Con el Plan Virginia, el gobierno federal podía anular las decisiones de los gobiernos estatales. Los delegados se dieron cuenta de que dicho Plan no corregía los Artículos, sino que los ignoraba del todo.

Esta idea detuvo a varios delegados inmediatamente. Pues ellos pensaban que estaban en la convención para revisar y fortalecer los Artículos de la Confederación. *No* esperaban un nuevo plan que desechara los Artículos. ¿Se atreverían a cambiar todo el sistema de gobierno?

Edmund Randolph

Library of Congress/Detroit Publishing Company Photograph Collection(LC-D416-986); (bkgd) Nic Taylor/Photodisc/Getty Images; (bkgd) Bill Hauser/Independent Picture Service; (bkgd) National Archives and Records Administration;

AHORA COMPRUEBA

Volver a leer ¿De qué manera el Plan Virginia cambiaría el gobierno? Usa la estrategia de Volver a leer como ayuda.

SEPARACIÓN DE PODERES

El 31 de mayo de 1787, los delegados de la convención votaron para crear un gobierno nacional más fuerte. Decidieron que consistiría en tres partes: legislativa, ejecutiva y judicial. La parte legislativa, llamada Congreso, haría las leyes. El presidente estaría a la cabeza de la parte ejecutiva y ejecutaría las leyes. El sistema nacional de tribunales era la parte judicial. Este decidiría el significado de las leyes y si se acataban. Con tres partes, o ramas, el poder se compartiría. Ninguna rama tendría más control del gobierno federal que las otras dos.

La discusión se limitaba al sistema de un voto por estado descrito en los Artículos de la Confederación. Pero en 1787, la importancia de un estado se medía por el número de sus ciudadanos. Por ejemplo, Georgia tenía un gran territorio. Pero aun así se consideraba pequeño por su baja población. Los tres estados más grandes, Virginia, Pennsylvania y Massachusetts, tenían cerca de la mitad de la población de la nación. Sin embargo, a la luz de los Artículos, cada estado tenía solo un voto, sin importar su tamaño o población. La diminuta voz de Rhode Island en el Congreso tenía tanto peso como la poderosa voz de Massachusetts. Esto se denomina igual representación.

Pero el Plan Virginia cambió eso, ahora el pueblo elegiría la Cámara de Representantes. Y el número de representantes se basaría en la población del estado. Y el de miembros del Senado dependería de lo mismo. Esto se conoce como representación proporcional (una cantidad determinada según el tamaño).

De inmediato, la convención se dividió en dos: los estados grandes contra los pequeños. Estos últimos luchaban contra el Plan Virginia. Sentían que con representación proporcional no tendrían una voz fuerte en el gobierno federal.

Más allá del tamaño, los estados tenían otras diferencias. Los sureños cultivaban tabaco, azúcar y arroz en inmensas granjas llamadas plantaciones. Muchas personas del centro del país, como de Pennsylvania, Nueva Jersey, Delaware y Nueva York, eran mercaderes. Tenían negocios y tiendas. Los habitantes de Massachusetts y Connecticut eran constructores de embarcaciones y pescadores.

La esclavitud era otro gran problema que dividía a los estados. Los propietarios de las plantaciones usaban a los esclavos africanos como mano de obra en las plantaciones. Eran tratados como propiedad. La ley prohibía la esclavitud en la mayoría de los estados del norte. Algunos norteños deseaban que la esclavitud fuera ilegal en todos los estados. Pero los estados sureños defendían con vehemencia su derecho a tener esclavos.

Por el tema de la representación proporcional, en la convención de 1787, la esclavitud se volvió parte del **debate**. ¿Los esclavos se debían contar como parte de la población estatal? Miles de esclavos vivían en estados como Georgia y Carolina del Sur. Contar a los esclavos les daría a los estados del sur más representantes en el gobierno federal. Los delegados del norte creían que esto era injusto y que de cualquier manera los estados sureños no trataban a los esclavos como personas. ¿Por qué se les debería permitir usar a la población de esclavos para ganar mayor representación?

Día tras día, los delegados meditaban sobre las partes del tema de representación. El debate se tornaba candente. Las horas se hacían largas.

Los virginianos habían tomado el control de la convención. Sus delegados eran buenos redactores y oradores. Pero Virginia no era toda la nación. Los estados pequeños debían ser escuchados.

William Paterson, un abogado de Nueva Jersey, presentó el Plan Nueva Jersey. Era la respuesta de los estados pequeños al Plan Virginia.

Bajo el Plan Nueva Jersey, el Congreso solo tendría una cámara. No tendría una Cámara de Representantes ni un Senado. El gobierno federal no tendría un

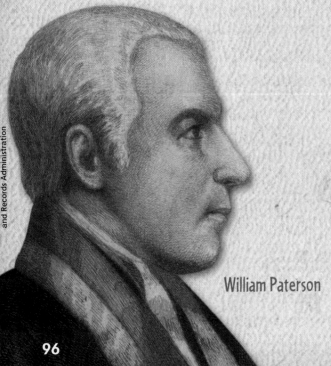

William Paterson

presidente y no habría tribunales federales, excepto la Corte Suprema.

El Plan Nueva Jersey proponía que todos los estados, sin importar qué tan grandes o pequeños fueran, tuvieran el mismo número de representantes. Y lo que es más importante, el plan de Paterson no creó una nueva constitución. El plan se diseñó para que se tratara de enmiendas adicionales o cambios formales a los Artículos de la Confederación.

El 19 de junio, James Madison se levantó presuroso para ser el primero en hablar. Quería convencer a los delegados de que votaran por el Plan Virginia. Refutó punto por punto el Plan Nueva Jersey. Cuando terminó, los delegados votaron.

Siete estados eligieron el Plan Virginia, y tres votaron por el Plan Nueva Jersey. Maryland estaba dividido y no emitió su voto. Los estados grandes habían ganado. Durante los siguientes días, los miembros continuaron el debate. ¿Dos cámaras en el Congreso o solo una? Se plantearon los mismos temas, pero nunca se resolvieron. Los ánimos se enardecieron. Los estados pequeños sintieron que los grandes les estaban dando órdenes de nuevo.

James Madison

James Madison

James Madison fue un participante clave de la convención incluso antes de que comenzara la reunión. Había leído sobre los gobiernos de civilizaciones modernas y antiguas. A partir de sus estudios, planteó dos teorías. La primera, que un gobierno nacional debía proceder del pueblo y no de los estados. La segunda, que los poderes debían dividirse de modo que ninguna persona o grupo controlara el gobierno.

Mientras esperaban que los demás miembros llegaran, los delegados de Virginia se reunieron todas las mañanas en la pensión de la señora House. El grupo elaboró el Plan Virginia con las teorías de James Madison.

(t) The Library of Congress/ Prints and Photographs Division, ILC-USZ62-169601; (b) Image Source/Getty Images

AHORA COMPRUEBA

Volver a leer ¿Por qué las diferencias entre los estados llevaron a un debate sobre representación estatal? Vuelve a leer para comprobar si comprendiste.

EL GRAN COMPROMISO

El 2 de julio de 1787 fue un lunes. Cuando los delegados se reunieron en la mañana, el Ala Este ya estaba caldeada. Una vez más, los delegados votaban sobre si los estados debían tener igual representación en el Senado. Cinco estados dijeron que sí, cinco que no y Georgia estaba dividida. Fue un empate. Todos estaban desanimados.

Benjamin Franklin entendió que cada estado tenía que renunciar a algo para que todos ganaran. Así que propuso un compromiso. Los delegados podían escoger partes del Plan Virginia y del Plan Nueva Jersey que complacieran tanto a los estados grandes como a los pequeños.

Los delegados se tomaron los siguientes dos días para celebrar el Día de la Independencia. El 4 de julio, las campanas repicaron y los disparos de cañón saludaron. El pueblo celebró la libertad del país del imperio británico. Pocos sabían que toda la convención estaba al borde del fracaso.

Cuando los miembros se reunieron de nuevo el 5 de julio, retomaron el mismo argumento.

Un buen compromisario

Benjamin Franklin instó a los delegados a que resolvieran temas en la convención mediante acuerdos. Solía organizar banquetes para hacer que los delegados se sintieran como en casa en Filadelfia. Los encuentros también les dieron la oportunidad de conocerse mejor. Esto hizo más fácil que los delegados debatieran y decidieran sobre los temas de la convención.

Estas estatuas de bronce, en tamaño natural, de los delegados están en el Centro Nacional de la Constitución en Filadelfia. Benjamin Franklin aparece sentado con un bastón en la mano.

Luego, a Roger Sherman, de Connecticut, se le ocurrió una solución. Puntualizó en que los estados grandes ya habían ganado representación proporcional en la cámara baja. Así que propuso que cada estado, sin importar el tamaño, enviara dos delegados a la cámara alta.

Los miembros debatieron esta **propuesta** durante once días.

El 16 de julio volvieron a votar. El Compromiso de Connecticut se aprobó por cinco votos contra cuatro. Este voto, también conocido como el Gran Compromiso, se convirtió en el punto decisivo de la convención. Delegados de los estados grandes y pequeños se dieron cuenta de que debían pensar en el bien común para la nación. Casi como una señal de que se había tomado la decisión correcta, se terminó la ola de calor en Filadelfia.

¿Y qué sucede con la esclavitud?

¿Los esclavos se debían contar como parte de la población de un estado del sur? Para resolver ese debate, los delegados del norte y del sur llegaron a otro compromiso. Acordaron que un esclavo contaría como las tres quintas partes de una persona libre. Es decir, por cada cinco esclavos en un estado, se contaban tres para la representación proporcional y los impuestos. Esto se conoció como el Compromiso de los Tres Quintos o la cláusula de los Tres Quintos.

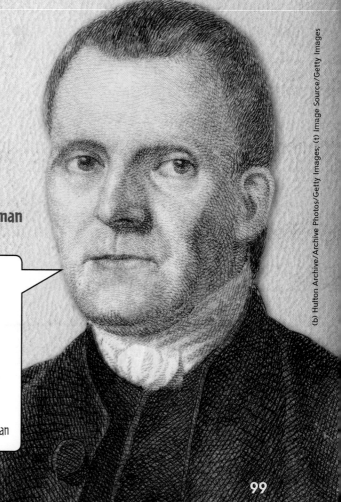

Roger Sherman

"En la segunda rama o Senado, cada estado tendrá un voto nada más... Como los estados seguirán teniendo determinados derechos individuales, cada estado deberá ser capaz de protegerse por sí mismo".

—Delegado de Connecticut, Roger Sherman

Los miembros de la convención votaban una y otra vez. En ocasiones, votaban de nuevo sobre temas que ya habían solucionado. Durante este proceso, George Washington permaneció sentado, dispuesto a escuchar, en su silla de respaldo alto. La mayoría de los miembros creía que sería el mejor primer presidente. Ya había probado ser un líder fuerte y al pueblo le agradaba. ¿Pero quién sería presidente después de Washington? Los delegados sabían que debían ser muy cuidadosos en cuanto a la manera en que se elegirían los futuros presidentes.

El 26 de julio, la convención tomó un receso de diez días. Los delegados que vivían cerca fueron a casa. Otros a las montañas en busca de aire más fresco. Washington visitó Valley Forge, un área rural del noroeste de Filadelfia. Durante la Guerra de Independencia, él y sus tropas habían acampado allí. Con mucho frío y hambre, pasaron el invierno de 1777 y 1778 en pequeñísimas cabañas. El viejo campamento estaba en ruinas cuando lo visitó ese julio.

Washington (*derecha*) y un oficial del ejército caminando entre las tropas en Valley Forge durante el invierno de 1777 y 1778. Esta imagen es una impresión de una pintura de Howard Pyle (1853-1911).

Este documento (*derecha*) es el primer borrador de la Constitución de Estados Unidos.

No todos se fueron de vacaciones. Cinco delegados permanecieron en Filadelfia. John Rutledge, Nathaniel Gorham, Oliver Ellsworth, Edmund Randolph y James Wilson conformaron el Comité de Detalles. Tenían el importante trabajo de copiar las resoluciones que se habían decidido hasta el momento. Era una labor ardua, pero finalizaron el borrador de un documento. Un nuevo plan de gobierno, una constitución. El borrador se imprimió y estaba listo para que lo vieran todos cuando la convención se volviera a reunir.

DEL PUEBLO, PARA EL PUEBLO

El lunes 6 de agosto, los delegados recibieron sus copias de la Constitución, siete páginas con la tinta todavía fresca. A comienzos del siguiente día y durante un agosto caluroso y húmedo, los delegados debatieron cada oración.

La Constitución tenía veintitrés artículos, cada uno dividido en secciones. Los delegados debían agilizar el proceso de discusión y votar por todos los artículos. Para lograrlo, se dieron muchos temas a los **comités** para que los resolvieran.

El Comité de las Partes Pospuestas tenía la mayor cantidad de temas por resolver. Debía decidir dónde sería la sede del nuevo gobierno y de qué manera el Congreso fijaría los impuestos. Pero la rama ejecutiva era su problema más apremiante.

El comité decidió que el presidente de Estados Unidos gobernaría por un período de cuatro años y que podría ser reelegido. Debía ser ciudadano estadounidense, no menor de 35 años de edad.

El comité creó el cargo de vicepresidente, quien conduciría el Senado y asumiría el cargo de presidente en caso de que este falleciera o tuviera que abandonar el cargo. Los miembros se aseguraron de que el presidente y el Congreso tuvieran el poder de conseguir lo que se proponían. Pero ninguna rama tendría demasiado poder sobre la otra.

Sin embargo, todavía quedaba un enorme interrogante: ¿cómo escogería el país al presidente? La mayoría de los delegados creían que debía ser elegido por el Congreso o las asambleas legislativas estatales.

El pasado junio, James Wilson había dicho que el pueblo debía elegir al presidente. A nadie le había gustado esa idea. Pero los miembros del comité cambiaron de parecer. Estuvieron de acuerdo en que, después de todo, el plan de Wilson era bueno.

Su plan incluía lo que se vino a llamar colegio electoral. Es decir, el país se dividiría en áreas o distritos. Y los habitantes de cada distrito escogerían a un elector. Dichos electores decidirían quién sería el presidente.

El Comité de Estilo revisó el borrador final de la Constitución. Gouverneur Morris escribió el preámbulo con las siguientes palabras conmovedoras: *"Nosotros, el pueblo de Estados Unidos..."*. La Constitución de Estados Unidos se convirtió en un documento del pueblo, para el pueblo.

AHORA COMPRUEBA

Hacer y responder preguntas ¿Por qué los delegados pidieron a los comités que resolvieran algunos problemas?

La versión final se presentó en la convención el 12 de septiembre. George Mason creía que debía incluirse una Carta de Derechos, una lista de derechos importantes que se les garantizaba a los ciudadanos. Elbridge Gerry estuvo de acuerdo, pero los demás miembros no. Creían que los derechos de las personas ya estaban protegidos por las constituciones estatales.

El lunes 17 de septiembre había cuarenta y dos delegados. William Jackson, secretario de la convención, leyó en voz alta la versión final de la Constitución. Benjamin Franklin le dio a James Wilson un discurso para que lo leyera. A Franklin no le agradaban algunas partes de la Constitución. Pero incluso con sus fallas, dudaba de que pudiera crearse un mejor sistema de gobierno. Pidió a los presentes que la firmaran.

El primero en firmar fue George Washington. Luego, estado por estado, treinta y nueve delegados firmaron con su nombre. El secretario Jackson fue testigo de sus firmas. Tres hombres se negaron a firmar. Edmund Randolph, George Mason y Elbridge Gerry no lo harían sin una Carta de Derechos.

Cuando se firmó la Constitución, Franklin señaló hacia el medio sol tallado en el respaldo de la silla de Washington. Dijo que nunca pudo saber si el sol estaba saliendo o se estaba poniendo. Pero ahora sabía que era un sol naciente.

Esa tarde, los delegados tuvieron una cena de despedida en City Tavern. Habían llegado a Filadelfia con diferentes ideas e intereses. Durante el verano, aprendieron a trabajar juntos. El resultado fue la Constitución de Estados Unidos.

> "Debemos ocuparnos de los derechos de todo tipo de personas".
>
> —George Mason, delegado de Virginia, argumentando que el pueblo debía elegir la Cámara de Representantes

George Mason

Copia de la Constitución de Estados Unidos. El original permanece en el edificio de los Archivos Nacionales en Washington D. C..

CONOZCAMOS A LA AUTORA

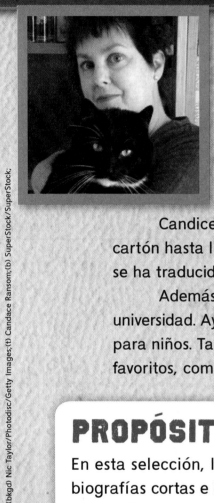

CANDICE RANSOM

Creció en Virginia. De hecho, sus ancestros se establecieron allí incluso antes de la Guerra de Independencia. De ahí que no sea una sorpresa su interés en los fundadores de nuestra nación. En la actualidad, Candice vive en la ciudad de Fredericksburg, Virginia, donde alguna vez vivieron Thomas Jefferson y George Washington.

Candice es la autora de más de 100 libros, desde libros infantiles de cartón hasta libros por capítulos. Ha ganado muchos premios, y su trabajo se ha traducido a más de doce idiomas.

Además de escribir, Candice enseña literatura infantil en una universidad. Ayuda a sus estudiantes a aprender sobre la escritura de libros para niños. También visita escuelas para compartir algunos de sus temas favoritos, como la escritura y la historia de Estados Unidos.

PROPÓSITO DE LA AUTORA

En esta selección, la autora incluye retratos, biografías cortas e incluso citas de los delegados. ¿Por qué crees que la autora incluye esta información?

Respuesta al texto

Resumir

Usa los detalles más importantes de *¿Quién escribió la Constitución de Estados Unidos?* para resumir cómo resolvieron los delegados sus problemas. La información del organizador gráfico de problema y solución puede servirte de ayuda.

Problema	Solución

Escribir

¿Cómo te ayuda la autora a entender que las decisiones que los delegados tomaron no solo los afectaban a ellos sino al resto de los estadounidenses?

Candice Ransom usa las características del texto para…

La autora genera suspenso al…

Esto me ayuda a entender que los delegados…

Hacer conexiones

Habla acerca de cómo resolvieron problemas los delegados para crear la Constitución de Estados Unidos. PREGUNTA ESENCIAL

Describe los pasos que los delegados siguieron para llegar a un plan final para el nuevo gobierno. ¿De qué manera el votar ayuda a un grupo a encontrar la mejor solución? EL TEXTO Y EL MUNDO

Compara los textos

Lee acerca de cómo unas cuantas personas resolvieron el problema de preservar dos tesoros nacionales.

Pergamino y tinta

La Declaración de Independencia y la Constitución de Estados Unidos expresan las ideas más perdurables de nuestra nación. Y son objetos físicos de 200 años de existencia que por haber sido escritas en tinta sobre pergamino son frágiles. El fuego, el agua, la luz solar y el aire pueden dañar los documentos. Por eso sorprende que aún podamos leer la Declaración y la Constitución originales. Se ha requerido el esfuerzo de muchas personas para preservar estos tesoros.

La Declaración se aprobó en julio de 1776. Poco tiempo después, el Congreso designó a una persona para que la escribiera a mano con tinta en letra legible. Se escribió con una pluma de ave sobre un pliego de pergamino, un material delgado y fuerte, hecho de piel de animal. Este documento fue firmado después por la mayoría de los miembros del Congreso.

La Declaración fue oficial y hermosa. Viajó con el Congreso desde Filadelfia hasta Baltimore y de regreso. En distintas épocas, permaneció en Pennsylvania y Nueva Jersey. Después fue trasladada a la nueva capital de la nación, Washington D. C. El documento fue trasladado muchas veces durante la Guerra de Independencia para protegerlo.

Durante la guerra de 1812, los británicos invadieron Washington D. C. Por esto, la Declaración fue trasladada a Virginia para su protección.

Deteriorado pero no olvidado

A comienzos del siglo XIX, probablemente el documento se veía algo desgastado. Se había impreso un juego de copias del original, lo que pudo haber causado que se destiñera. También se había trasladado de un lugar a otro.

Después, en 1841, Daniel Webster, secretario de Estado, decidió que la Declaración fuera mantenida en la recién construida Oficina de Patentes de Estados Unidos. Allí se exhibía en una estructura común, cerca de una ventana. Observadores notaron que se estaba desdibujando. No se daban cuenta, sin embargo, de que el sol, los cambios de temperatura y la humedad la estaban deteriorando.

Cuando la nación se acercaba a su centésimo aniversario en 1876, creció un nuevo interés por el documento. Entonces, la tecnología permitía que estuviera mejor protegido. En las celebraciones en Filadelfia, se exhibió en una caja fuerte a prueba de fuego. Y colgaba detrás de unas puertas de vidrio gruesas para que todos lo apreciaran.

En la exhibición, hubo **debates** acerca de qué hacer sobre su deterioro. El Congreso convocó un **comité** que hallara cómo preservarla para las futuras generaciones. Su **propuesta** fue restaurarla agregándole una tinta nueva. Pero nadie lo hizo. En 1894, se guardó bajo llave en una caja de acero. Allí estaba protegida, pero no se exhibió en 30 años.

La Declaración se redactó usando una plumilla y un tipo de tinta a base de hierro. En la actualidad sabemos que el hierro en la tinta puede deteriorar el pergamino con el paso del tiempo.

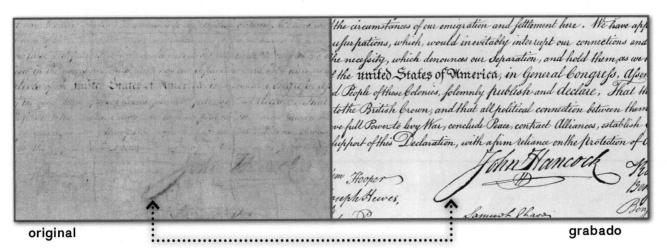

original

grabado

Comparar la firma de John Hancock en la Declaración con un grabado hecho en la década de 1820 revela cuánto se ha deteriorado el documento.

Al cuidado del bibliotecario

La Constitución no se deterioró tanto como la Declaración de Independencia. Fue trasladada con la Declaración en 1814. Después, la Constitución permaneció bajo el cuidado del Departamento de Estado hasta 1921. Ese año, los dos documentos se enviaron a la Biblioteca del Congreso.

El bibliotecario del Congreso los atesoró. Deseaba que la gente pudiera ver estos importantes documentos, pero también quería asegurarse de que estuvieran protegidos. Así que decidió ubicarlos en lo que denominó un "espacio sagrado", rodeado por mármol. Los documentos se enmarcaron pero quedaron protegidos de la luz natural con dos láminas de vidrio. Se agregó al vidrio un recubrimiento especial para aislar más la luz. Se apostó a un guardia para que protegiera los dos documentos.

Durante la Segunda Guerra Mundial, fueron trasladados a Fort Knox para su protección. Más adelante, ambos documentos se guardaron en urnas nuevas llenas de helio. El helio desplazaba el oxígeno que podía corroer el pergamino.

Un proceso de preservación

En 1951, la Declaración y la Constitución fueron selladas en urnas con helio. Después, estas urnas fueron abiertas cuidadosamente (izquierda). Los documentos fueron estudiados antes de ser guardados en urnas nuevas. Los expertos tomaron muestras de la tinta (derecha) para estudiar cómo protegerla mejor.

La Declaración de Independencia y la Constitución, llamadas Cartas de Libertad, se exhiben en los Archivos Nacionales.

Un nuevo hogar

En 1952, los documentos encontraron un nuevo hogar en los Archivos Nacionales. Esta biblioteca especial alberga los registros históricos importantes del gobierno federal. El personal de los Archivos Nacionales estableció un sistema computarizado para monitorear la condición de ambos documentos segundo a segundo. En 1995, expertos observaron que había cristales diminutos en las urnas que podrían dañar los documentos. Con la más reciente tecnología, se diseñaron nuevas urnas. Esta vez, el argón remplazó al helio. De noche, las urnas se guardan en una bóveda segura.

Estos tesoros se exhiben en la actualidad en los Archivos Nacionales en Washington D. C. Los Archivos Nacionales también tienen publicados estos documentos en su página web. Gracias a los esfuerzos de muchas personas a través de varios años, ahora puedes mirar y leer los originales, palabra a palabra.

¿? Haz conexiones

Habla sobre cómo el bibliotecario del Congreso y otras personas resolvieron los problemas de la preservación de documentos de la nación. **PREGUNTA ESENCIAL**

¿En qué se parecen las acciones de las personas de esta selección a las de otros que resuelven problemas, sobre los que hayas leído? **EL TEXTO Y OTROS TEXTOS**

El perro invisible

Sergio Ramírez
Ilustrado por Christa Unzner-Koebel

Pregunta esencial

¿Qué puedes hacer para lograr un objetivo?

Lee sobre cómo un perro llamado *Carbón* busca cambiar de color.

¡Conéctate!

Esta es la historia de un perro muy vanidoso cuyo nombre era *Carbón*.

Una lorita muy parlanchina, llamada doña *Piringüeta*, conocía bien la vanidad de ese perro, y un día lo llamó a que se acercara a su jaula en el jardín.

"Es cierto que un perro negro es muy atractivo", le dijo desde la percha; "pero si te convirtieras en un perro de mil colores,

no tendrías **comparación** en hermosura sobre la tierra".

Carbón perdió el sueño, se le quitó el hambre. Sólo pensaba en cómo volverse un perro de mil colores. Sería el único.

"Deberías ser como mi comadre la lapa *Leperina*", le dijo otro día la lorita *Piringüeta*. "Mirá qué lindos los colores de su cola".

Y la lapa *Leperina*, vecina de la lorita *Piringüeta* en la otra percha, hacía piruetas para que el perro la admirara mejor, muy orgullosa de las alabanzas.

Y *Carbón* la veía y la veía, con la lengua de fuera. Así quería ser él, tener en la pelambre esos vistosos colores de la cola de doña *Leperina*, rojo, azul, amarillo, verde.

Llegaron una mañana unos pintores a pintar las paredes de la casa, y *Carbón*, al ver los botes abiertos de pintura, metió las patas y el hocico en todos ellos.

La lorita *Piringüeta*, al divisarlo que se acercaba a ella todo embadurnado, muy orgulloso de su cambio de aspecto, más bien se rio de él.

"No pareces una lapa, sino un payaso de circo", le dijo.

Muchos trabajos pasó en lavarse toda aquella pintura.

AHORA COMPRUEBA

Hacer predicciones ¿Qué piensas que va a ocurrirle a *Carbón*? ¿Crees que *Carbón* va a conseguir los colores que desea? Busca detalles sobre *Carbón* para Hacer predicciones.

Pero sus penas fueron mayores cuando llegó el pavo real a la casa. Lo habían llevado de noche, desde un lugar muy lejano, y cuando amaneció, *Carbón* lo encontró en medio del jardín, con la cola desplegada. Se quedó mudo de asombro. El cuello y el pecho del pavo real eran azul turquesa. Las plumas verde esmeralda de la cola formaban un abanico, y en cada pluma lucía racimos de ojos de colores muy extraños. Era como si alguien hubiera pintado al pavo real en un sueño.

Desde entonces *Carbón* no tuvo más ocupación que perseguir al pavo real, que se llamaba don *Timoteo*, para no perderse el momento en que abriera su cola. Quería hacerse a toda costa su amigo. Don *Timoteo*, en cambio, un pavo real ya viejo, se mostraba altanero, creyendo que por tener una cola tan bella estaba en el derecho de no dirigirle la palabra a los demás.

"Todo el que me mire demasiado, corre el riesgo de desaparecer, porque mi belleza es muy poderosa", decía a *Carbón*. Y seguía su camino, lleno de orgullo.

Y así un día, *Carbón*, que seguía mirando fijamente a toda hora a don *Timoteo*, sin hacer caso de su advertencia, se fue volviendo invisible hasta desaparecer.

Ahora ni el espejo le quería hacer caso; y doña *Piringüeta* sólo podía darse cuenta que *Carbón* estaba junto a su jaula, cuando lo oía gemir muy tristemente. Y ahora que ni él mismo podía verse, le hacía mucha falta su propio color negro.

"Nosotros tenemos la culpa por haberle metido esa ambición de los colores en la cabeza", dijo doña *Piringüeta* a su comadre doña *Leperina*.

"¿Nosotras? Nosotras es mucha gente, comadre", contestó doña *Leperina*. "Fue usted la que lo puso loco con eso de que no le convenía el color negro".

"Sea como sea, tenemos que ayudarlo", dijo doña *Piringüeta*.

"Yo, en eso no me meto", dijo don *Timoteo* que pasaba cerca de allí, muy inflado. "Fue culpa suya, por querer parecerse a mí".

"Véase los pies qué feos los tiene, así que no sea tan orgulloso", dijo doña *Piringüeta*.

Era cierto. Lo único verdaderamente feo del pavo real eran sus patas. Entonces, entre las comadres urdieron un plan. A la

hora en que la noche se pone muy negra, antes de amanecer, se acercaron muy despacito, y con unas tijeras de podar cortaron un pedazo de su manto, el más oscuro que encontraron; y **guiándose** por los suspiros de *Carbón*, que dormido soñaba con su viejo color negro, lo cobijaron con el pedazo de manto de la noche. Ella, que dormía profundamente, ni cuenta se dio.

116

Por la mañana, muy contentas oyeron los ladridos de *Carbón* que corría a mirarse en el espejo. El espejo lo esperaba, también muy alegre, reflejando la luz del día. Allí estaban otra vez su hocico y su pelambre negrísima y brillante, como si la estuviera estrenando.

Doña *Piringüeta* y doña *Leperina* fueron en busca de *Carbón* para darle la bienvenida. Tenían tiempo de no verlo. Era como si hubiera regresado de un largo viaje, y le hacían muchas preguntas.

Don *Timoteo* pasó con el abanico de su cola desplegado, esperando aplausos, sin lograr que le hicieran caso. Ante indiferencia tan grande, se disgustó mucho.

"Ahora que venga la noche voy a denunciarle quienes son los que le robaron el pedazo de manto que le hace falta", dijo en tono amenazador.

"Al que le hacen falta plumas en la cola es a usted, pues se le están cayendo de puro viejo", dijo doña *Piringüeta*, "vaya y mírese en el espejo para que vea que no miento". Y todos se rieron. Hasta el espejo se rio, con sus alegres reflejos.

Don *Timoteo* caminó hasta el límite del jardín, y tras un rato regresó con el pico caído y arrastrando la cola, que ahora traía plegada. "La verdad es que no porque unos tengamos plumas de un color, y otros la pelambre de otro color, debemos vivir en pleitos y enemistades", dijo.

"Sí", dijo el espejo desde su sitio en la sala, "cada uno tiene su propia hermosura, y es de mi gusto reflejarlos por igual a todos".

Ese mismo día, para celebrar que *Carbón* había vuelto a ser negro, todos se pusieron de acuerdo en preparar una alegre fiesta. Contrataron una marimba, dispararon cohetes, y bailaron hasta cansarse. También mandaron a traer una pizza.

El que mejor zapateaba, a pesar de su edad, era don *Timoteo*; con la lapa *Leperina* bailó varias piezas. *Carbón* bailó con la lora *Piringüeta*, que daba brincos apurados como si la tierra estuviera caliente; también cantó ella unas canciones de su lejana tierra de Laguna de Perlas, allá en la costa del mar Caribe.

AHORA COMPRUEBA

Confirmar o revisar predicciones
¿Por qué cambió de actitud don *Timoteo*? La estrategia de Confirmar o revisar predicciones te puede ayudar.

El problema empezó cuando recogían los trastos de la fiesta, se habían reventado los últimos cohetes, y los marimberos se despedían. Venía acercándose la noche. Y en el lugar donde le habían cortado el pedazo de manto para cobijar a *Carbón*, iba quedando una ventana de claridad muy intensa, como la boca de un horno encendido.

Temerosos y callados **contemplaban** la claridad de aquella ventana.

Se sentía una gran quietud porque la noche, apenas llegó, se puso a dormir, y su respiración llenaba el mundo. Sólo se oía muy lejano el canto de las chicharras.

"Acerquémonos, tal vez podemos remendarle el manto", dijo doña *Leperina*, con gran escándalo, porque no le era posible bajar la voz. Doña *Piringüeta* le dio un pellizco para que no siguiera haciendo tanto alboroto.

"Si la noche siente que la están zurciendo, Dios libre", dijo don *Timoteo* mientras se secaba la frente con un pañuelo colorado, sudando todavía por el baile.

"Pues no sintió nada cuando le metieron tijera", dijo *Carbón*.

"Vaya pues usted con su hilo y aguja y zúrzala", dijo doña *Piringüeta*.

"¿Yo?", dijo *Carbón*, con mucha alarma. "Yo soy, señora, el menos indicado. No sea que la noche me quiera quitar el pedazo de su manto que ando puesto, y otra vez me vuelvo invisible".

"Propongo que elijamos democráticamente al que va a zurcir a la noche", dijo don *Timoteo*. "Y que *Carbón* cuente los votos, ya que él no puede ser candidato".

"Mi comadre y yo fuimos las que cortamos el pedazo de manto, y *Carbón* lo anda puesto. Así que propongo a don *Timoteo* por ser quien corre menos peligro", dijo doña *Piringüeta*.

"Sí", dijo doña *Leperina*. "Sólo usted está sin culpa. Así que tiene mi voto".

Las dos comadres alzaron el ala en señal de que votaban por don Timoteo.

"Ha ganado usted por unanimidad de votos, don *Timoteo*, y por tanto, lo declaro electo", dijo *Carbón*. "Procederé a tomarle juramento".

"Qué linda democracia", se quejó don *Timoteo*, al momento de alzar la pata para prestar el juramento.

"No se mortifique, si la noche lo recibe disgustada, usted sólo abre su linda cola y ya la pone contenta", dijo doña *Leperina*.

"Pero no vaya a enseñarle los pies", dijo doña *Piringüeta*.

"Estos no son momentos de chacota", dijo don *Timoteo*, ya disgustado. "Va a hacer uno el favor, y todavía se burlan". Muy preocupado, todavía intentó capear el bulto.

"A lo mejor ni cuenta se ha dado que le falta ese pedazo", dijo. "Vean cuantas estrellas tiene el cielo, y ni se preocupa".

"Son agujeros que se le han hecho de tan vieja, igual que a usted, por causa de la edad, se le caen las plumas", dijo doña *Piringüeta*. "Pero una cosa es hablar de agujeros, y otra esa gran ventana abierta con tijeras de podar".

"Haga de caso que fui yo el que la tijereteó de esa forma desconsiderada", dijo don *Timoteo*.

"Usted fue el que salió electo por voto popular, no yo", dijo doña *Piringüeta*.

"Bueno, ya me voy, pues", dijo don *Timoteo*. "Pero conste que lo hago bajo protesta. ¿Dónde están el hilo y la aguja?

Doña *Piringüeta* fue por hilo, aguja, y un dedal.

"Este hilo es amarillo", se quejó don *Timoteo*.

"Todavía va a estar usted pidiendo gusto", dijo doña *Piringüeta*.

"Además, no se preocupe; las puntadas se le verán a la noche como si fueran quiebraplatas volando".

Con paso muy pausado don *Timoteo* se dirigió hacia la ventana iluminada, pero en el camino se devolvió.

"Tome", dijo a doña *Leperina*. "Le dejo de recuerdo mi pañuelo colorado, por si no vuelvo de esta **misión**. Y fue un placer bailar con usted".

Doña *Leperina*, que además de escandalosa era muy sentimental, se enjugó las lágrimas con el pañuelo colorado. Don *Timoteo* emprendió de nuevo el camino, pero otra vez lo vieron regresarse.

"Ah, no", dijo doña *Piringüeta*. "Ya es mucha dilación la suya".

"Es que quiero verme por última vez en el espejo", dijo don *Timoteo*.

"Vamos, yo lo acompaño" dijo *Carbón*, muy conmovido.

En la oscuridad, el espejo brillaba con una luz pálida, que en nada se podía comparar a la luz de la ventana en el manto de la noche, cada vez más encendida.

"Vengo a despedirme de usted", dijo don *Timoteo* apenas se vio frente al espejo. Y sin ningún garbo ni alegría, como otras veces, desplegó el abanico encantado de su cola.

Fíjese en la imprudencia que está cometiendo", dijo el espejo con voz solemne.

"Qué quiere que haga, mi amigo", dijo don *Timoteo*. "Fui elegido en votación popular".

"Conozco bien a la noche, aunque sea la única que no puede verse en mí", dijo el espejo. "Tiene un carácter muy difícil. Y si no ha reaccionado, es porque se durmió, cansada de su largo viaje al otro lado del mundo. Pero esperen a verla despierta".

"Todo sea por la causa", dijo don *Timoteo*, y suspiró.

Ahora sí, don *Timoteo* se alejó con paso decidido. A medio camino lo vieron abrir de nuevo la cola. Frente a la luz de aquella ventana refulgente, los ojos pintados en las plumas verdes brillaban como joyas. La noche seguía dormida, y ni cuenta se daba.

Don *Timoteo* dio varios paseos frente a la ventana, con mucho tiento. Fue cogiendo valor, se acercó unos pasos más, y por fin asomó la cabeza. Los demás, que lo miraban de lejos, contuvieron la respiración. Doña *Leperina* se tapó los ojos con el pañuelo colorado.

"¿Ya empezó a zurcir la ventana?", preguntó.

"No, más bien viene corriendo hacia acá", dijo doña *Piringüeta*.

"¡No se pueden perder de lo que yo he visto!", dijo don *Timoteo* al llegar, con gran excitación.

"¿Qué ha visto?" preguntó doña *Leperina*, muerta de curiosidad.

"No es para contarlo, sino para admirarlo", dijo don *Timoteo*, dando saltitos por la impaciencia.

Se dispusieron a seguirlo, armados de valor. El espejo, que los oía de lejos, dijo: "Vengan por mí, yo también quiero ver". Y fueron a traerlo.

Se asomaron. Por la ventana se veían montes altivos coronados de nubes espumosas, bosques de pinos y abedules, valles verdes sembrados de tréboles y girasoles, y un río azul de Prusia que corría limpio y sereno, y después iba a despeñarse contento entre las rocas, al lado de un molino. En las ramas de los árboles, que eran muchos y muy frondosos, había una multitud de pájaros nunca vistos por ellos. Y había también muchos perros correteando y ladrando, perros de muy distintos colores y tamaños.

Christa Unzner Koebel

"Ya amaneció al otro lado del mundo mientras aquí llegó la noche", explicó don *Timoteo* en un susurro.

"Qué gran parentela tenemos al otro lado", dijo doña *Leperina*.

Y en esa contemplación estaban, cuando sintieron que soplaba, muy suave, el viento entre las ramas. Eran los suspiros de la noche, que empezaba a despertarse.

"Corra, páseme la aguja y el hilo", pidió doña *Piringüeta* a don *Timoteo*, y muy alarmada se puso a zurcir el manto de la noche. Era muy hábil, y pronto ya casi había terminado.

A medida que cerraba el hueco, los ladridos al otro lado se iban apagando. Apenas terminó de zurcir cortó el hilo con el pico. Y justo en eso, despertó la noche. Bostezó, todavía con sueño, y las hojas de los árboles volaron en ventarrón.

"¿Quién habrá cerrado mi ventana tan bonita?", dijo la noche. "Solo un ratito la pude ver antes de dormirme".

"Ejem", carraspeó el espejo, para hacerse notar de la noche.

"Hola, mi amigo", dijo la noche. "¿Se ha dado cuenta quién cerró mi ventana? Era una **diversión** muy agradable para mí, yo que todo lo veo siempre oscuro".

"No se preocupe", dijo el espejo. "Voy a ordenar que vuelvan a abrirle su ventana de inmediato". Y dirigiéndose a doña *Piringüeta*, dijo: "Sírvase abrirle su ventana a mi excelente amiga la noche".

AHORA COMPRUEBA

Volver a leer ¿Por qué pensaba don *Timoteo* que posiblemente no volvería de su misión? ¿Qué ocurrió en su misión? Vuelve a leer para hallar detalles que apoyen tus respuestas.

"Vaya, pues", se quejó doña *Piringüeta*. "ahora usted me va a dar ordenes a mí".

"Sepan todos que estoy muy contenta porque tanto *Carbón* como yo, salimos ganando" dijo la noche. "Él recuperó su color negro, y yo ahora tengo mi ventana".

"¿Cómo sabe que me cubrieron con un pedazo de su manto?" preguntó *Carbón*, acercándose muy tímidamente.

"Porque para eso soy la noche", dijo la noche. "Todo lo veo sin que nadie me vea a mí, y también todo lo oigo, hasta los ruidos más secretos, aunque esté dormida".

"Le teníamos miedo", dijo doña *Leperina*. "Nos dijeron que era usted de muy mal genio".

"Pues no hay que juzgar a nadie de antemano", dijo la noche. "Es cierto que a veces todo lo veo negro. Pero me gustan las fiestas. Cuando venía de camino para acá, todavía los oí la marimba y los cohetes".

"Hubiera venido a bailar con nosotros", dijo doña *Leperina*.

"Si me hubieran invitado, con mucho gusto", dijo la noche. Y se reía, porque doña *Piringüeta* le hacía cosquillas al quitar la costura al zurcido de su manto. Ya la ventana estaba otra vez abierta.

"Ahora vengan todos a asomarse", los invitó la noche.

El primero fue *Carbón*, ladrando y saltando. Y desde el otro lado, los perros de tantas razas y colores que se paseaban por los campos de flores, contestaron en coro de alegres ladridos.

Sergio Ramírez, escritor de novelas, cuentos y ensayos, nació en Masatepe, Nicaragua. Es ganador de un sinnúmero de premios, como el Premio Internacional Dashiel Hammett, el Premio Laure Bataillon en Francia y el Premio Alfaguara de Novela.

Además de ser escritor, es abogado, graduado en 1964 de la Facultad de Derecho de la Universidad Nacional Autónoma de León; Medalla de Oro como mejor estudiante de su promoción. Fundó la revista *Ventana* en 1960, y encabezó el movimiento literario del mismo nombre. Fue electo en 1968 y en 1976 Secretario General de la Confederación de Universidades Centroamericanas (CSUCA), y en 1985 vicepresidente de Nicaragua.

Christa Unzner-Koebel es una reconocida ilustradora alemana de libros para niños. Ha ilustrado más de ochenta y cinco libros para editoriales en Alemania, Suiza, Francia, Estados Unidos, Inglaterra y otros países. Este es su primer libro de literatura infantil en español. Christa reside actualmente en Nicaragua y colabora con la Fundación de Libros para Niños.

Propósito del autor

El autor utiliza elementos imaginarios en el cuento. ¿Cómo ayuda esto a transmitir el mensaje del cuento?

Respuesta al texto

Resumir

Usa los detalles más importantes de *El perro invisible* para resumir el cuento. La información del organizador gráfico de suceso y resultado puede servirte de ayuda.

Suceso	→	Resultado
	→	
	→	
	→	
	→	

Escribir

Piensa en el mundo que el autor crea en el relato y en las estrategias que usa para plasmarle fantasía. ¿Cómo usa el autor el recurso de la personificación para crear una trama, unos personajes y un ambiente fantásticos?

> Para crear un ambiente fantástico, el autor personifica…
> Para darle fantasía a los personajes, usa personificaciones como…
> La trama resulta fantástica gracias a la personificación porque…

Hacer conexiones

Comenta en qué forma doña *Leperina* y doña *Piringüeta* solucionaron el problema de *Carbón*. PREGUNTA ESENCIAL

Habla acerca de los diferentes medios con los que contamos en la actualidad para lograr un objetivo. EL TEXTO Y EL MUNDO

Illustration: Piotr Parda; Reprinted by permission of XineAnn at artpassions.net.

Compara los textos

Lee cómo una reina obtiene información para lograr un objetivo.

La Princesa y el Guisante

por Hans Christian Andersen
adaptado por XineAnn

Había una vez un príncipe solitario que viajaba alrededor del mundo para encontrar a alguien como él, una princesa auténtica con quien compartir su vida. Pero de una cosa estaba seguro: tenía que ser una princesa *de verdad*.

En sus viajes, encontró muchas princesas. Cada una afirmaba que era una princesa de verdad. Cada una tenía el linaje y las credenciales debidas, pero siempre parecía que algo les faltaba. Al final, el príncipe regresó a casa desesperado; quería tanto una princesa, pero ahora temía que tal vez sus **expectativas** nunca se fueran a cumplir. El anciano rey y la reina le dieron la bienvenida a casa.

Pasó otro verano. Las hojas caían de los árboles cuando, una noche, una terrible tormenta sopló desde el mar. Mientras el príncipe permanecía sentado, leyendo cerca del fuego, los relámpagos se acercaban más y más, y los truenos hacían vibrar las ventanas hasta que parecía que se fueran a romper.

Durante varias horas, la tormenta siguió embravecida, pero a medianoche la calma llegó tan repentinamente como había llegado la tormenta misma. Un inquietante golpe se escuchó en la puerta de la ciudad. Era un golpe suave pero insistente. Los habitantes de la ciudad y los cortesanos se frotaban los ojos y se preguntaban quién podría haber estado afuera en medio de esa tormenta. El anciano rey en persona envió a su consejero a la puerta de la ciudad.

Allí estaba parada una princesa, pero en un estado terrible. La lluvia escurría de sus cabellos y sus ropas; se desbordaba por sus zapatos y corría por los tacones. Ella afirmó que era una princesa y el consejero no pudo evitar reírse en voz alta. Aun así, ella juró que era una verdadera princesa.

—Muy pronto veremos si eso es cierto —susurró suavemente para sí
la anciana reina, cuidando de no **revelar** su plan. La princesa recibió
una cena caliente y algunas ropas secas mientras que la anciana reina
se disponía a prepararle un dormitorio. Primero, quitó toda la ropa
de cama. Luego, puso un guisante en el centro de la base de la cama.
Después, pidió veinte colchones y los apiló, uno sobre otro, encima del
guisante. Finalmente, se agregaron veinte edredones de plumas sobre los
colchones. Entonces, los arreglos para que durmiera la princesa estaban
listos.

En la mañana, los ancianos reyes fueron al encuentro de la princesa
en cuanto se levantó. ¡Se veía peor que cuando había llegado!, si eso fuera
posible. Le preguntaron cómo había dormido.

—¡Oh, fatal! —exclamó la princesa—. Apenas pude cerrar los ojos
en toda la noche. ¡Quién sabe qué había en esa cama! Parecía como si
estuviera acostada sobre una piedrecita dura. Todo mi cuerpo amaneció
cubierto de morados. ¡Es realmente horrible! —Y la princesa comenzó
a llorar.

De inmediato, la anciana reina vio que debía ser una princesa de verdad. Solo una princesa de verdad podría haber sentido el guisante a través de veinte colchones y veinte edredones de plumas.

Así que el príncipe le pidió que fuera su esposa, seguro de que había encontrado a una princesa de verdad. Una vez más, el príncipe viajó alrededor del mundo, pero esta vez con la princesa, y fueron felices. ¿Y el guisante? Lo pusieron en un museo, donde aún se puede encontrar, si es que nadie se lo ha llevado. Y esta es una historia verdadera.

Haz conexiones

Comenta cómo la anciana reina consigue la información que necesita acerca de la princesa. PREGUNTA ESENCIAL

¿Cómo se diferencian las acciones de la anciana reina de la forma en que otros personajes de cuentos de hadas logran un objetivo? ¿En qué forma un plan puede ayudar? EL TEXTO Y OTROS TEXTOS

El muchacho que dibujaba pájaros

por Jacqueline Davies
ilustraciones de Melissa Sweet

Pregunta esencial

¿Cómo hacemos investigaciones sobre la naturaleza?

Lee sobre cómo John James Audubon investigó una pregunta sobre los pájaros.

¡Conéctate!

Una historia de John James Audubon

Era verdad que John James podía patinar, cazar y cabalgar mejor que la mayoría de los muchachos. También era cierto que podía bailar el minué y la gavota como si fuera hijo de reyes. Podía hacer trampa, coquetear y practicar esgrima. Pero lo que más le gustaba hacer desde que amanecía hasta que oscurecía era observar pájaros.

Los recuerdos más felices de John James eran las caminatas con su padre por los bosques que rodeaban su hogar en Francia. En estos paseos, papá Audubon le hablaba de los pájaros. Sus hermosos colores, su elegante vuelo y, lo más maravilloso de todo, su misteriosa **desaparición** cada otoño, seguida por su fiel regreso en la primavera.

Pero ahora John James tenía 18 años y caminaba solo por los bosques de Pennsylvania. Su padre estaba a cuatro mil millas de distancia. Hacía solo seis meses, lo había embarcado rumbo a Estados Unidos, a vivir en una granja cercana a la ribera de un riachuelo. Lo había enviado allí para aprender inglés, para aprender a comerciar, para aprender cómo ganar dinero en Estados Unidos. Pero la principal razón para enviar a su único hijo era para que no tuviera que luchar en la guerra de Napoleón. John James se preguntaba si volvería a ver de nuevo a su padre.

Era abril en Pennsylvania y aún había capas de nieve en los hoyos más profundos. John James chapoteaba por todo el riachuelo helado. Subió con dificultad la ribera y se acercó a la cueva de piedra caliza, preguntándose qué encontraría ese día. ¿Solo el nido vacío de un pibí como el que había encontrado los últimos cinco días? O sería…

¡Ff, Ff, Ff! Una **ráfaga** de alas saludó a John James. ¡Los atrapamoscas pibís habían regresado!

La hembra salió volando de la cueva como una flecha disparada de un arco. El macho, más grande y más oscuro, batió las alas sobre la cabeza de John James, chasqueando con el pico. *¡Clac, clac, clac!*

John James salió corriendo de la cueva y se agachó al lado del riachuelo. Observaba cómo los pájaros se sumergían y planeaban, atrapando cachipollas mientras volaban. "¿Estos son los mismos pibís que construyeron el nido el año pasado?", se preguntaba. "¿En dónde pasaron el invierno? ¿Regresarán la próxima primavera?"

AHORA COMPRUEBA

Volver a leer ¿Por qué visitó John James la cueva? Usa la estrategia de Volver a leer para comprobar si comprendiste bien.

John James corrió por todo el bosque hacia la casa. —¡Señora Thomas! ¡Señora Thomas! —gritó, irrumpiendo en la cocina de la granja—. *Il y a des oiseaux!* En su entusiasmo, le salieron palabras en francés.

La señora Thomas era el ama de llaves que papá Audubon había contratado para hacerse cargo de Mill Grove, su granja en Estados Unidos. Con la larga cuchara de madera, señaló hacia los zapatos enlodados de John James. Él se los quitó rápidamente y los puso junto al fuego para que se secaran.

—Pájaros —dijo él—. Vi pájaros. Dos. En una cueva. ¡Hermosos!

La señora Thomas frunció el ceño. Le tenía cariño a este muchacho francés tan **enérgico**. Y sin embargo tenía que admitir que era algo especial. ¡Pájaros! ¡Siempre pájaros! Desde el momento en que se levantaba en las mañanas hasta el momento en que cerraba los ojos en la noche, solo pensaba en pájaros. Resultaba extraño para un muchacho de su edad.

—Señor Audubon —ella refunfuñó—, usted debería atender mejor los quehaceres de la granja y perseguir menos a esos pájaros.

Pero John James, que iba en la mitad de las escaleras, se hacía el que no oía. Iba directamente hacia su ático, su *musée*, como lo llamaba. Cada estante, cada mesa, cada pulgada libre del piso estaba cubierto de nidos, huevos, ramas de árboles, piedritas, líquenes y plumas, y pájaros disecados: zorzales alirrojos, zanates, martines pescadores y pájaros carpinteros. Las paredes estaban **cubiertas** de dibujos de pájaros a lápiz y crayón, todos con la firma "JJA". En cada cumpleaños, John James quitaba sus dibujos, un valioso año de trabajo, y los quemaba en la chimenea. Esperaba algún día hacer dibujos que valiera la pena conservar.

John James fue al anaquel y tomó libros de historia natural, regalos de su padre. *¿Adónde van los pequeños pájaros en invierno? ¿Los mismos pájaros regresan al mismo nido cada primavera?* Los científicos que escribieron estos libros no estaban de acuerdo; cada uno tenía una respuesta diferente.

Hacía dos mil años, el filósofo griego Aristóteles había dado sus respuestas a estas preguntas. Afirmaba que cada otoño enormes bandadas de grullas volaban hacia el sur y regresaban en la primavera. Pero creía que las aves pequeñas no **migraban**, sino que hibernaban todo el invierno bajo el agua o en troncos ahuecados.

Muchos científicos de la época estaban de acuerdo con Aristóteles. Las aves pequeñas, decían, se juntaban en una gran bola enganchadas del pico, de las alas y de las patas, y se posaban bajo el agua todo el invierno, como congeladas. Incluso los pescadores contaban historias en las que decían haber atrapado en sus redes estas marañas de aves.

John James *jamás* había visto una bola enmarañada de aves bajo el agua. Y no creía todo lo que decían los científicos. ¡Claro que no, algunos creían que las aves se transformaban en una nueva clase cada invierno! Y un científico aseguraba que las aves viajaban a la luna en otoño y regresaban en primavera. ¡Decía que el viaje tardaba sesenta días!

John James nunca había pasado mucho tiempo en un salón de clase, y había reprobado todos los exámenes que había presentado en la escuela. Pero se consideraba un naturalista. Estudiaba las aves en la naturaleza para aprender sus hábitos y **comportamientos**.

"Llevaré mis libros a la cueva", había decidido John James. "Y mis lápices y papel. Incluso llevaré mi flauta. Voy a estudiar los pájaros de la cueva todos los días. Los dibujaré tal como son". Y como era un muchacho al que le gustaba más estar afuera que adentro, eso fue justo lo que hizo.

En una semana, los pájaros se acostumbraron a él. Lo ignoraban como si fuera un tronco viejo y pequeño. Cargaban trozos de barro húmedo mientras él dibujaba con sus lápices. Llevaban trozos de musgo verde cuando él leía sus fábulas francesas. Juntaban plumas de ganso abandonadas en la orilla del riachuelo, mientras él interpretaba canciones con su flauta.

Pronto el nido marrón seco se había convertido en una cama verde y blanda. Y John James había aprendido a imitar el gorjeo de los pájaros: ¡*Fi-bi!* ¡*Fi-bi!*

La primavera le dio paso al verano. De un suspiro, se convirtió en otoño. John James observaba cómo salían del cascarón dos nidadas de crías de pájaros, cómo alzaban el vuelo por primera vez. Comenzó a sentirse parte de esta pequeña familia.

Cuando los días se volvieron más cortos y la brisa de otoño comenzó a hacerse sentir, John James supo que las aves se irían pronto. ¿Pero regresarían? ¡Tenía que saberlo! La pregunta era muy importante para el muchacho que estaba tan lejos de su familia.

Esa noche, estando en la cama, ideó un plan.

Al día siguiente, cuando los padres pájaros se alejaron del nido, John James tomó uno de los pichones. Había leído que los reyes medievales ataban cintas en las patas de sus preciados halcones, de modo que si alguno se extraviaba, pudiera regresar. ¿Por qué no poner una cinta a un ave silvestre para averiguar adónde iba? Esto nunca se había hecho, pero podía intentarlo.

Sacó una cuerda de su bolsillo y la enrolló, sin apretarla, alrededor de la pata del ave bebé. El pájaro se la quitó picoteándola. Al día siguiente, ató otra cuerda a la pata del ave. Se la quitó de nuevo picoteándola. Finalmente, John James caminó cinco millas hasta el pueblo más cercano y compró algunas hebras tejidas de hilos finos de plata. Estas hebras eran suaves y fuertes. Ató un trozo de hilo a una de las patas de cada uno de los pájaros bebé.

Una semana después, los pájaros se fueron.

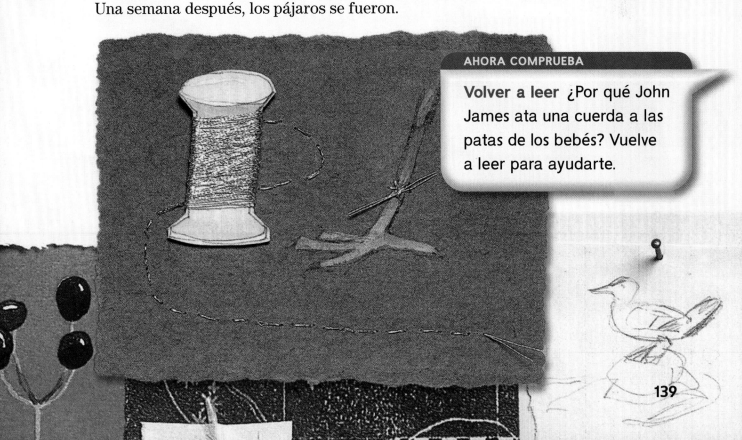

AHORA COMPRUEBA

Volver a leer ¿Por qué John James ata una cuerda a las patas de los bebés? Vuelve a leer para ayudarte.

Todo el invierno, John James trabajó en su *musée*, pintando los bocetos a lápiz que había hecho en la cueva. Esperaba tener en su próximo cumpleaños uno o dos dibujos que valiera la pena conservar.

El riachuelo ahora estaba congelado, y cada vez que patinaba hacia la cueva vacía, pensaba en la vieja pregunta de hace dos mil años: "¿Adónde van los pájaros pequeños? ¿Regresan al mismo nido en la primavera?".

Los días se volvieron más largos. El hielo se resquebrajó y se descongeló.

Una mañana, escuchó el trinar de un pájaro, *¡Fi-bi! ¡Fi-bi!*

Corrió hacia la cueva. Agachó la cabeza y entró.

La hembra *no* salió como una flecha arrojada con un arco. El macho *no* aleteaba sobre su cabeza ni chasqueaba su pico. En vez de eso, lo ignoraban como si fuera un viejo tronco. Al observarlos volar adentro y afuera de la cueva, supo que sus amigos habían regresado.

"¿Pero dónde estaban los bebés del año pasado, ahora crecidos? ¿También habían regresado?" Comenzó a buscarlos por el bosque y el huerto cercanos, siguiendo su trino.

AHORA COMPRUEBA

Hacer y responder preguntas ¿Cómo supo John James que sus amigos habían regresado? Vuelve a leer el texto para encontrar la respuesta.

Afuera en la pradera, dentro de un cobertizo de heno, encontró dos pájaros haciendo un nido. Uno llevaba un hilo de plata enrollado en su pata.

Más arriba en el riachuelo, bajo un puente, encontró otros dos pájaros anidando. Y uno llevaba un hilo de plata enrollado en su pata.

John James quería gritar: "¡Sí! ¡Los mismos pájaros regresan al mismo nido! Y sus hijos anidan cerca". ¿Pero quién lo habría escuchado? "Le escribiré a mi padre", decidió. "Le diré lo que he aprendido en Estados Unidos. Y cuando sea mayor, voy a encontrar una manera de contárselo a todo el mundo".

Corrió de regreso a su casa en busca de lápices, papel y su flauta. Mientras corría, gritaba: "*¡Fi-bi! ¡Fi-bi!*".

más valiosos que los diamantes

Nido
lodo, musgo, hierbas finas
debajo de los puentes
refugios antiguos
acantilados, sobre soportes
horizontales o verticales
Tamaño: 2 1/2 pulgadas
profundidad interior 1 3/4"

Acerca de John James Audubon

Anillar un ave, es decir, amarrar un distintivo alrededor de su pata para seguir sus movimientos, fue una idea innovadora en la época de Audubon. De hecho, en 1804, John James se convirtió en la primera persona en América del Norte en anillar aves. Su sencillo experimento ayudó a probar una **teoría** compleja: muchas aves regresan al mismo nido todos los años y su descendencia anida cerca. Este comportamiento se denomina *regreso al nido*. El resto del mundo conoció el experimento de Audubon cuando escribió al respecto en su libro *Biografía ornitológica*. Después, en el siglo XX, los científicos usaron el anillado para probar que las aves pequeñas migraban.

El joven John James se convirtió en el pintor de aves más importante de todos los tiempos. Fue el primero en pintar imágenes en tamaño real de los pájaros y en mostrarlos cazando, acicalándose, luchando y volando. Sus dibujos revolucionarios gustaron a todos los públicos: científicos, quienes hicieron alusión a su precisión, y gente del común, que simplemente disfrutaba de la belleza de los pájaros.

Audubon hizo cientos de bocetos de los pájaros de su cueva; ninguno se conserva. Pintó esta acuarela del atrapamoscas (ahora llamado pibí oriental) en Luisiana, hacia 1825. (Colección de The New-York Historical Society)

Conoce a la autora y a la ilustradora

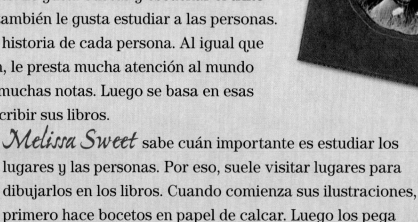

A *Jacqueline Davies* le encanta sentarse a observar el mundo, especialmente desde los escalones de la entrada de su casa en Massachusetts. Le gusta buscar y escuchar el trino de los pájaros, pero también le gusta estudiar a las personas. Se pregunta sobre la historia de cada persona. Al igual que John James Audubon, le presta mucha atención al mundo que la rodea y toma muchas notas. Luego se basa en esas experiencias para escribir sus libros.

Melissa Sweet sabe cuán importante es estudiar los lugares y las personas. Por eso, suele visitar lugares para dibujarlos en los libros. Cuando comienza sus ilustraciones, primero hace bocetos en papel de calcar. Luego los pega en la pared de su estudio. Esto le ayuda a ver cómo puede conformar un libro. Después, agrega más detalles y los colorea.

Propósito de la autora

En esta biografía, la autora incluye una acuarela hecha por John James Audubon. ¿Por qué crees que lo hace?

Respuesta al texto

Resumir

La información del organizador gráfico de sucesos puede servirte de ayuda para resumir cómo investigó John James las aves en *El muchacho que dibujaba pájaros.*

Sucesos

Escribir

¿Cómo retrata la autora quién fue John James y cómo se convirtió en un investigador innovador? Usa estos marcos de oración para organizar tu respuesta.

Jacqueline Davies usa las características del texto para…

La autora describe…

Esto me ayuda a entender que John James…

Hacer conexiones

Comenta sobre cómo John James investigó una pregunta que tenía de las aves. PREGUNTA ESENCIAL

Describe algunas herramientas que John James utilizó para estudiar las aves. ¿Cuáles son algunas maneras como las personas podrían estudiar las aves en la actualidad? EL TEXTO Y EL MUNDO

Género • Mito

Compara los textos

Lee sobre cómo Dédalo e Ícaro investigaron sobre el vuelo de las aves.

DÉDALO e ÍCARO

adaptado por Eric A. Kimmel
ilustraciones de Pep Montserrat

Dédalo, el mejor inventor del mundo, fue invitado por el rey Minos a la isla de Creta para diseñar su palacio y un laberinto, un pasaje subterráneo. Cuando Dédalo terminó el laberinto, el rey lo recompensó con un palacio y la mano de su hija en matrimonio.

Después de muchos años, la esposa de Dédalo murió y así deseó regresar con su hijo Ícaro a su ciudad natal, Atenas. Al escuchar la petición de Dédalo, el rey se rehusó, pues no deseaba que trabajara para nadie más. En vez de permitírselo, amenazó con encerrar a Dédalo y a Ícaro en el laberinto si intentaban escapar.

Aunque Dédalo sintió temor, ideó una forma de escapar. Cuando echó un vistazo a la costa que estaba fuertemente custodiada, vio una bandada de gaviotas. Hizo **observaciones** sobre el vuelo de las aves que les permitía abandonar fácilmente la isla. Tenía la **teoría** de que si aprendía cómo volaban las aves, podría usar este conocimiento para escapar.

Durante los siguientes meses, estudió las aves. Observaba cómo volaban alrededor de la isla. Descubrió que el aire caliente que subía del mar las hacía volar más alto. Las examinó para aprender cómo las plumas, huesos y músculos se unían para formar las alas. Dédalo comenzó a bosquejar diseños sobre una tabla de cera. Ícaro y él caminaban por la costa recolectando plumas.

Minos pronto se enteró de lo que estaban haciendo. Ordenó que Dédalo e Ícaro fueran llevados ante su presencia.

—¿Qué están haciendo? —les preguntó—. Díganme la verdad o los enviaré de regreso al laberinto a los dos.

—Voy a construir un par de alas para Ícaro y para mí —respondió Dédalo—. Vamos a aprender a volar.

El rey Minos solo pudo reír.

—¡Qué idea tan disparatada! ¡Las personas no pueden volar! Solo los pájaros lo pueden hacer.

—El ser humano puede lograr lo que quiera si se lo propone y trabaja duro en ello —le replicó Dédalo.

Minos no quería verlos más.

—¡Adelante! Hagan todas las alas que quieran. Nunca escaparán de Creta de esa manera.

Dédalo solo sonrió. Hizo una reverencia y volvió a su aposento a trabajar.

Dédalo diseñó dos pares de alas. Las estructuras eran de madera y alambre, cubiertas con cera. Dédalo insertó las plumas en la cera cuando estaba blanda. Cuando se endureciera, la cera las mantendría en su lugar.

147

Dédalo e Ícaro escogieron un día en el que una fuerte brisa soplaba desde las montañas hacia el océano. Llevaron las alas hasta la cima y las amarraron a sus espaldas.

—Mantén los brazos extendidos —le dijo Dédalo a su hijo—. Actúa como un pájaro. Deja que el aire te lleve. No te agotes aleteando demasiado.

Ícaro se sentía tan emocionado que apenas pudo escuchar la última recomendación de Dédalo:

—Recuerda no volar cerca del Sol. La cera se podría derretir, las plumas empezarían a desprenderse y caerías al mar.

—Estoy listo, padre —dijo Ícaro—. ¿Puedo intentarlo primero?

—Adelante —dijo Dédalo—. Tú guía, yo te seguiré.

Ícaro se paró en el balcón. Subió a lo alto de la pared y se lanzó al vacío. Dédalo jadeó al ver cómo caía su hijo. Pero luego las alas se desplegaron por los aires. Ícaro voló hasta arriba. Dédalo lo vio planear cada vez más arriba hasta volverse un punto en el cielo.

Ahora era el turno de Dédalo. Saltó desde el balcón. El aire lo elevó. Probaba las alas y funcionaban perfectamente.

Las gaviotas volaron a su lado para echar un vistazo. Parecían preguntarse qué extraño pájaro era ese. Dédalo miró hacia lo alto. Vio a Ícaro volar hacia el techo del cielo.

—¿Adónde irá este muchacho? —murmuró—. Está demasiado alto. No debe acercarse al Sol. —Dédalo le gritó—: ¡Ícaro, regresa!

Pero Ícaro estaba demasiado lejos para escucharlo. Voló incluso más alto en el cielo claro y azul. Al mirar abajo, vio el imponente océano. Se veía tan diminuto como un charco. La gran ciudad de Cnosos parecía un hormiguero. Ícaro miró hacia arriba. "Quiero volar más alto", se decía. "¡Deseo ver lo que ven los dioses!".

No se percataba de lo cerca que estaba del sol. No se daba cuenta de que la cera de sus alas comenzaba a derretirse.

—¡Ícaro, regresa! —le gritó Dédalo una última vez. Una pluma que flotaba pasó frente a su cara. Luego otra y otra más.

—¡Ícaro! —le gritó Dédalo mientras su hijo caía del cielo.

—¡Padre, ayúdame! —le gritó Ícaro a medida que descendía y descendía.

Era demasiado tarde. Volando en el aire, sin poder hacer nada, Dédalo solo pudo ver cómo su hijo se precipitaba hacia el mar.

Dédalo bajó volando. Apartó el cuerpo destrozado de Ícaro de las olas y lo llevó a una isla cercana. Allí lo sepultó en el pico más alto. La isla aún se llama Icaria, en honor a Ícaro, el muchacho que voló con los pájaros.

 Haz conexiones

¿De qué manera Dédalo e Ícaro investigan sobre una pregunta acerca de la naturaleza? PREGUNTA ESENCIAL

¿En qué se parece el estudio de Dédalo sobre las aves a otro estudio de la naturaleza en un texto que hayas leído? ¿Cuál fue el propósito de cada investigación? EL TEXTO Y OTROS TEXTOS

LA NIÑA DE LA CALAVERA

Cuento basado en un relato mapuche

Marcela Recabarren
Ilustraciones de Raquel Echenique

Pregunta esencial

¿Cuándo te ha ayudado un plan a cumplir una tarea?

Lee sobre cómo la búsqueda de Mallén por unos huesos la llevó a cumplir una tarea.

¡Conéctate!

Mallén era una joven mapuche que vivía en el sur de Chile junto a sus hermanos, su papá y su madrastra. La madrastra era mala, pero **fingía** ser muy buena. La perversa mujer estaba celosa de Mallén, que era la preferida de su papá.

La bella Mallén tenía muchos pretendientes y un buen día uno de ellos le pidió que se casara con él. La madrastra se puso aún más envidiosa cuando supo que el apuesto novio de la joven era hijo de un lonco, el líder de un grupo de familias mapuche.

—Voy a **impedir** el matrimonio —susurró la malvada mujer mientras espiaba a la pareja.

A la mañana siguiente, la madrastra se encaminó hacia la ruca de una machi. Ésta era una anciana mujer con poderes mágicos, que conocía las plantas medicinales y dirigía las ceremonias del pueblo. Pero era una machi malvada.

—Dime, ¿cómo puedo lograr que Mallén no se case con su novio? —le preguntó la madrastra.

—Déjalo en mis manos. Prepararé una poción que los separará —respondió la machi.

La machi entró en su ruca, donde guardaba algunos huesos de un **guerrero**, y los molió hasta convertirlos en astillas. Luego los mezcló con raíces, pastos, veneno de alacrán, sapos y arañas.

—¡Mi poción será terrible! Je, je, je —**exclamaba** mientras revolvía los ingredientes en una olla de greda.

Una vez que la poción mágica estuvo lista, la madrastra la guardó en una vasija de greda y se fue directamente a ver a Mallén.

—Ven, querida niña. Deja que te ponga unas cremas especiales para que te veas linda en tu matrimonio —le dijo la madrastra fingiendo una voz cariñosa.

—Está bien, muchas gracias —respondió la inocente novia.

Sin que la joven sospechara nada malo, la madrastra le cubrió la cara con la terrible poción.

Esa noche, Mallén se acostó feliz en su ruca. Como era tradición entre los mapuche, su novio entraría a raptarla en la oscuridad, se la llevaría al bosque y así quedarían casados. Pero cuando llegó a buscarla, el novio dio un grito de horror. ¡El rostro de Mallén se había convertido en una calavera! ¡Era puro hueso blanco! ¡Horrible!

El joven huyó espantado.

Raquel Echenique

Desconsolada, Mallén se puso a llorar sin saber qué hacer. Lloró y lloró hasta que se le ocurrió pedirle ayuda a una machi de buen corazón.

La anciana le dijo:

—La poción mágica que te pusieron en la cara estaba hecha con algunos huesos de guerrero. Si encuentras los huesos que faltan, romperás el maleficio.

—Pero ¿cómo los encontraré? —preguntó Mallén angustiada.

—Sólo te puedo decir que debes buscarlos con paciencia —le contestó la machi.

AHORA COMPRUEBA

Hacer predicciones ¿Cómo logrará Mallén su tarea? Usa la estrategia de Hacer predicciones.

Mallén no sabía dónde empezar a buscar. Estaba **desesperada** y triste. Su cara le daba vergüenza y no quería que su familia la viera así. Por eso, se fue a vivir a las profundidades de un bosque de araucarias. Allí podía alimentarse de piñones y hongos sin que nadie la viera.

Raquel Echenique

156

Un día, mientras paseaba, vio a una hormiga que tenía una patita atrapada. Mallén la liberó y la hormiga, muy agradecida, le dijo:

—Escarba aquí, escarba aquí.

Mallén escarbó. No pudo creer lo que vio: ¡había encontrado algunos huesos del guerrero!

Días después, Mallén vio a un huemul herido. El pobre animal tenía tres flechas clavadas en el cuerpo y casi se moría de dolor. La joven lo curó con mucho cuidado y el huemul, muy agradecido, le dijo:

—Escarba aquí, escarba aquí.

Mallén escarbó llena de entusiasmo. ¡Encontró más huesos bajo tierra! Para completar el esqueleto del guerrero, y romper el maleficio, sólo le faltaba la calavera.

Semanas más tarde, Mallén se encontró con un puma que tenía una espina clavada en la pata. La joven se acercó al animal, hablándole con tranquilidad. Le acarició la cabeza y le sacó la espina. Así lo liberó de un horrible sufrimiento.

—Querida Mallén, gracias por haber sido tan buena conmigo. Acompáñame a mi cueva para darte algo de beber —dijo el puma.

Raquel Echenique

158

La joven aceptó encantada. Una vez que llegaron, el puma le dio una vasija llena de agua. Cuando Mallén la tomó en sus manos, se dio cuenta de que la vasija era en realidad una calavera. Se asustó tanto que la soltó.

La calavera cayó al suelo, justo sobre los demás huesos del guerrero, que Mallén siempre llevaba con ella. Sin saberlo, había completado el esqueleto. Entonces sucedió algo mágico: el montoncito de huesos comenzó a **transformarse** en un apuesto joven.

AHORA COMPRUEBA

Confirmar o revisar predicciones
¿Cómo completó su tarea Mallén? Usa la estrategia de Confirmar o revisar predicciones.

Al ver a este joven tan hermoso, Mallén se avergonzó de su cara y se la cubrió con las manos. Pero al tocarse, se dio cuenta de que había recuperado su lindo rostro. ¡Por fin el maleficio estaba roto! El guerrero acompañó a Mallén de vuelta a su casa y no quiso separarse más de ella.

Al poco tiempo se casaron y vivieron felices para siempre.

AHORA COMPRUEBA

Volver a leer ¿Qué ocurrió para que Mallén se pudiera casar? Volver a leer te puede ayudar.

Raquel Echenique

Marcela Recabarren *se graduó en 1997 de la Escuela de Periodismo de la Pontificia Universidad Católica de Chile. Ha sido editora de reportajes de varias revistas tanto en Chile, su país de origen, como en el extranjero.*

Combina el trabajo periodístico y editorial con la escritura de libros orientados a niños y adultos.

Marcela es ganadora del Premio de Periodismo de Excelencia de la Universidad Alberto Hurtado en el año 2007, entre otros.

Raquel Echenique, *la ilustradora, vive en Barcelona, España. Desde muy pequeña encontró en el dibujo y la ilustración una forma de expresión.*

Ha ilustrado más de veinte libros. En el año 2006 fue seleccionada por el libro La niña de la calavera, *para la lista de honor de la organización IBBY Chile, que promueve y difunde la mejor literatura infantil y juvenil.*

PROPÓSITO DE LA AUTORA

La autora utiliza elementos de personificación y descripción en el cuento. ¿Cómo ayudan estos elementos a entender el mensaje del cuento?

Respuesta al texto

Resumir

Usa los sucesos más importantes de *La niña de la calavera* para resumir cómo logra Mallén recuperar su rostro. El organizador gráfico de tema puede servirte de ayuda.

¿Qué hace y dice el personaje?	¿Qué le ocurre al personaje?

Tema

Escribir

Piensa en las características de los cuentos folclóricos que emplea la autora. ¿Cómo integra estas características en la trama y estructura del relato para comunicar su mensaje?

En la trama, las características del género…
En la estructura, las características del género…
Al integrar estas características en la trama y estructura del relato, la autora…

Hacer conexiones

 Comenta cómo tener paciencia ayudó a Mallén a cumplir con su tarea, y si tenía un plan definido. PREGUNTA ESENCIAL

¿Para qué sirve tener paciencia? ¿Y tener un plan?
EL TEXTO Y EL MUNDO

Del texto a la mesa

Ya sea una princesa que se transforma en una paloma o un sapo que se convierte en un príncipe, muchos cuentos folclóricos y de hadas incluyen una transformación mágica de una cosa en otra. Aunque parece una tarea imposible que solo un mago podría hacer, las transformaciones pueden ocurrir en la vida real, ¡incluso en tu propia cocina!

A través del proceso de cocinar y hornear, los ingredientes separados se pueden transformar en algo delicioso. ¿Sabías que el pan del sándwich de tu almuerzo probablemente estaba hecho con solo seis ingredientes básicos: harina, agua, aceite, levadura, sal y azúcar? Parece imposible, pero al combinar y calentar estos ingredientes, creas algo diferente: pan. No es magia, pero requiere un plan.

Cuando horneas pan u otra cosa, ese plan se llama *receta*. La cual incluye una lista de ingredientes con sus cantidades y los pasos a seguir. La siguiente receta te muestra la **dirección** a seguir para hacer pan. Cuando combinas, revuelves, amasas y moldeas, cambias cada uno de los ingredientes en una mezcla que se ve y se siente diferente a cada uno de los ingredientes por separado. Después de hornear, esta mezcla tendrá además una forma, una textura, un color, y, por supuesto, ¡un sabor diferentes!

Receta para pan básico

Ingredientes:

1 taza de agua tibia

1/4 de taza de azúcar

2 cucharaditas de levadura en polvo

1 cucharadita de sal

3 tazas de harina de trigo

2 cucharadas de aceite vegetal

1. En un tazón, mezcla el agua tibia con dos cucharaditas de azúcar. Asegúrate de que el agua no esté muy caliente. Espolvorea la levadura encima. Deja esta mezcla a un lado y espera cinco minutos.
2. Revuelve la solución en el recipiente, agrega sal, aceite y el resto del azúcar.
3. Pon harina en otro recipiente. Lentamente, agrega la solución y revuelve hasta que la mezcla se compacte. Moldea la masa con tus manos para darle una forma redonda.
4. Amásala sobre una superficie enharinada por ocho minutos. Luego, ponla en un tazón engrasado y cúbrela. Déjala en algún lugar cálido por al menos una hora hasta que se levante. La masa deberá duplicar su tamaño.
5. Saca la masa y presiónala con los puños. Dale la forma de una hogaza de pan.
6. Pon la hogaza en un molde para pan engrasado. Cúbrelo y espera más o menos una hora.
7. Remueve la cubierta y hornea la masa en el horno a 375 grados Fahrenheit entre 25 a 30 minutos aproximadamente. Revisa que la cubierta esté de color marrón dorado.
8. Saca el molde del horno y déjalo enfriar.

Muy caliente, muy frío y en el punto

Generalmente, una receta se ha ensayado y probado con anterioridad, por eso es importante seguir los pasos con cuidado para obtener el mismo **resultado**. Cambios ligeros en la temperatura pueden alterarlo. Por ejemplo, en el paso 1, el agua debe estar tibia, no caliente. ¿Por qué? Aunque es difícil de creer con solo mirarla, la levadura es un organismo vivo y, con la temperatura adecuada, emana gases que crean burbujas en la masa. Esto es lo que la hace crecer. Si usas agua caliente en la receta, puedes matar la levadura, y si usas agua fría, es posible que no cree gas o cree muy poco. Sin el gas que produce la levadura, la masa no crecerá.

Primero combina los ingredientes (arriba izquierda). Luego, dale forma a la masa (arriba derecha). Después de amasar, déjala reposar para que crezca (izquierda). Los ingredientes deben estar a la temperatura apropiada y combinarse en el orden correcto para que la masa crezca.

Amasar es el proceso de doblar y presionar la masa. Este paso afecta la consistencia del pan horneado.

Cuando el reloj da las...

Calcular el tiempo es un detalle importante en cualquier receta. El paso 4 te dice que amases por ocho minutos. ¿Qué pasaría si te saltas ese paso? O, ¿si solo la amasas por uno o dos minutos? Al amasar se rompen las burbujas grandes de gas que hay en la masa, pues de lo contrario podrías tener grandes burbujas en tu pan horneado. ¡Y ese no sería un buen resultado!

La temperatura del horno y el tiempo de horneado en el paso 7 también son importantes. Si horneas el pan por más de treinta minutos, podrías quemarlo. Si lo haces por un tiempo muy corto, quedará suave y pastoso, pero si calculas el tiempo correctamente, ¡el pan saldrá perfecto!

No se necesitan deseos, suerte o un mago en la cocina para que hornees algo especial. Con un poco de planeación, tú también puedes asombrar a amigos y familiares con tus poderes de transformación.

 Haz conexiones

¿Cómo puede una receta ayudarte a cumplir una tarea? **PREGUNTA ESENCIAL**

¿En qué se parece una receta a otro plan que hayas leído? ¿En qué se diferencia? **EL TEXTO Y OTROS TEXTOS**

geología

De pequeña
probablemente pensara que la geología
era la ciencia que enseñaba a vivir en la tierra.
Geo, tierra, Logía, ciencia. Era razonable,
y desde entonces *Yo voy a ser geóloga*
cuando sea grande, informaba,
como quien dice *voy a averiguar sola*
lo que nadie me sabe contar,
voy a clasificar todos los géneros
de dolor que conozco como si fueran piedras.

Poema perteneciente al libro "Geología". (primera edición Nusud, Buenos Aires, 2001; segunda edición Curandera Ediciones, Buenos Aires, 2012).

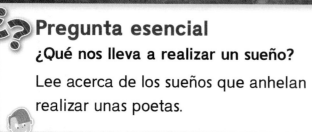

Pregunta esencial

¿Qué nos lleva a realizar un sueño?

Lee acerca de los sueños que anhelan
realizar unas poetas.

¡Conéctate!

—Tal vez en los manuales —me decía—
entre fallas y estalactitas aparezca en una foto
yo con mi disfraz de explorador
y en una nota al pie, esta descripción:
nena de piedra hallada en una cueva
muy al norte, casi escondida,
el cuerpo cubierto de palabras talladas,
por el tiempo transcurrido, incomprensibles.

Claudia Masin

Ilusión

¡Madre, qué loca idea tengo!
Quisiera ser poeta y no una niña
pero no de los malos, sino buena.
¡No creo que es tan fácil!

Me imagino mi nombre
sobre una pasta blanca,
las librerías llenas
de gente comprando.
Mi familia encantada,
mi corazón alegre,
y mi mente creando
más y más pensamientos.

Milagros Terán
(a la edad de trece)

Respuesta al texto

Resumir

Usa detalles importantes de "geología" e "Ilusión" para resumir los poemas. El organizador gráfico de tema puede servirte de ayuda. Elabora un organizador por cada poema.

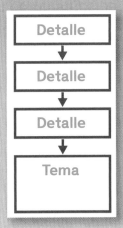

Detalle
↓
Detalle
↓
Detalle
↓
Tema

Escribir

Piensa en los dos sueños plasmados en los poemas y en las estrategias de vocabulario que las poetas emplean para comunicarlos. ¿Por qué las estrategias empleadas te permiten visualizar de un modo particular cada uno de estos sueños?

En "geología", la poeta sigue esta estrategia de vocabulario…
En "Ilusión", la poeta sigue la estrategia…
Con cada estrategia visualizo de forma diferente cada sueño porque…

Hacer conexiones

En "geología" e "Ilusión, ¿qué lleva a realizar los sueños? PREGUNTA ESENCIAL

En cada poema la poeta reflexiona sobre un sueño que quiere realizar. ¿Cuáles son algunas maneras como la gente puede lograr sueños difíciles de realizar? EL TEXTO Y EL MUNDO

Compara los textos

Lee sobre cómo una poeta busca realizar un sueño.

172

Clave

Buscando la clave
de lo que en algún día
podría convertirme,
      escribo;
acomodo palabras, las amigo.
Brioso, cabal o breve
se va tejiendo el papel de sonidos
que aspiran a domar las tempestades del día a día;
mostrar caminos:
      el ser humano íntegro,
      divino.

Yolanda Blanco

 Haz conexiones

¿En qué forma busca la poeta realizar su sueño? **PREGUNTA ESENCIAL**

¿En qué se parecen los sueños de las autoras de "Clave", "geología" e "Ilusión"? **EL TEXTO Y EL MUNDO**

el Árbol de las Preguntas

Guadalupe Alemán
ilustrado por Enrique Torralba

Pregunta esencial

¿Cómo nos enriquecen las diferencias?

Lee acerca de cómo Isabel aprende a apreciar que es diferente.

 ¡Conéctate!

Todo empezó una mañana cualquiera.

Bueno, ahora que lo pienso no era una mañana cualquiera. Era un tres de febrero: un día después de mi cumpleaños. Se supone que los cumpleaños son lo máximo, pero yo odio los míos. No entiendo por qué SIEMPRE me enfermo en cuanto llega el "gran día". Es como una ley.

Cuando cumplí siete años me llené de ronchas; cuando cumplí ocho me doblaba del dolor de panza; a los nueve ardía en calentura, y ahora le di la bienvenida a mis diez añotes con una tos de perro que mi papá intentó curar con su "remedio mágico" de vinagre encebollado. ¡Guácala!

Para colmo, el dos de febrero también enloquece a mi mamá, que se la pasa sonriendo con los ojos llenos de lágrimas y persiguiéndome por la casa para darme abrazos de oso. Se pone rarísima.

Ya para el tres de febrero todo vuelve a la normalidad: mi papá le gruñe a la primera plana del periódico, mi mamá hace corajes cuando me trepo al camión de la escuela con la boca llena de huevo estrellado y Yoda —ése es mi perro— se come feliz el resto de mi desayuno.

Ya para el tres, a todos se nos vuelve a olvidar que soy una hija **adoptiva**.

Pero ESTE tres de febrero del que te platico no fue muy bueno. Fue el lunes que regresé furiosa de la escuela, entré a mi cuarto y me encerré dando un portazo.

—¡Y ahora qué te pasa? —preguntó Mamá.

—¡Que quisiera ser un chícharo! —contesté, porque no se me antojó dar más explicaciones.

Ahora sí se me antoja. Dar las explicaciones, digo.

El caso es que esa mañana, en Ciencias Naturales, la maestra Tere nos platicó de un tal Mendel y de las leyes de la **herencia**. Parece ser que si tu papá es un chícharo amarillo y tu mamá es un chícharo amarillo, tú serás un chícharo amarillo; pero si tu abuelo era verde entonces tú puedes salir verde. O algo así. Mientras el asunto se quedó entre legumbres, no hubo problema. Lo malo fue cuando la maestra Tere dijo:

—Para la próxima semana, quiero que traigan un árbol genealógico con fotos de su familia. ¡Vamos a ver qué fue lo que heredaron ustedes!

¡Claro que en el recreo Paulina empezó a platicar de cómo ella y sus tres hermanas habían sido "hechas con el mismo molde" (eso dijo, la muy cursi), y Tomás se quejó de que había sacado la narizota de su papá. Yo sólo clave los ojos en el suelo y puse cara de concentración, como si lo más fascinante del universo fuera la fila de hormiguitas que pasaba entre mis pies.

Ah, y también me puse a repetir en silencio: "que-cambien-de-tema-que-cambien-de-tema-que-cambien-de-tema…".

De repente mi mejor amiga, Laura ("la de los chinos **idénticos** a los de su mamá") me preguntó como si nada:

—¿Y tú qué vas a hacer, Isa?

En ese momento quise hacerme chiquita para desaparecer dentro del hormiguero, y eso que Laura no habló por molestarme. Todos en la escuela saben que mis papás me adoptaron… o casi todos, creo. Pero bueno, eso no quiere decir que me encante oír hablar del asunto todo el tiempo. Mi vida privada es privada, ¿no?

Lo bueno es que yo siempre supe que soy adoptada. Lo supe desde que era una bebé: ni siquiera me acuerdo de EL DÍA (cha-ca-cha-chaaán) en que mis papás me lo dijeron.

Es imposible acordarme porque la verdad es que no hubo UN día.

La **historia** de cómo llegué a mi familia siempre ha estado ahí, y de un millón de maneras distintas. Está, por ejemplo, en el álbum que hicieron mis papás cuando me conocieron. Todavía lo guardo en un cajón de mi buró y lo veo de vez en cuando. Te voy a enseñar las mejores páginas. Sólo dos, ¿eh?, porque es mío y no creas que siempre se lo ando enseñando a toda la humanidad.

AHORA COMPRUEBA

Estrategia de resumir ¿Qué piensa Isa del hecho de que es adoptiva? Usa la estrategia de Resumir como ayuda.

Antes de que llegaras, vivíamos solos Papá, Mamá y Yoda.

Mamá se llama Julia y es arquitecta. Le gusta diseñar casas y jardines como de cuento.

Papá se llama Roberto y es chef. Algún día inventará el mejor pastel del universo con un relleno sorpresa.

Yoda cree que es el jefe de la familia, pero está medio loca. ¡Le tiene miedo a la lluvia!

Nos la pasábamos bien

ALGO NOS HACÍA FALTA.

¡Queríamos tener UN HIJO!

Te fuimos a buscar a
una ciudad...
y a otra...
y tú no estabas ahí.

La señora que te tuvo en su panza
era muy joven para cuidarte, así que...
NOSOTROS TE ADOPTAMOS
Y TE CONVERTISTE EN NUESTRA
HIJITA.

AL FIN, DESPUÉS DE CUATRO AÑOS
DE BUSCARTE, EL 8 DE FEBRERO
DE 1999...

HOTEL

Nos llamaron por teléfono
una noche para avisarnos
que habías nacido y nos
pusimos muy nerviosos.
Papá sonreía y Mamá
temblaba de pura
felicidad.

¡BIENVENIDA
Isabel

179

Pues ahí tienes mi historia: sin secretos ni rollos.

O eso pensaba yo hasta que mi mejor amiga, Laura (ya te conté, "la de los chinos idénticos a los de su mamá"), volvió a meter la pata. Creo que le dio pena haberme preguntado cómo le iba a hacer yo con la tarea, y luego, más pena la cara de susto que pusieron los demás, porque salió con su bocota al "rescate" y dijo:

—¡Qué bien, el árbol genealógico de Isa tiene un supermisterio!

—¿Un QUÉ? —pregunté yo, la Despistada Número Uno.

—Pues un misterio. Estaría genial descubrir a quién te pareces tú.

Tomás y Paulina voltearon a verme de nuevo, pero esta vez con muchísima curiosidad. Me sentí como bicho raro.

En serio, a veces Laura se pasa.

Seguro que la vida de los chícharos es más fácil que la mía.

El chisme se regó por la escuela más rápido que una epidemia de piojos, y ya para el martes hasta los de prepa estaban diciendo que yo quería buscar a mis "verdaderos" papás.

"¿Verdaderos?", pensé. "¿Y los que tengo ahora qué son?: ¿papás de mentiritas?, ¿robots?".

Pero no dije nada.

¡Oh, no me mires así!

No dije nada porque de repente me volví la más interesante del salón, yo y mi gran misterio.

El miércoles en la mañana María Martha le dijo a Paulina que a mí me habían abandonado de bebé, y que yo había tenido muuucha suerte de que mis papás adoptivos sí me quisieran.

Cuando yo me enteré —porque todo se sabe en Quinto A— me puse como *Hulk* con dolor de muelas.

Primero pensé en gritarle a María Martha cuatro palabrotas que no puedo repetir aquí. Luego preferí abrir un poquito su cerebro de cacahuate. Le dije casi con las mismas palabras lo que Mamá le explicó una vez a la sangrona de la vecina:

—Yo estuve en la panza de una señora que no pudo quedarse conmigo, pero nadie me "abandonó". Ella me cuidó nueve meses y luego hizo lo necesario para que yo llegara con mi familia. Ah, y para que lo sepas, mis papás MORÍAN DE GANAS de que yo llegara. Me esperaron durante años, así que si yo soy suertuda por tenerlos, ¡ellos son tan suertudos como yo!

María Martha se puso color tomate y no supo qué contestar. Estuvo increíble.

De todas formas, algo siguió doliéndome por dentro durante el resto del día.

Mis amigos tampoco ayudaron nadita. Alex, por ejemplo, decidió que mis "verdaderos padres" debieron de haber sido superhéroes o espías internacionales.

—Seguro tienen misiones peligrosísimas y no podían cargar a un bebé por el mundo —comentó antes de pegarle una tremenda mordidota a su sándwich de atún.

—A lo mejor son famosos —dijo Laura, que ve demasiada televisión.

—¡O millonarios! —gritó Tomás—. Si heredas un yate y una isla privada, nos vas a invitar, ¿verdad?

Sonreí sin ganas. Yo también he jugado a imaginar a mis "otros papás" —sobre todo cuando los míos me regañan—, pero ese día no estaba de humor.

Esa tarde llegué a mi casa con ganas de dormir, sólo de dormir. Mamá pensó que me estaba dando gripa y me subió un té con miel (que estaba delicioso). Yo no le conté nada.

Yoda se subió de un salto a la cama para poner su cabecita sobre mis piernas. Siempre se sube con las patas lodosas, siempre huele a rayos... y siempre sabe cuando estoy triste.

—¿Sabes qué, Yoda?, antes no me importaba que hubiera un misterio en mi árbol genealógico —le confesé—. Ni siquiera le había dado vueltas en la cabeza. ¡Y ahora de repente se siente horrible!

—Pues no hagas la tarea y ya —contestó Yoda.

Bueno, Yoda no habla. Pero imaginé que eso me habría contestado.

—La tarea me vale un pepino —dije, porque era verdad—. Sólo odio tener que preguntarme de dónde rayos vengo yo.

—Puedes preguntarle a tus papás —sugirió Yoda (en mi imaginación).

—¡Cállate! —gruñí, metiendo la cabeza bajo la cobija—.

Sólo eres un perro: no entiendes nada de nada.

AHORA COMPRUEBA

Resumir ¿Qué ocurrió para que Isa cuestionara quiénes eran sus "verdaderos padres"? Puedes resumir los sucesos.

184

En la noche volví a ver mi álbum y leí como cuatro mil veces esta parte:

La señora que te tuvo en su panza era muy joven para cuidarte, así que...

NOSOTROS TE ADOPTAMOS Y TE CONVERTISTE EN NUESTRA HIJITA.

¿Quién es esa señora?

Me acuerdo que les pregunté a mis papás cuando era chica. Ellos me dijeron que no la habían conocido.

Debe ser guapa, porque tú lo eres, me contestó Papá, y seguramente pensó en lo mejor para ti.

Me quedé muy tranquila, pero claro, tenía como cuatro años. Tampoco pregunté nada cuando mi chupón desapareció del mapa y se fue "volando al País de los Chupones", lo cual —pensándolo bien— es algo bastante tonto de creer.

¿Y si de veras hubiera un secreto en mi familia? ¿Y si mis papás, que casi nunca dicen mentiras (pero a veces sí), me hubieran estado escondiendo algo importante durante diez años?

No podía volver a preguntarles lo mismo. Si había más información en la casa acerca de mi árbol genealógico, tenía que encontrarla yo sola.

Bueno, sola-sola, no. Ni siquiera yo soy tan valiente. Por eso el jueves invité a Laura a comer a la casa. Por eso y porque justo los jueves en la tarde mi mamá sale a dar su clase de dibujo a la universidad. Laura estaba emocionadísima de que tuviéramos una Misión Secreta. Tanto, que la muy payasa llegó vestida de negro y con una linterna en la mochila.

—Sólo vamos a buscar papeles —le dije—, no vamos a asaltar un banco.

Pero la verdad, mi corazón latía como el de un colibrí delincuente cuando abrí el primer cajón del clóset de mis papás. Había calcetines, chones y entre los chones... ¡un paquete de chicles de menta! (Ajá. Conque masticar chicle es asqueroso, ¿no?). Revolví el segundo cajón con un poco más de confianza. Mmm. Suéteres. Y debajo de los suéteres... más suéteres. Ya para el cajón número ocho había descubierto que mis papás compran aspirinas a lo bestia, que todavía guardan playeras de grupos de rock setenteros (órale, ¿quién es Freddy Mercury?) y que mi mamá tiene bufandas como si viviéramos en el Polo Norte. Ningún misterio interesante.

Hasta Laura se estaba desesperando.

—Mejor vamos a ver tele, ¿no? —dijo.

Y de pronto, al fondo del último cajón y debajo de las camisetas, vi el sobre.

Era un sobre amarillo cerrado con un hilo. Afuera decía:

Para Isabel, quien ya está lista.

Creo que estuve a punto de desmayarme.

—¡Lo encontramos! —gritó Laura—. Se ve importante, ¡ábrelo!

—No sé si se vale —empecé—. Es privado y...

—¡Oye! Tiene tu nombre. Es tuyo. Si quieres conocer tu verdadera historia, TIENES que abrirlo. No seas gallina.

Claro. Por eso había invitado yo a Laura.

Así que le hice caso.

Abrí el sobre temblando y esto fue lo que leí:

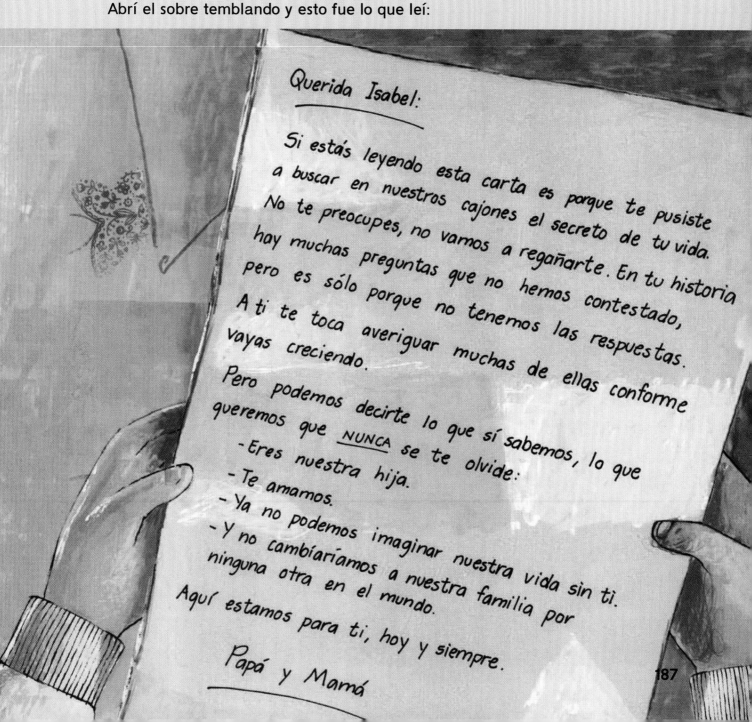

Querida Isabel:

Si estás leyendo esta carta es porque te pusiste a buscar en nuestros cajones el secreto de tu vida. No te preocupes, no vamos a regañarte. En tu historia hay muchas preguntas que no hemos contestado, pero es sólo porque no tenemos las respuestas. A ti te toca averiguar muchas de ellas conforme vayas creciendo.

Pero podemos decirte lo que sí sabemos, lo que queremos que <u>NUNCA</u> se te olvide:

- Eres nuestra hija.
- Te amamos.
- Ya no podemos imaginar nuestra vida sin ti.
- Y no cambiaríamos a nuestra familia por ninguna otra en el mundo.

Aquí estamos para ti, hoy y siempre.

Papá y Mamá

No dormí en toda la noche. Me llevé la carta a mi cama y la leí hasta que me la aprendí de memoria. También estuve piense y piense. En parte me sentía aliviada de no haber encontrado el GRAN SECRETO, pero en parte... bueno, no sé. Es difícil de explicar. De todas formas, como a las cinco de la mañana (sé que eran las cinco porque oí el fup del periódico cayendo frente a la puerta) entendí algo acerca de mis "verdaderos" papás. Ahí les va:

Mi papá y mi mamá están bien locos, pero de que son verdaderos, son verdaderos. Se ganaron el título por un millón de razones como estas:

Son los únicos que saben que me dan miedo los búhos y que un triceratops fue mi amigo imaginario hasta los cinco años.

Me ponen como chancla cuando me porto mal y se esponjan como pavos reales cuando hago algo muy bien.

Entendieron perfecto cómo me sentí cuando perdí a mi muñeca favorita en un parque, ¡y supieron cómo consolarme!

Me cambiaron más de veinte veces por noche cuando era bebé y vomitaba hasta las tripas.

Corrieron cuarenta kilómetros detrás de mí el día en que le quitamos las rueditas a mi bici.

Mis papás me adoptaron hace diez años, pero hasta ese momento entendí que yo también los había adoptado a ellos.

Al siguiente lunes yo llevé el árbol de MI FAMILIA, de la única que conozco hasta ahora.

Cuando me tocó **exponerlo**, me paré al frente y dije:

Mis ojos no son azules como los de mi papá, pero si chupamos un limón hacemos gestos idénticos. Mi mamá y yo tenemos la misma risa. A las dos nos gusta bailar y las dos

coleccionamos caracoles. Mi papá es bueno para cocinar y yo también. Nosotros somos una familia adoptiva, así que no nos parecemos por herencia sino por puro amor. ¿Y saben qué? Eso es suficiente para mí.

Me aplaudieron muchísimo.

Claro que mi vida no es tan redonda como la de un chícharo.

A veces siento que soy un rompecabezas al que le faltan piezas (por cierto, ¿quién no?). Pero sé que el día en que yo necesite buscar esas piezas, puedo hacerlo. También sé que pase lo que pase, mi familia va a estar ahí para **apoyarme**.

AHORA COMPRUEBA

Volver a leer ¿Por qué cambia lo que piensa Isa de sus padres? Vuelve a leer para buscar detalles que apoyen tu respuesta.

FIN

Narradores de una adopción

Guadalupe Alemán nació en México D. F., en 1971. Le gusta escribir historias fantásticas con mensajes secretos y personajes misteriosos; sus personajes, por lo general preadolescentes, suelen enfrentar diversos retos con astucia y humor. Ha publicado varias adaptaciones de mitos griegos para niños, así como algunas novelas juveniles tales como: *El mundo, Septiembre adentro* y *El nombre de las brujas.* Sin embargo, Guadalupe aprovecha cualquier oportunidad para huir de la letra impresa y sumergirse en la oscuridad de una sala de cine. Y le encanta comer, viajar y salir de campamento.

Enrique Torralba es un ilustrador y diseñador gráfico mexicano con veinte años de experiencia, reconocido con premios nacionales e internacionales. Su trabajo se ha publicado en revistas, libros, carteles, animaciones y diversos medios en México y el extranjero. Las hermosas ilustraciones, más que recrear el texto, proponen imágenes que comentan los conflictos y las emociones de sus personajes desde una perspectiva simbólica, en la que hay cabida para la ternura y el humor.

Propósito de la autora

La autora utiliza elementos de la vida real en el cuento *El árbol de las preguntas.* ¿Cómo nos ayuda esto a entender su mensaje positivo?

Autora: Guadalupe Alemán. Ilustraciones: Enrique Torralba. ©Sana Colita de Rana S.A. de C.V.

Respuesta al texto

Resumir

Resume lo que Isabel aprendió acerca de su familia adoptiva en el cuento *El árbol de las preguntas.* La información del organizador gráfico de tema puede servirte de ayuda.

¿Qué hace y dice el personaje?	¿Qué le ocurre al personaje?

Tema

Escribir

Piensa en las distintas perspectivas presentes en el relato. ¿Cómo estructura la autora el texto para poner énfasis en la experiencia de la niña e incluir también las perspectivas de otros personajes sobre los sucesos narrados?

Para enfatizar la experiencia de Isa, la autora…
Para incluir otras perspectivas sobre los sucesos narrados, la autora…
Así, la estructura del relato está conformada por…

Hacer conexiones

Comenta en qué forma el ser adoptada hace que Isa sea una niña especial y afortunada. PREGUNTA ESENCIAL

¿Qué pueden aprender las personas que no son adoptadas de las personas que lo son, y viceversa? ¿Por qué es importante conocer estas diferencias? EL TEXTO Y EL MUNDO

Compara los textos

Lee sobre otras culturas que han influido en nuestras vidas.

¿De dónde vino eso?

Personas de todos los lugares del mundo han venido a vivir en Estados Unidos. Han formado comunidades diversas y han compartido tradiciones, idiomas, ideas y actividades. Con el paso del tiempo, estos tipos de intercambios **culturales** han hecho aportes a nuestra cultura estadounidense.

De mordisco...

La comida es una de las maneras más comunes en que las personas comparten su cultura. Platos que creemos estadounidenses vienen de todas partes del mundo. Inmigrantes alemanes crearon las hamburguesas. Los italianos introdujeron los macarrones. Primero se sirvió pastel de manzana en Inglaterra, no en Estados Unidos.

... a ritmo

Personas de diferentes orígenes también han aportado sonidos variados a la música que escuchamos. El hip hop y el rap, por ejemplo, se remontan a las narraciones de África occidental y el Caribe. La salsa proviene de un tipo de música cubana llamada "son", que se ha relacionado con la cultura española y con la africana. Estos géneros musicales le deben sus ritmos al tambor, que se encuentra en casi todas las culturas del mundo.

Unidos por los deportes

Los deportes tienen sus orígenes en otros lugares. Los del fútbol se relacionan con diferentes países, como Italia y China. Es probable que el tenis provenga de Francia, pero algunos piensan que puede ser del antiguo Egipto. Aunque nadie conoce el origen de algunos de estos deportes, se consideran actividades populares estadounidenses.

Nuestra nación se ha enriquecido con la diversidad cultural. Y conocer los orígenes de lo que compone la cultura estadounidense nos puede llevar a tener un nuevo **agradecimiento** hacia las personas y los lugares de donde proviene.

Muchas culturas comparten el fútbol.

Palabras del mundo

Muchas palabras que se usan en español se han "tomado prestadas" de otros idiomas del mundo.

- chimpancé: **kongo (africano)**
- aguacate, chocolate: **náhuatl (aztecas)**
- bazar, caravana: **árabe**
- ketchup: **chino**
- género: **francés**
- kínder, delikatessen: **alemán**
- champú: **hindi**
- bravo, magenta: **italiano**
- karaoke, tsunami: **japonés**
- béisbol, voleibol: **inglés**

Haz conexiones

¿Qué aprendemos al conocer otras culturas? PREGUNTA ESENCIAL

¿Cómo ha influido la cultura estadounidense en algún personaje? ¿En qué se parece a cómo otras culturas influyen en los estadounidenses? EL TEXTO Y OTROS TEXTOS

Buscalacranes

Francisco Hinojosa
Ilustraciones de Rafael Barajas "el Fisgón"

Pregunta esencial

¿Cuándo nos puede ser útil aprender sobre la naturaleza?

Lee acerca de unos niños que aprenden a recoger alacranes para salvar unas vidas.

¡Conéctate!

En este cuento, Sancho, Juliana y Leidi, tres niños de once, diez y nueve años, son buenos amigos que se dedican a cazar bichos, como mariposas, luciérnagas, escarabajos, avispas, abejorros y también ratones. Los Tres se topan un día con un anuncio escrito en cartulina de color amarillo eléctrico donde se solicitan de urgencia unos buscalacranes. Ellos se presentan en el domicilio indicado, donde, igual que la cartulina, todo es de color amarillo: la alfombra, los muebles y los muros donde se exhiben diplomas y reconocimientos a nombre del Doctor en Alacranología Vítar Östengruff. Incluso el doctor viste de amarillo y luce dientes del mismo color.

Los Tres logran que se les contrate para cazar alacranes. El Dr. Östengruff les explica que está a punto de lograr una cura para un mal terrible llamado bampacrisis, donde la persona se va encogiendo durante cinco o seis semanas hasta que: ¡bamp!, desaparece. La enfermedad se contrae con el piquete de una pequeñísima culebrita de Manila. El doctor ha descubierto que la toxina del alacrán puede revertir el mal.

Les explica a Los Tres que le urge conseguir setenta y cuatro alacranes a más tardar en quince días porque si no, su esposa: ¡bamp! Desde luego, Los Tres logran traerle los alacranes que necesita para su mujer, que se ha vuelto tan pequeñita que está viviendo en una casa de muñecas. El doctor prepara la pócima contra la bampacrisis y, después de beberla, su esposa Galga tarda una semana en volver a ser tal y como era antes.

El pago a Los Tres son cinco cajas amarillas con quinientos escarabajos africanos.

Quince días antes de que acabaran las vacaciones, un lunes, Galga Östengruff llamó por teléfono a Juliana:

— ¡Pudín de renacuajos! Tienen que venir de inmediato. No hay tiempo que perder.

Juliana no tardó mucho en localizar a sus dos amigos. Se citaron en la esquina donde iniciaba el Callejón del Cangrejo Dorado. La señora Östengruff los recibió muy agitada y nerviosa.

—Me acaba de llegar este telegrama. Léanlo:

PIPINEY, 8 DE OCTUBRE.

GALGA: DIOME BAMPACRISIS. URGE LOCALICES A LOS TRES. TRAIGAN 148 ALACRANES VIVOS. LOS DE PIPINEY NO SIRVEN PARA HACER ANTIVENENO. DIEZ DÍAS. TENGO TAMAÑO PINGÜINO. TRAER INGREDIENTES NECESARIOS PARA HACER FÓRMULA.

VÍTAR.

—Ciento cuarenta y ocho alacranes en diez días no va a ser muy difícil, se lo prometo —aseguró Sancho al ver la cara triste de la señora Galga.

—¡Qué va! —añadió Juliana—. Con la **experiencia** que ya tenemos, en diez días juntamos más de doscientos.

—Yo creo que sólo en el Pedregal Pelado hay más de trescientos —dijo Leidi.

—Ocho días —dijo la señora Östengruff—. Ocho días porque el telegrama está fechado ayer y porque las Lagunas del Pipiney están del otro lado del planeta. Tardaríamos al menos veinticuatro horas en llegar.

—¿Tardaríamos? —preguntó Leidi.

—Por supuesto: ustedes tendrán que ir conmigo a llevar los alacranes: yo ni de chiste me acerco a ese tipo de bichos. Además habrá que llevar algunas otras cosas que estoy segura le van a ser de utilidad a mi esposo. Yo me encargo de pedir el permiso a sus papás. De eso ni se preocupen.

—¿Y por qué ciento cuarenta y ocho y no setenta y cuatro? —preguntó Leidi.

—Obvio —respondió Juliana—. Setenta y cuatro son para el doctor y los otros setenta y cuatro para el enfermo de Pipiney.

El Pedregal Pelado

Desde esa misma mañana Los Tres se dedicaron a cazar los bichos que el doctor necesitaba para curarse de la bampacrisis.

Y tal como lo habían previsto, la experiencia los había hecho más eficaces: para el viernes ya tenían ciento dieciséis alacranes bien guardados en sus jaulas de cristal.

El sábado decidieron ir al Pedregal Pelado: estaban seguros de que en unas cuantas horas tendrían más presas de las que se requerían para fabricar el antiveneno.

Y así fue: Leidi cazó once, Juliana catorce y Sancho dieciocho. En total tenían once alacranes de sobra. Quizás no de sobra, ya que en el largo viaje a las Lagunas del Pipiney no era difícil que algunos murieran en el camino.

Estaban **recogiendo** sus instrumentos cazalacránicos cuando escucharon a lo lejos las risas de Elías Pistrécalo.

—¿Otra vez de buscalacranes? —les gritó.

—¿Te importa? —dijo Sancho.

—Claro que me importa. El problema es que me pagaron cincuenta pesos por venir una vez, ¡sólo una vez!

—Este lugar no es tuyo —lo enfrentó Leidi.

—¿Cómo sabes?

—Este Pedregal es de todos, no tiene dueño.

—Pues están muy equivocados. Desde hace una semana mi papá compró este lugar.

—No le crean —dijo Juliana a sus amigos—, lo dice para que tengamos que pagarle. Será mejor que nos vayamos. No vale la pena hacerle caso.

En ese momento Leidi pegó un grito.

—¡Allá, allá! ¡Una culebrita de Manila!

Sancho y Juliana olvidaron la presencia de Elías y dirigieron los ojos hacia el sitio donde la pequeña serpiente se desplazaba en zigzag hacia una pila de rocas. Y tras ella Los Tres volaron en su persecución.

Estaban quitando piedra por piedra, listos para atraparla y llevársela de regalo al doctor Östengruff, cuando Elías los alcanzó.

—Será mejor que ni te acerques —le dijo Sancho—. Si esta viborita te pica ¡*bamp*!, te mueres.

—Conque esa lombricita es pe-li-gro-sa? —se burló.

—No hables de lo que no sabes —le contestó Leidi.

—Mira, enanita, sé más de lombrices que tú de muñecas.

Sancho estaba a punto de lanzarle un puñetazo a Elías, a sabiendas de que llevaba todas las de perder, cuando vio que Juliana tomaba las pinzas, se apoderaba del pequeño reptil y lo introducía en un frasco de cristal.

—¡La tengo! ¡La tengo! —gritó con emoción.

—La tengo yo —dijo Elías, luego de arrebatarle el frasco a Juliana—. Si no me pagan por todos los alacranes que juntaron hoy, tendré que echar esta lombriz a la chimenea. O a lo mejor me la como en una torta. Cuando menos quiero doscientos pesos por ella. ¿O quinientos?

Y se alejó, entre risotadas, a grandes zancos.

AHORA COMPRUEBA

Resumir ¿En qué forma buscan Los Tres ayudar al Dr. Östengruff, y qué ocurre? La estrategia de Resumir te puede ayudar.

Las lagunas del Pipiney

Leidi tuvo la paciencia necesaria para calmar a sus compañeros. Sancho se había quedado con las ganas de romperle la nariz a Elías, y Juliana no se perdonaba que su enemigo le hubiera arrebatado el frasco.

—Tenemos los alacranes —los trató de consolar Leidi—. Mejor olvídense de ese tonto y vamos con Galga a mostrarle lo que hemos hecho.

Ciertamente más convencidos de que eso era lo que tenían que hacer, el coraje se les bajó poco a poco y emprendieron el camino de regreso al Callejón del Cangrejo Dorado, no sin que antes Juliana sacara toda su ira:

—Ojalá, y que la culebrita de Manila le pique a Elías en el ojo.

—En la lengua.

—En el ombligo.

Llegaron jadeando a casa de la señora Östengruff antes de que el sol se metiera.

—Los tenemos.

—Sobran once.

—Pasado mañana salimos a Pipiney —les dijo contenta—. Estaba tan segura de que lograrían traerme antes los alacranes que ya tengo los boletos de avión.

—¿Pasado mañana? —se sorprendió Leidi, que no se acordaba de que ellos también irían a Pipiney.

—Ya he hablado con sus papás y están de acuerdo.

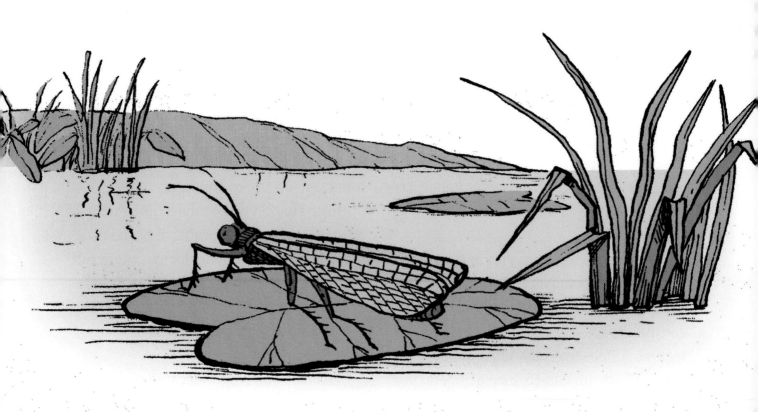

El largo viaje hacia las lagunas del Pipiney no fue del todo aburrido. En el avión desayunaron, comieron, cenaron y volvieron a desayunar platillos que les gustaban mucho a Los Tres. Vieron cuatro películas, jugaron damas chinas y hablaron con un señor barbudo que sabía mucho acerca de los erizos de mar. Galga les contó chistes, Juliana cantó una de las canciones compuestas por ella, Leidi platicó sobre Yuca, su perra, y Sancho dijo que de grande quería ser alacranólogo, como el doctor Östengruff.

—¡Vinagreta de arañas! —exclamó Galga cuando estaban a punto de aterrizar—. ¡Licuado de saltamontes! Se me olvidó traer los pulgones. Yo creo que sin pulgones Vítar no podrá hacer su **fórmula**.

—¿En Pipiney no hay pulgones?

—Yo qué sé. A lo mejor no hay. O a lo mejor, como sucedió con los alacranes, los pulgones de allí no sirven. Yo qué sé.

Cazapulgones

Aunque el viaje había sido muy cansado, Los Cuatro llegaron con ánimo a su **destino**. Dos pipineyanos los esperaban en el aeropuerto: cargaron sus pertenencias y los subieron a una carreta tirada por cuatro cebras.

Después de tres largas horas de camino, bajo los rayos quemantes del sol, Galga, Juliana, Leidi y Sancho llegaron a una cabaña situada a orillas de una inmensa laguna. Allí los esperaba Vítar, que ya tenía el tamaño de un conejo, bien arropado por las mujeres del lugar con un elegante camisón de color amarillo huevo a su medida. A su lado tenía una casa de muñecas, habitada por el otro bampacrísico que requería el antiveneno.

—¿Trajiste todo lo necesario? —preguntó nervioso el doctor.

—Claro, Vítar —mintió Galga, que no se atrevió a confesar su olvido.

—Tendrán que ayudarme —les dijo a Los Tres—. Con este tamaño va a ser muy difícil que yo mismo pueda exprimir los alacranes y preparar la fórmula.

—Pero... —Leidi intentó decir algo acerca de los pulgones.

—No hay tiempo que perder. Ya está todo preparado para que ustedes repitan mi fórmula. Si no, Tico —y señaló la casa de muñecas—: ¡bamp!

Adentro de la cabaña, ciertamente, todo estaba listo para que los buscalacranes trabajaran en la pócima antibampacrísica. Leidi colocó todos los frascos con sus presas sobre una gran tabla y Juliana desempacó los demás ingredientes —el líquido amarillo, las uvas verdes y el polvo que parecía azúcar morena. Mientras tanto, Sancho se puso los guantes antipiquete y tomó las pinzas exprimidoras.

Justo cuando empezaba a quitarle la diminuta gota de toxipinina al primero de los alacranes, el pequeño doctor Östengruff se dio cuenta de que faltaba el montón de pulgones verdes. —¡¿Y los pulgones?! —gritó con su voz apenas audible. ¡Galga!, ¿dónde están los pulgones?

Ella no pudo responder y se echó a llorar.

—No trajimos los pulgones —dijo Juliana para repartir el error entre todos.

—Pero en diez minutos los traemos —añadió Leidi—. Encontrar pulgones verdes es lo más fácil del mundo.

—¡Aquí no! —volvió a gritar el doctor—. ¡En esta época casi no hay pulgones en Pipiney!

—Acuérdese de que somos los mejores cazabichos —lo trató de tranquilizar Sancho.

—¡Ocho gramos, se necesitan ocho gramos! —alcanzó a decir Vítar antes de que los niños salieran de la cabaña—. ¡Y yo considero que apenas tenemos una o dos horas para salvar a Tico! —Palabras que Los Tres ya no alcanzaron a oír.

Guiados por seis pipineyanos, Juliana, Leidi y Sancho se lanzaron en busca de los pulgones verdes. Los llevaron hacia el norte de la laguna, un lugar **poblado** por plantas y flores de todo tipo: ése era sin duda el mejor lugar para conseguir los bichitos.

El buen olfato de Sancho los encaminó hacia las primeras matas habitadas por los pulgones. La labor no fue difícil, salvo porque los intensos rayos del sol apenas les permitían tener las suficientes fuerzas para trabajar.

Cuando al fin estuvieron de regreso en la cabaña, casi al anochecer, Galga los recibió con la mala noticia:

—¡Tico: *bamp!* Lo vi con mis propios ojos. Fue espantoso. Sólo se oyó un diminuto ¡*bamp!* Y Tico desapareció.

—¡Y si Tico: *bamp!* —alcanzaron a escuchar la diminuta voz del doctor—, significa que estamos perdidos!

AHORA COMPRUEBA

Resumir ¿Para qué se usan los alacranes y los pulgones que recogen Los Tres? Puedes Resumir para comprobar que entendiste.

Bajo llave

Los pipineyanos hablaban entre sí con chiflidos que sólo el doctor Östengruff entendía.

—♪♪♫♩♩♪ —dijo uno.

—♪♪♫♩♩♪♩♩♪ —contestó otro.

—¿Qué dicen? —preguntó Galga.

—Que ahora me toca a mí saber lo que es el *bamp* —tradujo Vítar.

—Pero hicimos todo lo que pudimos —se quejó Leidi.

—Dígales que viajamos desde el otro lado del mundo sólo para… —añadió Juliana.

—No hay palabras ni chiflidos que valgan —explicó el doctor—: Tico era el príncipe de esta laguna. No creo que nos vayan a perdonar.

Y efectivamente, el que parecía jefe de los pipineyanos dio una orden:

—♪♪♫♩♩♩♪♪♫♩♩♪♩♩♪♪.

De inmediato ocho hombres cargaron al doctor y a los recién llegados y los condujeron a una habitación oscura. El jefe cerró la puerta, echó llave y dijo:

—♪.

Durante tres largos días Los Cinco tuvieron que dormir en el suelo, recibir una vez al día un trozo de pan, un plátano y dos vasos de agua por cabeza, y resignarse a que pronto el doctor Östengruff se encogiera y *bamp*, adiós doctor.

Los chistes de Galga y de Leidi, los bailes de Sancho, los cuentos de Juliana no fueron suficientes para levantar el ánimo de Vítar.

Hasta que Leidi tuvo una buena idea.

—Doctor —le dijo a Östengruff, que ya tenía el tamaño de un ratón—, ¿por qué no se sale por debajo de la puerta y nos trae la llave?

—¡Qué! —gritó. ¿Crees acaso que soy una cucaracha o una hormiga? ¿No recuerdas que soy un **científico**? ¡El alacranólogo más importante del mundo!

—Leidi tiene razón —se atrevió a contradecir Galga las palabras de su esposo—. No eres ni cucaracha ni hormiga, pero sí tienes el tamaño de…

—Y no le costaría ningún trabajo salir por debajo de la puerta y buscar la llave —continuó Juliana.

Sancho aprovechó para asomarse por el ojo de la cerradura. La luz de la luna iluminaba gran parte del cuarto contiguo.

—El guardia está dormido, doctor. Ahora es cuando. He visto que siempre pone la llave sobre la mesa.

—¿Y cómo piensas que voy a llegar allí? ¿Volando?

—Es cierto —dijo Sancho, que no se había apartado de la puerta—, con su tamaño no hay manera de alcanzar la llave.

Entonces Juliana chispó los dedos:

—Ya sé, ya sé: y si se sube a través de una cuerda…, como la que usan los alpinistas.

—En primer lugar —se puso serio Östengruff—, como puedes ver, en este cuarto no hay tiendas donde vendan cuerdas para alpinistas. En segundo, ni siquiera de niño me gustó escalar. Y en tercero, le temo a las alturas.

—En cuanto a la cuerda —dijo Juliana— no hay ningún problema. No va a ser difícil hacer una a su medida. De eso yo me encargo.

Le pidió a Leidi los listones con los que había anudado sus trenzas, y a Galga uno de sus aretes. Ató los dos listones e hizo pequeños nudos a todo lo largo de la cuerda. Al fin amarró el gancho del arete en uno de los extremos.

Al ver la cara de asombro del doctor, Sancho le explicó cómo debía usar la cuerda de alpinista.

—¿Y tú crees que a mi edad voy a ser capaz de trepar por esos nudos? ¡Imposible!

—¡Jarabe de cochinillas! ¡Hamburguesa de chinches! ¡Ya lo creo que es imposible! —dijo Galga—, ni yo podría. Pero la verdad…

—Sí, la verdad es que sólo así podríamos escapar algún día de este lugar —concluyó Leidi la frase.

El alpinista

Entre subir a través de los pequeños nudos del listón y el *bamp* inminente al que estaba condenado, Östengruff supo que no tenía alternativa: volvió a mirar con desconfianza la cuerda que le tendía Juliana, respiró hondo y, no muy convencido, la tomó entre sus diminutas manos. Al ver que no se atrevía a pasar por debajo de la puerta, Leidi lo animó:

—Estamos en sus manos, doctor. Sólo alguien como usted nos puede salvar de estos pipineyanos chifladores. Si no trae la llave, de seguro que mañana por la mañana vamos a ser su desayuno.

No muy convencido, Östengruff se acercó a la puerta. Juliana le prometió que si lograba conseguir la llave se vestiría todos los días de amarillo. El doctor apretó los dientes y se deslizó por debajo de la puerta.

Desde el ojo de la cerradura Sancho siguió toda la escena. El pequeño Vítar se desplazaba lentamente y de puntitas, como si sus pasos pudieran despertar al cuidador. Al fin llegó a la pata de la mesa. Después de cinco intentos, logró prender el arete del borde e inició el ascenso hacia la elevada cumbre en la que estaba su salvación. Una vez arriba, notoriamente cansado, tomó con gran esfuerzo la pesada llave y la dejó caer sobre un trapo que estaba en el piso.

Aunque no se escuchó ningún ruido, en ese momento el guardia levantó los brazos y lanzó un bostezo estrepitoso. El doctor, asustado, corrió a esconderse detrás de un jarrón. Pasados dos o tres minutos, se atrevió a asomarse: el celador dormía de nuevo, profundamente.

Sin pensarlo dos veces, impulsado por el temor de que su verdugo despertara, se deslizó a toda velocidad por el listón como si fuera un experto alpinista. Tomó la llave del piso y la arrastró con evidente esfuerzo.

AHORA COMPRUEBA

Hacer predicciones ¿Logrará Vítar conseguir la llave? Lograrán Los Cinco salir de Pipiney? Usa la estrategia de Hacer predicciones como ayuda.

De pronto se detuvo, soltó su cargamento y corrió de nuevo hacia la pata de la mesa para trepar por la cuerda y esconderse otra vez tras el jarrón.

Todos estaban desconcertados: la llave en el suelo y el doctor trepado en la mesa, cerca del temido pipineyano. La hora y media que tardó el doctor en volver a descender por la cuerda, tomar la llave y colarse bajo la puerta fue para ellos un siglo de espera y susto.

Cuando al fin Östengruff recuperó la respiración les contó lo que había sucedido:

—Cuando estaba por llegar me encontré en el camino con un enorme animal.

—Yo no vi nada —dijo Sancho.

—Era una especie de monstruo con seis patas, dos antenas enormes, lleno de pelos negros y con una boca amenazadora. De seguro me habría comido de un solo bocado.

—Luego platicamos del monstruo —dijo Galga, que al parecer era la única que le creía el cuento a su esposo—. Primero hay que salir de aquí, ¡fritanga de avispas!

—¡Puré de hormigas! —la imitó Leidi—. Yo también creo que mejor platicamos después.

Galga puso a su esposo dentro de su bolsa, todos se quitaron los zapatos. Sancho hizo girar lentamente la llave y salieron, a pasos lentos, de su cárcel. Antes de abandonar la cabaña, Juliana tomó el frasquito donde estaba el antiveneno y la bolsa de los pulgones.

Una vez afuera se dirigieron hacia el lugar donde estaba la carreta con las cebras, que dormían plácidamente. Despertarlas no fue nada fácil porque había que hacerlo sin ruido. Sin embargo, al cabo de un rato Sancho logró que dos de ellas se pusieran de pie y las amarró a la carreta. A pequeños pasos Los Cinco salieron del poblado.

Casi al amanecer ya estaban en el aeropuerto, listos para salir rumbo a su casa.

En el avión, Sancho se metió al baño con el doctor Östengruff para terminar de preparar la fórmula con los pulgones. Ciertamente fue complicado, por lo reducido del tamaño del lugar y porque no tenía a la mano todos los instrumentos. Sin embargo, al cabo de quince minutos Sancho salió con la cara sonriente: Vítar, que viajaba en la bolsa de su camisa, ya se había tomado su dosis de antiveneno.

Conoce a estos humoristas

Francisco Hinojosa es uno de los más destacados escritores mexicanos para niños. Empezó escribiendo cuentos infantiles adaptando leyendas populares. Es poeta, narrador y editor. Estudió Lengua y literatura hispánicas en la Universidad Autónoma de México. Ha publicado entre otros cuentos *Aníbal y Melquiades, La peor señora del mundo, La fórmula del doctor Funes, Amadís de Anís... Amadís de codorniz* y *A golpe de calcetín*. Fue becario en la rama del cuento por el Fondo Nacional para la Cultura y las Artes de 1991 a 1992.

Rafael Barajas, "el Fisgón", es caricaturista del periódico mexicano *La Jornada*. Además, es un intelectual e ilustrador de libros para niños, y es arquitecto de la Universidad Autónoma de México. A los 20 años descubrió que su verdadera vocación era ser "monero" (término informal que se usa en México para las personas que hacen caricaturas, o *monos*).

Propósito del autor

En *Buscalacranes* el autor describe un mundo imaginario. ¿Cómo te ayuda el autor a recrear este mundo?

Respuesta al texto

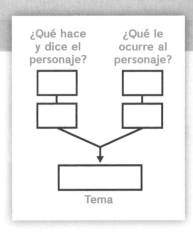

¿Qué hace y dice el personaje?

¿Qué le ocurre al personaje?

Tema

Resumir

Escribe los sucesos en el organizador gráfico de tema para resumir el cuento *Buscalacranes*. Incluye en el resumen detalles del cuento que muestren cómo recogieron los niños los alacranes que se necesitaban para el antiveneno.

Escribir

Piensa en el mensaje del relato sobre cómo el conocimiento, la práctica y el autocontrol facilitan afrontar con éxito los problemas. ¿De qué modo emplea el autor algunos recursos para transmitir su mensaje de una manera divertida?

El autor emplea recursos como…
Por medio del empleo de estos recursos transmite su mensaje, pues…
Esto resulta divertido porque…

Hacer conexiones

Comenta qué utilidad tuvo para "Los Tres" y para el doctor Östengruff su conocimiento de los alacranes y su hábitat con el fin de crear el antiveneno para la *bampacrisis*. PREGUNTA ESENCIAL

El doctor Östengruff viajó a Pipiney para curar a una persona. ¿En qué se parece este descubrimiento del antiveneno a alguno en el mundo actual? EL TEXTO Y EL MUNDO

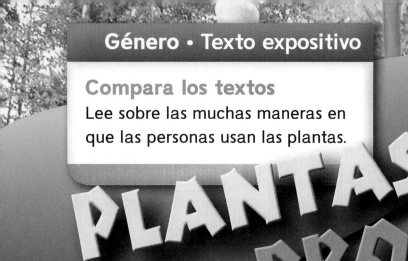

Compara los textos
Lee sobre las muchas maneras en que las personas usan las plantas.

PLANTAS CON PROPÓSITO

La mayoría de los seres vivos, entre ellos los seres humanos, dependen de las plantas y los árboles para sobrevivir. Ellos suplen necesidades indispensables como oxígeno, alimento, refugio y medicinas. Pero pueden suplir mucho más que estas necesidades básicas. Con el tiempo, las personas de todo el mundo han aprendido a usarlos de maneras nuevas e innovadoras.

Una planta, muchos usos

Algunas personas **ingeniosas** han encontrado numerosas maneras de usar las plantas que crecen en su región. El bambú, por ejemplo, es un tipo de planta que crece en las partes tropicales del mundo. Puede crecer rápida y estrechamente. Esto lo convierte en un cultivo útil. Las personas pueden cocinar y comer los brotes de bambú. Sin embargo, crudo, es un material de construcción muy fuerte. Se usa en cercas, puentes y casas. Se puede usar para tejer cestas y esterillas. Incluso se ha desarrollado un proceso para suavizarlo y elaborar tela.

El maíz, una planta del hemisferio occidental, también tiene usos variados. Es un alimento básico y se emplea para alimentar ganado. Además, se convierte en combustible, plástico y textiles.

El bambú tiene una corteza resistente que se puede cortar en cintas delgadas y que se usa para tejer cestas y esterillas.

El caucho con el que se elaboran las gomas de borrar proviene de una sustancia natural, la savia del árbol tropical de caucho.

Las plantas inspiran invenciones

Las plantas también han sido modelo para materiales nuevos. Por ejemplo, el caucho es un material manufacturado a partir de una sustancia que proviene de un árbol. Del árbol del caucho sale savia que se puede procesar para hacerla muy duradera y flexible. Los científicos descubrieron una manera de fabricar caucho cuando estudiaron la savia de la planta. Los seres humanos fabrican aproximadamente el 70% de todo el caucho que se usa hoy en día. Pero sin estos árboles especiales, es posible que nunca hubiéramos creado este material útil.

Reemplazo de lo que usamos

Cultivamos plantas para suplir muchas necesidades diferentes. Por ello es importante que no agotemos ni sobreexplotemos la tierra donde se cultivan. Las plantas que se cosechan se deben reemplazar. Los cultivos se deben rotar para que se restauren los nutrientes del suelo que se gastaron. Con estas prácticas, aseguramos la supervivencia de los seres vivos y abrimos la posibilidad para más usos innovadores.

Haz conexiones

¿Por qué es útil aprender sobre las plantas?
PREGUNTA ESENCIAL

¿Acerca de qué otros usos de las plantas has leído? ¿En qué difiere el uso de las plantas en esta selección? EL TEXTO Y OTROS TEXTOS

Género • Texto expositivo

La historia de la nieve

La ciencia de la maravilla del invierno

Mark Cassino y Jon Nelson
ilustraciones de Nora Aoyagi

Pregunta esencial

¿En dónde se encuentran patrones en la naturaleza?

Lee sobre cómo se forman patrones en los cristales de nieve.

 ¡Conéctate!

Nuestra historia comienza en un día de invierno,
arriba en el cielo,
en una nube que está
muy, muy fría.

Esta es la historia de la nieve.

En su mayor parte, las nubes se componen de aire
que no podemos ver. Luego, aparece el vapor de
agua (agua en forma de gas), que tampoco podemos
ver. Pero sí vemos los miles de millones de cristales
de hielo y de diminutas gotas de agua líquida que
flotan en las nubes. Estos reflejan la luz, y las nubes
se vuelven **visibles**.

La nieve comienza con una partícula.

En su mayor parte, las nubes se componen de aire y agua, pero también contienen trozos de otros elementos, como diminutas **partículas** de polvo, ceniza y sal. Incluso bacterias vivas pueden flotar en el viento y terminar en una nube. Un cristal de nieve necesita una de estas "partículas" para comenzar a crecer. Estas partículas son tan pequeñas que no las puedes ver a simple vista. Pero si pudieras verlas...

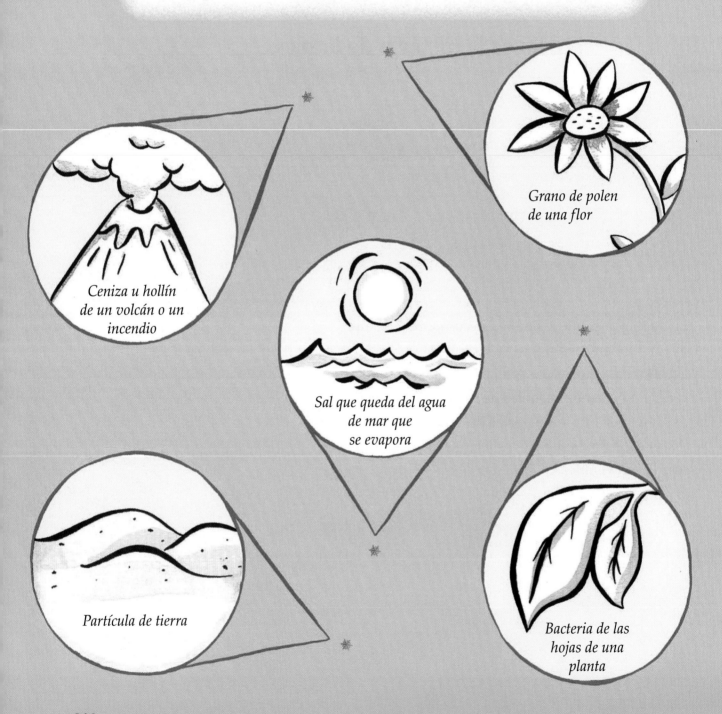

Grano de polen de una flor

Ceniza u hollín de un volcán o un incendio

Sal que queda del agua de mar que se evapora

Partícula de tierra

Bacteria de las hojas de una planta

La partícula se convierte en el centro de un cristal de nieve.

Cuando una partícula se enfría lo suficiente, el vapor de agua se adhiere a esta. Si tuvieras un microscopio con el que pudieras ver cosas tan pequeñas, esto es lo que verías...

El vapor de agua se adhiere a la partícula fría, humedeciéndola.

Más vapor de agua se adhiere a la partícula húmeda y se forma una gota de agua.

La gota se congela y se forma una bola de hielo.

Más vapor de agua se adhiere a la bola, esta crece y se convierte en un cristal de hielo hexagonal.

El vapor de agua se sigue adhiriendo al cristal. Debido a que los extremos crecen más rápido, se forman seis brotes.

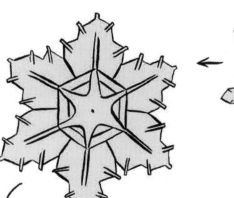

Las ramas siguen creciendo y forman sus propios brazos pequeños...

... ¡y así nace un hermoso cristal de nieve!

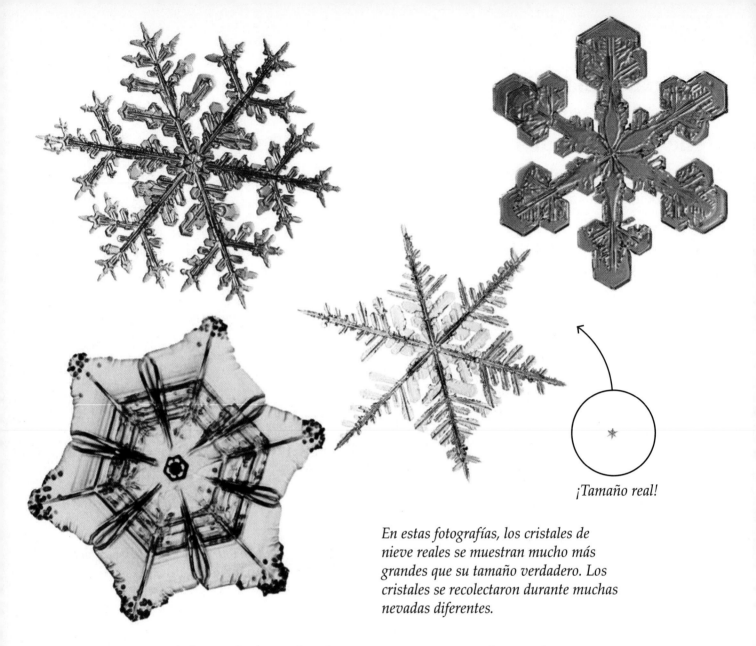

¡Tamaño real!

En estas fotografías, los cristales de nieve reales se muestran mucho más grandes que su tamaño verdadero. Los cristales se recolectaron durante muchas nevadas diferentes.

A medida que los cristales de nieve crecen y se vuelven más pesados, comienzan a caer a la tierra. Siguen creciendo al caer a través de la nube, y así cada uno toma una forma especial. La forma depende de qué tan *húmeda* y *fría* esté la nube. Un cristal de nieve puede empezar a crecer de una manera, pero luego crece de otra cuando atraviesa una parte más húmeda o más fría de la nube. Los cristales dejan de crecer pronto después de caer debajo de las nubes.

AHORA COMPRUEBA

Hacer y responder preguntas ¿Cómo toma su forma un cristal de nieve? Lee de nuevo el texto para encontrar detalles que sustenten tu respuesta.

Los cristales de nieve pueden ser estrellas.

Una forma común de cristal de nieve es la estrella. Por lo general, estos cristales tienen seis brazos que se extienden desde el punto central. En el punto central yace la partícula que comenzó a formar el cristal. Los seis brazos se parecen entre sí, pero casi nunca son *exactamente* iguales.

Algunas partes de un cristal de nieve se pueden quebrar mientras cae a la tierra, lo cual hace que los brazos se vean diferentes.

*Los cristales de nieve en forma de estrella se conocen como **dendritas** (que significa "en forma de árbol"). Estos se originan cuando una nube está llena de **humedad**, y cuando la temperatura ronda los 5 grados Fahrenheit (-15 grados Celsius).*

Los cristales de nieve pueden ser láminas.

Los cristales en forma de lámina son delgados como los cristales en forma de estrella, pero no tienen brazos. El tipo de lámina más simple es un hexágono con seis lados rectos. Las láminas más complejas tienen puntos en el lugar donde casi crecen los brazos.

Este es el tipo de lámina más sencillo, un hexágono. Las láminas se forman cuando no hay suficiente humedad en una nube para que se formen las estrellas, y cuando la temperatura está unos pocos grados más caliente o más fría que el rango de temperatura que estas últimas requieren.

Los puntos de este cristal en forma de lámina son el nacimiento de los brazos que estaban en desarrollo cuando el cristal cayó de una nube y dejó de crecer.

Los cristales de nieve también pueden ser columnas.

Son como lápices. No son planos como las estrellas o las láminas. Se pueden formar en la parte alta de las nubes y a temperaturas muy frías. Son *diminutos*, y la nieve es resbaladiza cuando caen.

Una columna tiene seis lados. Estos son los tres tipos:

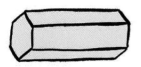

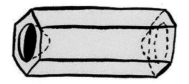

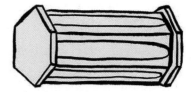

Columnas sólidas

Son las columnas más pequeñas.

Columnas huecas

Son más largas y más comunes que las sólidas.

Columnas tapadas

Las tapas a cada extremo de estas columnas pueden ser cristales en forma de lámina o de estrella.

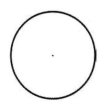

¡Tamaño real!
Los cristales en forma de columna son diminutos; por lo general, ¡no miden más de medio milímetro!

Las columnas tapadas como esta se desarrollan cuando un cristal en forma de columna se mueve hacia una parte de la nube donde la temperatura es apropiada para que las láminas o estrellas crezcan en los extremos. Las dos tapas pueden alcanzar tamaños diferentes, como puedes ver aquí.

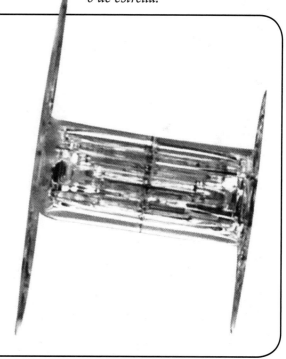

AHORA COMPRUEBA

Hacer y responder preguntas ¿En qué se diferencian los cristales en forma de columna hueca de otros tipos de cristales en forma de columna? Consulta los diagramas y el texto para encontrar la respuesta.

6 es el número mágico para los cristales de nieve.

Esto se debe a la naturaleza del agua. Las moléculas de agua (las unidades de agua más pequeñas) se unen en grupos de seis, lo que a menudo forma cristales con seis brazos o seis lados.

Un cristal de nieve en forma de estrella o de lámina perfecta tiene una simetría de seis pliegues. Es decir que si dividieras el cristal en seis porciones como un pastel, cada porción tendría la misma forma.

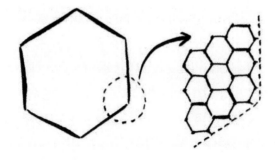

Las moléculas de agua se unen entre sí en anillos de seis lados, como seis niños que se toman de las manos. Cuando muchos anillos hexagonales se unen, se forma un cristal hexagonal más grande.

Tantas cosas pueden suceder mientras un cristal de nieve cae a la tierra que es raro que un cristal quede perfecto. Si una gota de agua pasa cerca de un brazo de un cristal de nieve, este puede crecer más rápidamente. ¡Y en poco tiempo, ese brazo será mucho más largo que los demás!

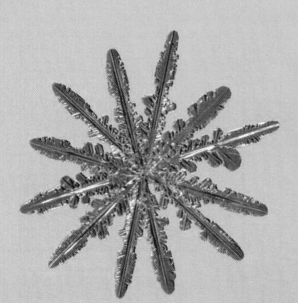

¡Un cristal de nieve puede ser un gemelo!

Un cristal de nieve puede tener doce brazos, y se le llama gemelo. Este se crea cuando dos cristales surgen de la partícula original y se forman uno sobre el otro.

¡Un cristal de nieve puede tener protuberancias!

Si hay suficientes gotas de agua cerca de un cristal, algunas pueden chocar contra este y congelarse al **contacto**. Esto produce pequeñas protuberancias en el cristal llamadas escarcha.

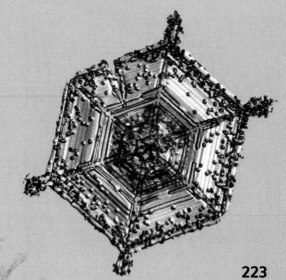

223

Muchos cristales de nieve forman un copo de nieve.

A menudo, los cristales de nieve chocan entre sí y se quedan pegados. Cuando esto sucede, se forman los copos de nieve. Un solo copo puede contener cientos o incluso miles de cristales de nieve.

Dos cristales de nieve pegados

Los copos de nieve que vemos caer del cielo por lo general son grupos de cristales de nieve como estos. Los cristales individuales (que algunas veces también son llamados "copos de nieve") pueden caer solos, pero son mucho más pequeños y difíciles de ver.

224

Los cristales de nieve no pueden seguir creciendo después de que caen de las nubes. Y cuando un cristal deja de crecer, comienza a deteriorarse de inmediato. Pronto, los brazos del cristal se quiebran y el cristal se vuelve redondo. Esto significa que si quisieras ver un cristal de nieve, debes atraparlo en el aire o encontrarlo apenas caiga al suelo.

*Cuando los cristales de nieve no están en las nubes rodeados por el vapor de agua que necesitan para crecer, se comienzan a **erosionar** rápidamente. Trata de atrapar uno con la manga de tu saco o con un guante para ver la **estructura** del cristal en su máxima expresión.*

AHORA COMPRUEBA

Resumir ¿Cómo cambia un cristal de nieve después de caer de una nube? Usa la estrategia de Resumir como ayuda.

¿No existen dos cristales de nieve iguales?

Algunos cristales simples en forma de lámina pueden parecer exactamente iguales al verlos a través de un microscopio de alta definición. Pero cuando se forman cristales más complejos, lo más probable es que no haya dos completamente iguales. Aunque, en realidad, ¡no hay dos hojas, dos flores o dos personas que sean iguales! Los cristales de nieve son como nosotros, somos diferentes, pero tenemos mucho en común.

227

Conozcamos a los autores y a la ilustradora

Mark Cassino es un fotógrafo de bellas artes y ciencias naturales. Llegó a interesarse por primera vez en los cristales de nieve cuando los vio acumularse en su parabrisas mientras conducía. Al poco tiempo, comenzó a fotografiar los cristales individuales para mostrar de cerca estas estructuras diminutas.

Jon Nelson es un profesor y físico que ha estudiado las nubes y los cristales de nieve por más de 15 años. Tiene muchas oportunidades para observarlos porque le gusta explorar la naturaleza, escalar en roca y caminar en mañanas nevadas.

Nora Aoyagi disfruta dibujando criaturas interesantes de cuentos folclóricos populares. Aquí, ella emplea diferentes técnicas, como pintura, impresión y dibujo para ayudar a ilustrar la historia de la nieve.

Propósito de los autores ¿Por qué utilizan los autores tantas imágenes diferentes de cristales de nieve para ilustrar su texto?

Respuesta al texto

Resumir

Usa los detalles más importantes de *La historia de la nieve* para resumir lo que aprendiste sobre los patrones de los cristales de nieve. La información del organizador gráfico de idea principal y detalles puede servirte de ayuda.

Idea principal
Detalle
Detalle
Detalle

Escribir

¿Entiendes la información de los cristales de nieve tal como la presentan Mark Cassino y Jon Nelson? Utiliza estos marcos de oración para organizar tu respuesta.

Mark Cassino y Jon Nelson organizan la información…
Los autores utilizan las características del texto para…
Esto me facilita entender…

Hacer conexiones

Habla sobre los patrones que puedes hallar en los cristales de nieve. PREGUNTA ESENCIAL

¿De qué manera las fotografías de los cristales de nieve revelan patrones? ¿Qué se puede aprender de los patrones en la naturaleza? EL TEXTO Y EL MUNDO

Compara los textos

Lee sobre una serie de números que se puede encontrar en la naturaleza.

EL ASOMBROSO HALLAZGO
DE FIBONACCI

¿Qué tienen en común los números 1, 1, 2, 3, 5, 8, 13, 21 y 34? Estos son los primeros números de la secuencia de Fibonacci, una serie de números que un matemático, llamado Fibonacci, calculó hace más de 800 años. Pero eso no es todo lo que tienen en común. Estos números también se pueden encontrar en la naturaleza, por ejemplo, en el número de pétalos de las flores.

Los números de la secuencia de Fibonacci se pueden hallar en los números de pétalos de muchas flores.

Margarita amarilla: 13 pétalos

Margarita blanca: 34 pétalos

Botón de oro: 5 pétalos

Lirio: 3 pétalos

El origen de nuestro sistema numérico

Fibonacci nació a finales del siglo XII en el pueblo italiano de Pisa. En su adolescencia, se trasladó con su padre a África del Norte.

En ese entonces, la mayoría de los europeos usaban el ábaco para hacer sus cálculos. Escribían sus respuestas en números romanos. En África del Norte, Fibonacci aprendió un sistema de numeración diferente. En este se usaban números indoarábigos como 1, 2, 3 y 4. Para compartir lo que había aprendido, Fibonacci escribió un libro que le ayudara a difundir el uso de dichos números por toda Europa. Este es el sistema numérico que utilizamos en la actualidad.

Hoy en día, Fibonacci se considera uno de los matemáticos más importantes de su época. Una razón es la creación de la secuencia de Fibonacci.

Un patrón numérico

¡Todo comenzó con un problema numérico sobre los conejos! Fibonacci se preguntaba cómo crecería una población de conejos si cada mes una pareja producía dos crías. Calculó el número de parejas de conejos que se daría cada mes. El resultado fue una serie de números: 1, 1, 2, 3, 5, 8, 13, 21 y así sucesivamente. Se dio cuenta de que cada número de la serie era la suma de los dos números que lo precedían (1+1=2; 1+2=3; 2+3=5; 3+5=8). Fibonacci registró esta secuencia en uno de sus libros.

Un ábaco es un marco con cuentas que se deslizan en varillas o canales. Anteriormente se usaba mucho en aritmética.

Siglos después, se encontraron estos números en la naturaleza. Los naturalistas descubrieron que el patrón de crecimiento de algunos seres vivos reflejaba los números de Fibonacci. El caracol nautilo, un animal marino, agrega una nueva cámara a su concha a medida que crece. Cada cámara adicional es de la misma forma que la anterior, pero más grande. Esto mantiene la forma de la concha. El diagrama y las instrucciones siguientes ilustran cómo se produce un patrón que refleja la secuencia.

En papel milimetrado, haz un cuadrado con longitud lateral de 1. Pon al lado otro con la misma longitud lateral, y uno encima de una longitud lateral igual a la suma de las de los dos anteriores (2). Agrega tres cuadrados más haciendo lo mismo, en dirección contraria a las manecillas del reloj. La longitud lateral de cada cuadrado es un número de Fibonacci. Un arco dibujado desde el primer cuadrado en dirección contraria a las manecillas del reloj produce una espiral.

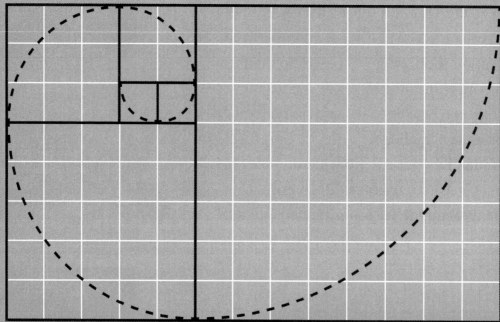

El corte transversal del caparazón de un caracol nautilo revela una **repetición** de curvas y una forma en espiral.

En curvas y grupos

La espiral aparece en muchos objetos de la naturaleza, desde caparazones marinos hasta grupos de semillas en las flores. Las hojas de algunos árboles crecen en **formación** de espiral, como las de las piñas. No se sabe con seguridad por qué aparecen tan frecuentemente, pero parece que permiten que las semillas crezcan en un área pequeña y que la luz del sol llegue a la mayoría de las hojas de una planta o árbol.

El asombroso hallazgo de Fibonacci llevó a que otras personas descubrieran patrones sorprendentes en la naturaleza. Si observas a tu alrededor, también puedes reconocer números de su secuencia.

Espirales en una piña

Espirales de semillas en la cabeza de un girasol

Frondas de helecho desdobladas en forma de espiral

Haz conexiones

¿En qué lugares de la naturaleza puedes hallar patrones que reflejan la secuencia de Fibonacci? PREGUNTA ESENCIAL

¿En qué se diferencian los patrones que reflejan la secuencia de Fibonacci a otros que se encuentren en la naturaleza? EL TEXTO Y OTROS TEXTOS

Pregunta esencial

¿Cuáles son los beneficios de trabajar en equipo?

Lee sobre cómo un grupo de personas trabajó en equipo para ayudar a un animal en apuros.

¡Conéctate!

La cola de Winter

Cómo aprendió a nadar de nuevo un pequeño delfín

Juliana, Isabella y **Craig Hatkoff**

En una fría mañana de invierno, cerca de la costa este de Florida, una delfín hembra bebé quedó aprisionada en una trampa para cangrejos. Al tratar de liberarse, la delfín hizo que las cuerdas que aseguraban la trampa a la boya se enrollaran alrededor de su cola. Cuanto más luchaba por soltarse, tanto más tensas se ponían las cuerdas, apretándole rápidamente la cola. Por suerte, un pescador que estaba cerca se dio cuenta de esta situación inusual y se acercó para liberar a la pequeña delfín. No se sabía si sobreviviría. E incluso, si esto ocurría, ¿cómo sobreviviría un delfín sin cola? ¿Cómo nadaría? ¿Cómo se desenvolvería?

La vida sin su cola le ocasionaría enormes dificultades, pero con la ayuda y los cuidados de un gran número de personas dedicadas, la delfín llamada Winter superaría todas las expectativas. A cambio, la historia de Winter inspiraría y conmovería los corazones en todo el mundo.

From WINTER'S TAIL: HOW ONE LITTLE DOLPHIN LEARNED TO SWIM AGAIN by Juliana Hatkoff et al. Scholastic Inc./Scholastic Press, map by Jim McMahon. Copyright © 2009 by Turtle Pond Publications LLC. Reprinted by permission.

Winter gravemente herida poco después de ser liberada en el lago Mosquito.

Era un gélido sábado, 10 de diciembre de 2005. Jim Savage era el único pescador esa mañana en desafiar el viento helado del lago Mosquito. Cuando Jim dirigía su bote en la penumbra, vio una hilera de trampas para cangrejos distribuidas justo debajo de la superficie del agua. Una trampa parecía estar en dirección opuesta a las demás. Algo la estaba llevando contra el fuerte viento. Jim viró su bote y lentamente lo dirigió hacia la trampa. Antes de haber visto algo, escuchó un sonido estridente y chirriante sobre las olas. Cuando miró por entre las densas aguas, encontró a una delfín bebé con la respiración ahogada. Estaba atrapada: una cuerda de la trampa le rodeaba fuertemente la boca y la cola.

La delfín estaba tan enredada en la cuerda que su pequeño cuerpo se curvaba como una herradura, la boca casi le tocaba la cola. Jim le habló, le dijo que él estaba ahí para ayudarla. Él sabía que necesitaba liberarle primero la cabeza, de modo que ella pudiera sacar a la superficie el espiráculo y respirar normalmente. La delfín luchaba mientras Jim usaba su cuchillo de limpiar pescado para cortarle la cuerda que le ataba la boca y la cola.

Varios minutos después, Jim quitó la cuerda restante y la joven delfín se alejó del bote nadando. Mantuvo su distancia del pescador, pero no se alejó completamente. Luego de treinta minutos, Jim comprendió que ella estaba muy agotada y herida. Así que se comunicó con la Comisión para la Conservación de la Vida Silvestre y la Pesca, pues allí sabrían cómo cuidar a la delfín herida.

Jim estuvo pendiente de la delfín hasta que el equipo de rescate llegó pocas horas después. Tan pronto vieron las heridas en la cola, supieron que tenían que llevarla a un lugar seguro para que se pudiera curar.

Aunque estaba herida, no resultaba fácil atraparla. Pero finalmente la acorralaron. Después de sacarla del lago, el equipo de rescate trató de ayudarla a relajarse antes de transportarla en una camioneta. Tenían un largo viaje por recorrer, pasando por Florida hasta el Acuario Marino Clearwater.

Teresa, del Instituto de Investigación Marina Hubbs, trata de calmar y de calentar a la herida y alterada Winter.

Harbor Branch Oceanographic Institute

Una pequeña y ansiosa multitud esperaba la llegada de la delfín al acuario. El grupo lo conformaba un veterinario, entrenadores de delfines y voluntarios. Cuando la camioneta se detuvo, todos estaban listos para ayudar. No había sido una jornada fácil. La delfín había estado fuera del agua por más de tres horas. Encima de todo, el aire de la noche era frío. Hacía tanto frío que el grupo decidió llamar Winter a la delfín.

Los rescatistas la trasladaron con sumo cuidado a un tanque contenedor. Abby, jefe de entrenadores de delfines, se ubicó cerca de Winter en el tanque. De inmediato, el veterinario evaluó la salud de Winter. Era evidente que la pequeña delfín estaba gravemente herida. El veterinario calculaba que Winter tenía dos o tres meses de edad. En estado natural, los delfines bebé se alimentan de la leche de su madre hasta los dos años de edad. Winter era tan joven que no sabría cómo comerse un pescado si se lo ofrecieran. Pero necesitaba alimentarse. La única manera era introducir con cuidado una sonda de alimentación por su garganta. Probablemente Winter aún temía por su sufrimiento; aunque la sonda no le hacía daño, ella continuaba oponiendo resistencia.

Sin embargo, Abby y el resto del personal del acuario sabían que era positivo que Winter estuviera luchando, pues esto mostraba que aún tenía el corazón y la energía para protegerse.

Pasaría mucho tiempo hasta que Winter aceptara la ayuda de todas las personas que estaban haciendo lo posible para que sobreviviera.

Una voluntaria trata de persuadir a Winter para que beba de una botella.

En el segundo día de Winter en el acuario, Abby le mostró una botella que contenía una leche de fórmula desarrollada para los animales del zoológico. Al comienzo, Winter no sabía para qué era la botella. Tardó una semana en hallar la forma de tomar de esta, y el personal ya no necesitó alimentarla con la sonda. Todos los días verificaban el peso de Winter. Ella comenzaba a recuperarlo, lo cual era una buena señal.

Sin embargo, aún estaba muy enferma. La cuerda de la trampa se había enrollado tan fuertemente alrededor de su cola que había impedido el flujo de sangre. Partes de su cola empezaron a descascararse poco a poco.

Sin embargo, para el fin de semana, Abby y los demás entrenadores sentían que ya no tenían que ayudar a Winter en el agua. La estimularon para que nadara por sus propios medios. Y luego, como todo el mundo temía, Winter perdió la cola. Lo que le quedó era una parte carnosa que le cicatrizaría con el tiempo.

¿Winter podría nadar sin su cola?

AHORA COMPRUEBA

Hacer y responder preguntas
¿De qué manera ayudaron a Winter los entrenadores del acuario? Lee de nuevo el texto para hallar la respuesta.

Winter y Abby disfrutan juntas de sus sesiones de entrenamiento.

Winter comenzó a nadar por su propia cuenta, pero no lo hacía como los demás delfines. Su parte de cola se movía de lado a lado, más como el movimiento de la cola de un pez o un tiburón que el de los delfines, de arriba abajo. Aun así, ¡era increíble! ¡Winter había ideado una manera completamente novedosa de nadar! Sus entrenadores estaban impresionados, pero a la vez les preocupaba que pudiera sufrir una lesión en la columna vertebral por nadar de esa manera anormal.

Aunque se le había caído la cola, la herida había cicatrizado. Winter se había acostumbrado a su nuevo hogar y a sus nuevos entrenadores. Cuando alguien se acercaba a la piscina con una botella, ella le daba la bienvenida con chasquidos y silbidos. Cuando Winter rondaba los cinco meses de edad, comenzó sesiones diarias de entrenamiento. Los entrenadores usaron **técnicas** de entrenamiento similares a las que usaban con los demás delfines del acuario, y ella aprendió a escuchar sus señales. Winter era una aprendiz rápida y entusiasta.

Winter había aprendido a confiar en las personas que la cuidaban, pero no había visto a otro delfín desde su llegada al acuario. Ahora era tiempo de conocer a una nueva amiga. Los entrenadores decidieron presentarle a Panamá, una delfín hembra que también había sido rescatada. Los entrenadores no sabían cómo reaccionaría Winter ante Panamá o cómo reaccionaría Panamá ante Winter. Más aún, ¿Panamá reconocería a Winter como una delfín?

Cuando llevaron a Winter al nuevo tanque, Panamá se mantuvo a distancia. Winter permanecía en la orilla, donde se sentía más segura, y observaba a la delfín mayor dar vueltas alrededor del estanque. Pero Winter se cansó de esperar. Si deseaba tener un amigo, era claro que tendría que ocasionarlo. Ahora, cada vez que Panamá pasaba, Winter nadaba para saludarla. Panamá trataba de ignorarla, pero Winter no se dejaba perturbar. De manera juguetona se le aproximaba. Finalmente, luego de tres largos días, Panamá cedió. Dejó de nadar alejándose de Winter y desde ese momento comenzaron a permanecer juntas.

Panamá deja que Winter nade detrás de ella, a la manera en que los delfines bebés siguen a sus madres.

Cuando Winter tenía un año de edad, *The Today Show* de la NBC transmitió por televisión su historia. Winter era famosa. Gran cantidad de personas comenzaron a visitarla en el Acuario Marino Clearwater. La joven y encantadora delfín comenzó a recibir cartas de sus nuevos seguidores, entre ellos a muchos que conocían personas o que ellos mismos habían nacido sin una extremidad o la habían perdido, o tenían una discapacidad. Todos podían relacionarse con Winter.

Ella parecía ser capaz de superar cualquier **obstáculo**. Si bien los veterinarios y entrenadores estaban felices de que Winter se hubiera adaptado a su nueva vida, sabían que ella tenía que enfrentar su mayor desafío. Los meses nadando de lado a lado habían traído sus consecuencias. Abby ayudaba a Winter a realizar ejercicios laterales especiales, pero el conjunto de músculos no eran tan **flexibles** como debían. Winter necesitaba poder nadar de nuevo como un delfín.

Por suerte, Kevin Carroll escuchó en la radio acerca de Winter y se contactó con el acuario. Kevin no solo era amante de los delfines, sino que también era un pionero en el diseño de prótesis, es decir, aparatos especiales que pueden ayudar a reemplazar una parte del cuerpo, como un brazo o una pierna. Kevin creía que podría ayudar.

Winter ayuda a los demás a comprender lo que significa tener una discapacidad y cómo pueden adaptarse a casi cualquier circunstancia.

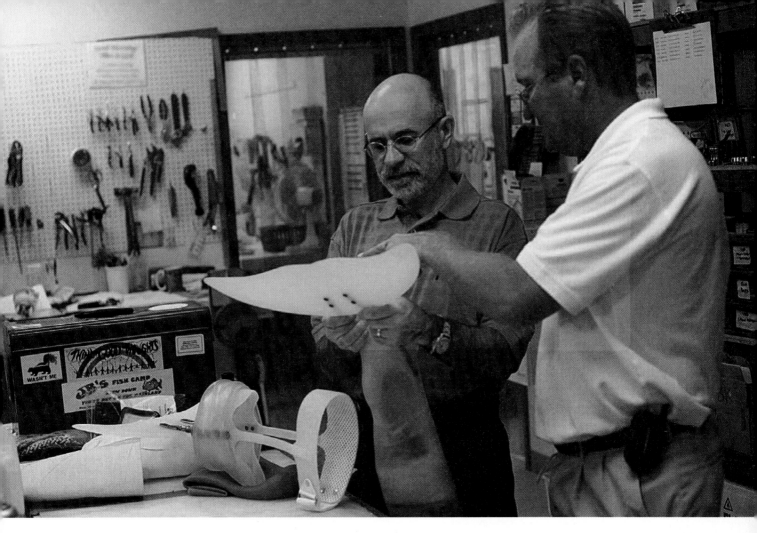

Kevin Carroll (izquierda) y su equipo enfrentan muchos desafíos para lograr el diseño de la cola adecuada para Winter.

(t) Turtle Pond Publications

Para Winter, ser un delfín era un caso especial. No solo su prótesis tendría que funcionar en el agua, sino que tendría que manejar la fuerza de cada embestida de su cola. Un equipo de expertos, entre ellos Kevin Carroll, veterinarios, entrenadores de delfines e investigadores de mamíferos marinos, se reunió para ayudar a hacer realidad la nueva cola de Winter.

Todos compartieron ideas sobre cómo crear la mejor prótesis para Winter. Era algo que nunca antes se había hecho y había muchos obstáculos. El primero era el ajuste. Winter no tenía una parte de la cola o cualquier otro lugar para ajustar la prótesis a su cuerpo. Además, los delfines tienen una piel bastante sensible. El equipo necesitaría averiguar cómo acondicionar la cola sin **ocasionar** irritación ni incomodidad. La segunda preocupación era cómo sería la **función** de la cola. Necesitaban un diseño para imitar el movimiento de arriba abajo de un delfín cuando nada.

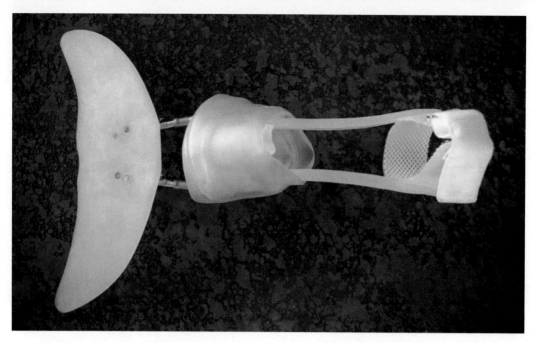

La cola especial para Winter

Por último, había una preocupación con respecto a Winter. ¿Cómo reaccionaría cuando se le pusiera la cola? Abby y los demás entrenadores trabajaban incansablemente para preparar a Winter. Primero, necesitaban ayudar a que se acostumbrara a llevar puesta una prótesis. Luego, podían enseñarle cómo nadar con su propia prótesis de cola.

El equipo de desarrollo se percató con rapidez de que tendría que crear un forro que se ajustara a Winter. Hicieron un molde de su pedúnculo de modo que el nuevo forro se ajustara perfectamente. Entonces Kevin Carroll fue más allá. Creó un gel de silicona especial que suavizara el contacto con la piel de Winter y sirviera de protección para que sintiera mayor comodidad.

Pasaron varios meses y se necesitaron varios diseños hasta lograr un forro y una cola que se ajustaran al movimiento natural de una cola real de un delfín. Finalizaron con un diseño exclusivo. Habría dos forros, y el principal de silicona se ajustaría justo en el pedúnculo de Winter. El otro forro se fijaría encima del primero y mantendría la cola y su abrazadera en su lugar.

AHORA COMPRUEBA

Hacer y responder preguntas ¿En qué sentido es única la prótesis de Winter? Encuentra detalles que sustenten tu respuesta.

Abby **dedicó** muchas horas de entrenamiento para enseñarle a Winter cómo mover su cuerpo con la prótesis. Necesitaba que ella comprendiera que, cuando llevara puesta la prótesis, era una señal para que nadara usando la cola, no sus aletas, para moverse hacia adelante.

A Winter parecía gustarle su nueva cola. Algunas veces nadaba en círculos, siguiéndola o alardeando frente a Panamá y aleteando con su cola en la cara de su amiga. Algunos días, ¡no deseaba que sus entrenadores se la quitasen!

Ahora Winter usa su cola todos los días por corto tiempo. Un entrenador siempre está cerca para ayudarla. La idea es que con el tiempo, Winter use la prótesis unas pocas horas todos los días, lo cual será suficiente para mantener saludable su columna vertebral, y flexible su cuerpo. Incluso luego de sus primeras salidas breves con la nueva cola, sus entrenadores ya podían ver que avanzaba.

Winter se adapta como toda una profesional y aprende a nadar con su nueva cola.

Turtle Pond Publications

A Winter le celebraron una gran fiesta en su tercer cumpleaños, con una torta y velas. Muchos acudieron a celebrar con ella, que parecía feliz de verlos.

No sabemos lo que en realidad piensa Winter, pero sus entrenadores admiten que ella parece sentir una compenetración especial con quienes la visitan. Las personas también sienten una atracción especial hacia ella. Desde los niños con prótesis y los veteranos que perdieron una extremidad luchando en alguna guerra, hasta la pequeña niña que no quería usar un aparato auditivo hasta que vio a Winter, la gente ve cómo ella ha aprendido a adaptarse y se han inspirado en su historia.

Con la ayuda de Kevin Carroll, Winter también comparte la tecnología con su prótesis. Luego de crear el gel de silicona para su forro, Kevin se dio cuenta de que el mismo material que hacía que Winter se sintiera más cómoda usando su cola artificial, también ayudaría a personas a usar prótesis. Kevin probó el gel en un veterano de la guerra de Iraq que tenía dificultades con su pierna **artificial**. El gel de silicona creaba una superficie adicional que ayudaba a reducir la incomodidad del veterano. Fue un gran descubrimiento que facilitó la vida de las personas que necesitaban prótesis.

¡Invitados especiales comparten con Winter su torta de cumpleaños!

Winter puede haber perdido su familia, su hogar y hasta su cola, pero ella encontró un nuevo hogar y familia en el Acuario Marino Clearwater. Conoció a Panamá, a Abby y a los veterinarios, entrenadores y voluntarios que la cuidan a diario. Con la ayuda de todas estas personas, ella también tiene una nueva cola. A través de estos cambios, una cosa no ha cambiado: el espíritu de tenacidad y resistencia de Winter la ha ayudado a adaptarse y a sacar lo mejor de cada situación.

Y su historia está lejos de terminar. Ella aún aprende todo lo que puede hacer con su cola especial, y sus entrenadores y diseñadores de prótesis aún aprenden cómo pueden ayudarla todavía más. Con cada avance, ellos necesitarán abrirse a nuevas ideas y ser capaces de intentar diferentes soluciones. Su objetivo común es ayudar a Winter a vivir una vida larga, saludable y feliz.

En cuanto a Winter, ella parece lista para un nuevo desafío. Como campeona, fuente de inspiración y amiga, Winter es una pequeña delfín que les da esperanza a las personas y nos muestra que todo es posible.

Turtle Pond Publications

AHORA COMPRUEBA

Resumir ¿Cómo ha afectado Winter las vidas de los demás? Como ayuda puedes utilizar la estrategia de Resumir.

Juliana, Isabella y Craig Hatkoff son una

familia de autores. Cuando Juliana estaba por cumplir cinco años y a punto de que le extrajeran las amígdalas, su padre propuso que investigaran y escribieran sobre el procedimiento. Muy pronto, los Hatkoff tenían su primer libro, *¡Adiós amígdalas!* Después, Isabella, hermana menor de Juliana, leyó un artículo periodístico sobre el rescate de un hipopótamo bebé, que llegó a ser muy amigo de una vieja tortuga. Isabella pensaba que la historia del hipopótamo y la tortuga también llevaría a un buen libro. ¡Estaba en lo cierto!

Desde entonces, escribir libros ha sido una actividad en equipo para esta familia de la ciudad de Nueva York. La mayoría de sus libros se centran en animales que enfrentan circunstancias difíciles. El papá y sus hijas trabajan juntos para investigar y armar sus historias. Esperan que libros como estos ayuden a otras personas a encontrar la fuerza para superar momentos difíciles.

Propósito del autor

A los Hatkoff les gusta escribir sobre animales especiales que inspiren. ¿De qué manera muestran los autores que Winter es especial? Da ejemplos del texto que muestren este aspecto.

Respuesta al texto

Resumir

Usa detalles importantes de *La cola de Winter* para resumir cómo trabajaron juntos varios grupos de personas para ayudar a un delfín. La información del organizador gráfico de idea principal y detalles puede servirte de ayuda.

Idea principal
Detalle
Detalle
Detalle

Escribir

¿Cómo te ayudan los autores a entender cómo la historia de Winter ha inspirado a muchas personas? Utiliza estos marcos de oración para organizar tu respuesta.

Los autores muestran que el personal del acuario...
Los autores hacen referencia a personas que...
Esto me ayuda a entender cómo Winter...

Hacer conexiones

Comenta acerca del trabajo de los grupos de personas que ayudaron a Winter a nadar de nuevo. PREGUNTA ESENCIAL

Entrenadores y expertos trabajaron juntos para ayudar a Winter. ¿Qué otros grupos trabajan para ayudar a los animales? ¿Cuáles son los beneficios de las personas que trabajan en grupo? EL TEXTO Y EL MUNDO

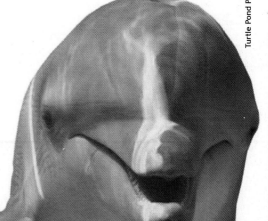

Compara los textos

Lee sobre cómo un grupo de niñas diseñaron una prótesis ganadora de un premio.

Manos auxiliadoras

Había una vez seis monas voladoras sentadas en un viejo abeto que pensaban en las maneras de mejorar la vida de una pequeña niña. "Las monas voladoras" es el nombre del equipo de un grupo de Niñas Exploradoras de diferentes grupos que se unieron para participar en una competencia. Estas jóvenes inventoras propusieron una nueva prótesis para ayudar a la gente a escribir.

Courtesy Flying Monkeys

Las monas voladoras, de izquierda a derecha:
Zoe Groat, 12; Kate Murray, 13; Maria Werner
Anderson, 12; Gaby Dempsey, 12; Mackenzie
Grewell, 12; Courtney Pohlen, 12

Una necesidad inspira

Las reglas de la competencia les pedían a los participantes proponer maneras nuevas e innovadoras de ayudar a curar, reparar o mejorar el cuerpo humano. Uno de los miembros del grupo, Kate Murray, comprendía las dificultades que puede enfrentar la gente con una lesión o discapacidad. Kate nació con una malformación en la mano izquierda, pero eso no le impedía realizar actividades. Cuando decidió que deseaba aprender a tocar el violín, ella y su mamá trabajaron con un equipo de especialistas para diseñar un dispositivo **artificial** que le permitiera tocar un arco.

Las monas voladoras se preguntaban si podrían crear algo similar para la competencia. Cuando una de sus exploradoras escuchó hablar de Danielle Fairchild, una niña de tres años que nació sin dedos en la mano derecha, Las monas voladoras hallaron su motivo de inspiración.

Investigación en marcha

Las monas voladoras se centraron en diseñar un aparato que le permitiera a Danielle escribir con su mano derecha. Pero, debido a que Danielle vivía en Georgia y las niñas vivían en Iowa, no podían trabajar con ella directamente. Sin embargo, lo que podían hacer era buscar una manera de diseñar un dispositivo que pudiera acoplar un bolígrafo o un lápiz a la mano de Danielle.

Muy pronto, las niñas se dieron cuenta de que necesitarían **colaborar** con expertos. Sus entrenadores les ayudaron a hacer los contactos. Hablaron con personas con discapacidades físicas, así como con médicos expertos, creadores de prótesis. Las viejas ideas se descartaron y las nuevas comenzaron a tomar forma. Las chicas hicieron modelos y los probaron antes de crear los prototipos iniciales, la primera serie de creaciones.

Las monas voladoras diseñaron un dispositivo para ayudar a Danielle Fairchild a escribir con la mano derecha.

Presentación de BOB-1

Al poco tiempo, Las monas voladoras se concentraron en un diseño final de su invento, al que llamaron BOB-1. Usaron una sustancia plástica **flexible**, un soporte para lápices y broches con cierre para asegurarlo. Todos estaban a la expectativa sobre qué tan bien se acoplaría a la mano de Danielle. Más aún, era muy sencillo de diseñar y poco costoso. ¿Por qué nadie había pensado antes en diseñar un aparato como este?

Las monas voladoras crearon volantes, un portafolio e incluso una presentación para llevar a la competencia y mostrar su invento. Los jueces estaban impresionados.

Las monas voladoras ganaron el premio a la innovación, a nivel regional y estatal. Desde entonces, estuvo en la ronda mundial del concurso, donde el BOB-1 sería juzgado junto a otros 178 participantes de 16 países. El equipo ganador recibiría $20,000 para seguir desarrollando el producto.

Danielle Fairchild usa el BOB-1.

Las monas voladoras tuvieron la oportunidad de ver a Danielle en la ceremonia de premiación en Washington D.C.

Gente de todo el mundo votaría en línea por el proyecto que pensaba que era el mejor y un panel de jueces revisaría los mejores proyectos. Después de que el dedicado equipo pasara cerca de 200 horas desarrollando el BOB-1, Las monas voladoras fueron invitadas a la ceremonia de premiación en Washington D.C. Su arduo esfuerzo había valido la pena. ¡Ganaron el primer premio!

Sin embargo, la mejor parte de esta aventura fue cuando las jóvenes finalmente conocieron a Danielle Fairchild en persona. Danielle les mostró cómo usaba el BOB-1 para dibujar y colorear con la mano derecha. ¡El dispositivo era un éxito!

Las monas voladoras ya han modificado el BOB-1. Esperan invertir el dinero del premio para patentarlo y distribuirlo a otras personas que podrían beneficiarse de este. Contar con más personas para probar el dispositivo puede incluso llevar a mejoras adicionales. Cuando se trata de ayudar a los demás, ¡estas jóvenes creativas no solo hacen piruetas!

Haz conexiones

¿De qué manera trabajar con los demás ayudó a las jóvenes a crear un invento? PREGUNTA ESENCIAL

¿En qué se parece el trabajo de Las monas voladoras al de otros grupos de los que hayas leído? ¿Cuál era el propósito de cada esfuerzo? EL TEXTO Y OTROS TEXTOS

Machu Picchu: ciudad antigua

Pregunta esencial

¿Cómo se explica lo que ocurrió en el pasado?

Lee dos opiniones diferentes acerca de una civilización pasada.

¡Conéctate!

Machu Picchu se asienta en la ladera de una alta cadena montañosa en la cordillera de los Andes peruanos.

POSICIÓN CONTRAPOSICIÓN

El trato real
Machu Picchu era una propiedad real.

Machu Picchu era una ciudad que formaba parte del antiguo Imperio inca, una civilización que alguna vez dominó gran parte del occidente de América del Sur. Se construyó durante el reinado del emperador Pachacuti y fue abandonada a principios del siglo XVI. En 1911, fue descubierta por un **historiador** estadounidense llamado Hiram Bingham, quien se encontró con un poblado de estructuras de piedra **intacto**.

Debido a su aislamiento, estaba extremadamente bien **conservada**. Aunque Bingham no era un **arqueólogo** titulado, develó muchos restos del lugar. A través de los años, otros arqueólogos han estudiado estos objetos y estructuras para aprender acerca de los incas. Han intentado entender por qué construyeron un poblado en esta ubicación. Los investigadores han examinado artefactos como **fragmentos** de cerámica y alfileres de metal para encontrar pistas sobre las actividades de las personas que vivieron allí. Los historiadores han observado los detalles arquitectónicos, ya que estos pueden ayudarlos a determinar cómo se usaban las construcciones.

Un refugio apropiado

A partir de estos estudios, algunos expertos han llegado a la conclusión de que Machu Picchu se construyó como observatorio astronómico. Ellos señalan las estructuras que creen que se usaban para rastrear los movimientos del Sol. Sin embargo, hay otra fuerte evidencia que sustenta una opinión diferente: el lugar fue una vez una propiedad real del líder de los incas.

Los historiadores que comparten esta opinión argumentan que Machu Picchu era demasiado pequeña para ser una ciudad. El número de viviendas sugiere que solo aproximadamente 750 personas vivieron allí. El poblado y sus objetos también se construyeron con gran cuidado. Por otra parte, el lugar estaba relativamente cerca de Cuzco, la capital. Por eso, cuando hacía frío allá, el emperador y su familia podían ir a un ambiente más cálido como el de Machu Picchu. Allí, habría cazado, descansado y se habría reunido con la nobleza.

A partir de esta evidencia, es razonable concluir que era la casa de descanso del emperador.

AHORA COMPRUEBA

Resumir ¿Por qué cree el autor que Machu Picchu era una propiedad real? Resume los puntos más importantes como ayuda.

Mirada en el cielo
Machu Picchu se usaba como observatorio.

Machu Picchu fue una ciudad que se construyó a más de 7,000 pies de altura en la cordillera de los Andes peruanos. Este lugar especial se construyó en el siglo XV, la **era** de Pachacuti, quien era el soberano del antiguo imperio de los incas en ese momento. Algunos arqueólogos creen que Pachacuti usó la ciudad como refugio de descanso. Otros expertos argumentan que las estructuras que se encontraron allí indican que era un observatorio inca.

Los incas y el Sol

Los historiadores han reconstruido sus conocimientos sobre la vida inca. Han estudiado los informes escritos por los exploradores y los **restos** de los poblados incas. Saben que el Sol era importante en su religión y que creían que su movimiento en el cielo afectaba su forma de vida. Los incas seguían estos movimientos y usaban sus observaciones para crear calendarios que los agricultores necesitaban para plantar sus cultivos.

Una ventana al cielo

El hecho de que la religión y la agricultura estuvieran ligadas a los movimientos del Sol ha hecho que algunos expertos miren las estructuras de Machu Picchu desde una nueva perspectiva. Ellos creen que probablemente construyeron algunas de estas como herramientas para seguir al Sol, las estrellas y los planetas.

Una de estas estructuras se llama el Templo del Sol. Sus paredes curvas encierran parcialmente un espacio que tiene una piedra tallada en el centro, que pareciera apuntar hacia el centro de una ventana que da al oriente. Los arqueólogos han usado estas características para tratar de **reconstruir** su funcionamiento como observatorio. Han descubierto que en cierta época del año, llamado solsticio de invierno, la luz del Sol que sale por el oriente se alinea con la piedra tallada.

Este es el día más corto del año y en América del Sur ocurre en junio. Informes históricos de la vida inca en otros poblados indican que esta fecha era muy importante para ellos, especialmente para la realeza. Ellos celebraban la Fiesta del Sol, donde se hacían ceremonias en honor al dios sol. En Machu Picchu se podrían haber celebrado ceremonias similares.

Un observatorio real

Mientras que otras evidencias indican que la familia real usaba este lugar como refugio de descanso, bien podrían haber viajado allí para el solsticio de invierno. La importancia del Sol para la cultura, la ubicación y el diseño de estructuras como el Templo del Sol muestran que es probable que se usara como un observatorio. Machu Picchu ayudó a los incas a estar pendientes del cielo.

El Templo del Sol marca el solsticio de invierno.

Respuesta al texto

1. Resume la selección a partir de los detalles importantes. RESUMIR

2. ¿Cómo los autores usan detalles para sustentar su punto de vista? ESCRIBIR

3. ¿Por qué es importante aprender acerca de diferentes opiniones de la historia? ¿Con cuál opinión sobre Machu Picchu estás de acuerdo? ¿Por qué? EL TEXTO Y EL MUNDO

Compara los textos
Lee acerca de cómo los historiadores usan
la tecnología para reunir información.

¡Investiga esta tecnología!

Illustration: Peter Olson

Cuando se descubrió Machu Picchu en 1911, los arqueólogos encontraron la mayor parte de la ciudad cubierta de plantas, que se debieron podar para poder ver las estructuras. Pero fue más difícil alcanzar los artefactos. Por esa época, los investigadores dependían de un cuidadoso proceso de remoción de tierra para alcanzarlos.

Pero la nueva tecnología ha cambiado eso. Ahora, los arqueólogos pueden analizar, explorar e incluso descubrir restos del pasado de otras formas.

Actualmente, el uso del escáner 3D es de gran ayuda para los investigadores de Machu Picchu. Ellos lo usan para escanear el lugar con rayos láser y reconstruir la ciudad como una imagen digital tridimensional.

Las imágenes permiten estudiar la ciudad desde todos los ángulos, desde lejos, y tan cerca que se podrían ver los detalles de las piedras. Esta tecnología también les ayuda a almacenar información. Ya no tienen que hacer caminatas a más de 7,000 pies sobre el nivel del mar para ver el lugar en persona. Pueden estudiarlo en forma digital.

Otra herramienta que usan parece una cortadora de pasto. El "radar de penetración terrestre" (GPR, por sus siglas en inglés) usa un radar para localizar artefactos bajo tierra. El radar hace rebotar ondas de radio sobre un objeto para mostrar su ubicación. El siguiente diagrama muestra cómo ayuda el radar a encontrar artefactos.

Estas herramientas hacen que sea más fácil descubrir objetos del pasado. Y ya que excavar un sitio puede afectarlo, también ayudan a preservar lugares históricos. Ahora, los arqueólogos investigan a fondo el pasado sin levantar una pala.

¿? Haz conexiones

¿Cómo han ayudado las herramientas nuevas a obtener información del pasado? PREGUNTA ESENCIAL

Piensa en una opinión de un historiador. ¿Cómo podrían encontrar evidencia para sustentar esta opinión las herramientas nuevas? EL TEXTO Y OTROS TEXTOS

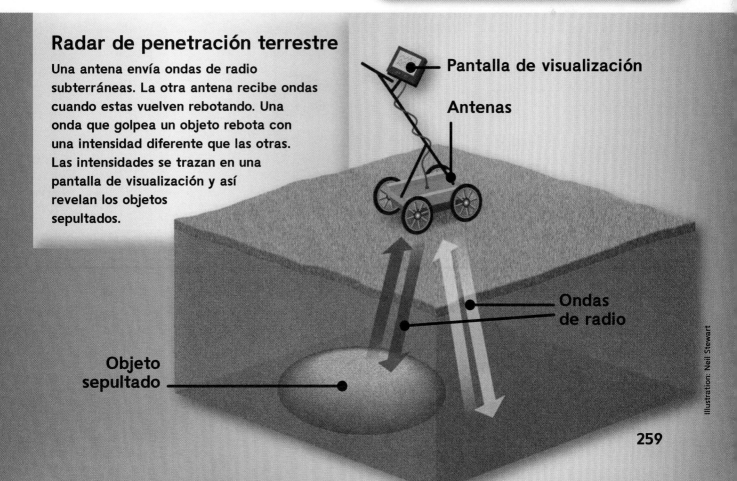

Radar de penetración terrestre

Una antena envía ondas de radio subterráneas. La otra antena recibe ondas cuando estas vuelven rebotando. Una onda que golpea un objeto rebota con una intensidad diferente que las otras. Las intensidades se trazan en una pantalla de visualización y así revelan los objetos sepultados.

Pantalla de visualización

Antenas

Ondas de radio

Objeto sepultado

Illustration: Neil Stewart

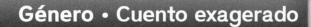

Tulia y la tecla mágica

María Baranda
ilustrado por Juana Martínez-Neal

Pregunta esencial

¿Qué tipo de historias contamos? ¿Por qué
las contamos?

Lee sobre cómo Tulia y sus amigos se convierten
en héroes al lograr hacer un rescate.

¡Conéctate!

260

Este cuento comienza cuando la tía Poli les regala a sus dos sobrinas su querido piano y anuncia que se va de viaje para dar la vuelta al mundo. Una de las niñas, Tulia, comienza a tocar el piano, y muy pronto se da cuenta de que mientras toca es transportada a lugares exóticos con animales fantásticos. En los viajes, oye hablar de unos seres misteriosos llamados los muskis, a los que todos les tienen mucho miedo.

Aprende Tulia que los muskis están devorando la música en el mundo. Además, aprende que una de las teclas de su piano es mágica y que la persona que toca ese piano tiene la posibilidad de acabar con los muskis.

En uno de los viajes, Tulia va acompañada de su hermana Rapita, un vecino llamado Cleo y la cocinera Noemí, cuando aparece la tía Poli con su gato, Elegancia, y el mago Tolimantes. Se les explica que Tolimantes anda recorriendo el mundo buscando cómo salvar a la música.

El grupo sale por mar, en busca de los temidos muskis, que se reúnen una vez al año. Llevan con ellos las teclas del piano encantado, que los niños habían despegado del piano con unos calcetines amarillos.

©2000, María Baranda, por el texto. Con autorización de Ediciones Castillo, Grupo Editorial Macmillan S.A. de C.V.: Insurgentes Sur 1886, Col. Florida, del. Álvaro Obregón, C.P. 01030, México, D.F.

La poción

Apenas habían tocado tierra, cuando la tía Poli saltó de la barca y hundió sus pies en el agua baja.

—¡Por todos los aires de Neptuno! Esto sí que está delicioso. Cómo se me antoja ser una adorable gallina, sipirripisí, una hermosa gallina gorda y blanca para poder cacarear todo el día entre las olitas de este marecito —dijo imitando a las plumíferas.

—Tía, en el mar no hay gallinas —le contestó Rapita entre risas, pues estaba verdaderamente feliz de que el viaje hubiera terminado.

Cleo echó un tremendo brinco que salpicó a todos.

Tulia se restregó fuertemente los ojos, como queriendo estar segura de que no era un sueño.

Tolimantes le dio una mano a Noemí para que pudiera bajar sin mojarse su larga falda.

A lo lejos, un punto negro se acercaba. Era un lémur y detrás de él se escuchaba el redoblar de unos tambores.

—Bienvenidos al campamento de los muskis —se dirigió a todos.

Nadie se atrevió a decir nada. La tía continuaba cacareando cerca de la orilla del mar. Tolimantes sacó de entre sus ropas una enorme bolsa de viaje. Con la llave que colgaba de su cuello, la abrió. Ahí estaban las teclas enfundadas en los calcetines amarillos, la caja de metal con la espada y unas pequeñas botellas que contenían el elíxir que había preparado con los pétalos de flores y raíces, la hierba de cucaracha y la sangre de mandrágoras. Tolimantes le entregó a cada uno de los viajeros una

botella y les dijo que le dieran únicamente un trago y que guardaran el resto.

—Yo soy yo siendo otro y tú eres tú siendo el mismo. Aquí todo es todo y nada es nada, recuérdenlo —les dijo Elegancia relamiéndose los bigotes.

—Pero aquí, ¿quién está seguro de qué? Yo empiezo a dudar tanto... A veces pienso que esto no es más que un sueño —observó Tulia.

—Ahora entraremos en el campamento. No se separen, iremos todos en fila. Por favor guarden silencio, cualquier sonido que escuchen será importante —les dijo Tolimantes poniéndose al frente y enfilándose hacia la parte oriental de la isla.

—Exactamente, ¿dónde estamos? —preguntó Cleo.

—En la Isla del Viejo Mar, justo frente al Golfo de México. Es una isla que no aparece en ningún mapa y no por pequeña, sino porque está situada en el reverso del mar Atlántico. Únicamente se puede llegar hasta aquí viajando por los tres mares, como hicimos nosotros.

—¿Eso quien lo sabe?

—Hasta ahora, solo nosotros y Sordello, el creador de los muskis. Pero nadie más ha llegado a la isla.

Ni qué decir que la más feliz era la tía Poli. No volteaba a ver a nadie, sólo cacareaba, parecía buscar algo o a alguien.

—¿Y a qué hora nos devoramos a esos asquerosos muskis? —dijo Cleo extendiendo sus brazos como si fueran alas. No dudó en comenzar a batirlas y en menos de lo que canta un gallo se elevó.

—¡Ey, mírenme, voy por el alto cielo!

—Baja inmediatamente —le gruñó Tolimantes—, aún no es momento.

¿Sería posible? ¿Habría, acaso, alguna vez soñado que él, Cleomates Marimontes Fusiles, pudiera volar? ¿Hubo una vez un tiempo en que soñó con esto? Por fin, allí, en una isla perdida, a miles y miles de kilómetros de su casa, en un tiempo de ilusión o de mentira, se cumplía su más secreto deseo.

En esto pensaba cuando, sin darse cuenta, estaba más cerca del suelo que del cielo y ¡zas!, cayó de bruces raspándose la cara con la arena.

Sus amigas corrieron a rescatarlo.

—¡Cleo, Cleo!, ¿estás bien?

Un poco avergonzado por el pésimo **aterrizaje**, el niño se puso de pie en un instante.

—Oh, no es nada, no es nada —dijo sacudiéndose la arena de la cara y las rodillas.

Tolimantes lo miraba bastante enfurecido.

—¿Acaso la señorita Noemí no les dijo claramente las reglas? Si cada quien hace lo que le da su gana, no lograremos combatir a Sordello y su ejército de feroces muskis.

—¿Realmente son muy feroces? Porque, en ese caso, prefiero esperarlos por aquí —dijo Rapita.

—Vámonos ya, antes de que suceda otra cosa —sentenció el mago. Giró sobre sus dos talones y enfiló rumbo a la espesura de la selva.

Tomaron un camino que serpenteaba entre los árboles. Todo estaba en silencio, un silencio aterrador que el chillido de un mono rompió.

El lugar estaba lleno de vacas pelirrojas con manchas color marrón.

—¿Y las brujas? —preguntó Tulia.

—Desayunando —dijo Elegancia desde atrás.

—¿Éstas son las vacas que acampan con las brujas? ¿Y por qué están desayunando si no es de mañana? —preguntó Rapita.

—Porque ellas llevan otro horario, tienen siempre la otra mitad del tiempo ocupado —le contestó su tía Poli, como si su respuesta fuera clara para los niños, y se puso a buscar lombrices en la tierra.

—¡Miren, ahí están los leones que se cepillan los dientes!

—¡Y los lobos y las lagartijas y los avestruces!

—¡Y los pericos ladradores!

Los niños estaban azorados de ver con sus propios ojos todo lo que Tulia les había contado. Noemí no parecía sorprenderse con nada, como si ella conociera a cada uno de los habitantes de ese extraño lugar.

Los animales reconocieron a Tulia. Se acercaban para saludarla y le decían cosas como:

—¡Yo sabía que vendrías!

—¡No podías fallarnos!

—¡Eres la mejor!

—¡Todo va a salir estupendamente!

—¡Tú tocas mejor que él!

—¡Nadie te puede ganar!

—¡Nosotros estamos contigo!

—¡Te apoyamos en todo!

—¿Por qué me dicen lo que me dicen? —preguntó Tulia.

—Porque reconocen tu grandeza —contestó Elegancia, que llevaba cargando a la tía Poli como si fuera una gallinita.

—No, de veras, ¿qué pasa, qué esperan que yo haga?

—Eso es algo que tendré que explicarte —dijo Tolimantes, sentándose ante una larga mesa que tenía puestos seis lugares.

265

—¿Otra vez a comer? —preguntó sorprendido Cleo, quien ya no se atrevía a extender sus brazos.

—Yo sí que tengo mucha hambre —dijo Rapita sentándose junto a Noemí.

—Lémures y mandriles nos ofrecen una comida antes de empezar —dijo Tolimantes—. Tulia, por favor, siéntate junto a mí, tenemos mucho que platicar.

Mientras los animales les servían un extraordinario banquete, el mago le explicó a la niña lo que debía hacer.

—Tendrás que dar un concierto. La **constelación** de Géminis está a punto de entrar en Mercurio; eso quiere decir que Sordello no te dejará ganar. Hay dos competidores: tú y él. Ambos tocarán por turnos en el piano que está bajo aquel árbol —le dijo señalando hacia un *Ficus pertusa*—, y ya tiene puestas las teclas mágicas. Sordello, por supuesto, tratará de hacer trampa. Tú solo concéntrate. Nada te pasará si tu mente está puesta en la música.

—¿Y si empiezo a... a viajar... como me pasó antes?

—Eso es precisamente lo que debes hacer: viajar. Él también lo hará, y aunque sus imágenes sean aterradoras, recuerda que son sólo eso, imágenes.

—¿Y dónde están los muskis?

—Por todos lados. Pero ellos no importan, sólo son los servidores de Sordello. Acabar con ellos, después de haber recorrido la ruta que hicimos al llegar hasta acá, será cosa fácil. Además, para eso hice traer los instrumentos musicales. Estarán muy ocupados tratando de devorarles el sonido.

—Bueno, ¿y por qué yo? ¿Por qué mejor no tocan tú o mi tía Poli?

—Porque el conjuro fue hecho para mi padre y mi madre, dos adultos. Además, tu tía ya lo intentó y no consiguió ningún resultado, por lo que dedujimos que sólo un niño, o una niña, claro, podría vencerlo. No te preocupes, aunque no nos veas, aquí estaremos todos para ayudarte. Bueno, si estás lista, no nos demoraremos más.

La piedra

La primera fila la ocupaban Cleo, Rapita, Noemí, la tía Poli, Elegancia y Tolimantes, quien con su túnica dorada los animaba a beber un poco más de la **pócima** que había preparado en el bosque musical.

Detrás de ellos estaban sentados los leones con sus enormes cepillos de dientes; después los lobos y los cocodrilos con sus patines colgados al hombro. En las filas restantes se acomodaban las vacas junto a las brujas, los avestruces, los hipopótamos, las jirafas y muchas gacelas, guepardos, panteras, cebras y hienas, y en las ramas de los árboles circundantes había pericos, lémures y mandriles.

Tulia estaba al frente, retorciéndose las manos de los nervios. Por ningún lugar se veía a Sordello.

Rapita había comenzado a hurgarse la nariz con un dedo y eso sólo lo hacía cuando estaba muy nerviosa, Cleo se mordía tímidamente las uñas, Noemí los apuraba para que se bebieran la poción mágica de las botellitas de cristal y la tía Poli picoteaba a Elegancia en busca de pulgas o piojos.

Únicamente Tolimantes conservaba la calma. Miraba a Tulia con sus dulces ojos, como si quisiera quitarle la angustia y la impaciencia.

Después de un rato, que a los niños les pareció un siglo, la multitud entró en un gran silencio cuando una repugnante rata gris de dientes amarillos y de metro y medio de alto, se abrió paso entre todos y se acercó al piano.

Tulia buscó con los ojos a Tolimantes. No podía creer que "eso" fuera Sordello. Abrió los labios intentando decir algo, pero

Tolimantes se puso de pie y dijo:

—Naturalmente, estarás de acuerdo conmigo en que primero va la niña, Sordello —pronunció su nombre con voz amarga y rasposa.

En ningún momento Tolimantes apartó la vista de su enemigo; más bien lo miraba como tratando de arrancarle cada uno de sus temibles secretos.

La rata le mostró su amplia dentadura amarilla a Tulia y contestó con un movimiento de cabeza.

Tulia se sentó en el banco frente al piano. Escuchó una risita sarcástica de parte del repugnante roedor y comenzó a sudar. Estiró fuertemente cada uno de sus dedos, como hacía siempre que iba a tocar. Después tomó aire y desde el preciso momento en que sus manos se posaron sobre las teclas, sintió un ligero cosquilleo en su nuca. Sabía que sí iba a poder, que lo iba a lograr. Con gran confianza, empezó a tocar y una melodía maravillosa retumbó entre las frondas de los árboles. Se escucharon fuertes aplausos, pero Tulia ya no los oía; estaba muy lejos de allí, en alguna isla perdida en el tiempo; para ser, más precisos, bajo unos licopodios gigantes.

Esta vez, sin embargo, no estaba sola, todo ocurría como en una película a color.

Ella estaba dentro de la pantalla y los demás, afuera, eran el público. Gracias a la pócima que habían bebido, podían ver todo lo que Tulia imaginaba.

—¿Ves? Ahora no lo ves —le dijo un pequeño hombrecito que se balanceaba parado en una de las ramas del licopodio—. ¿Ves? Ahora no lo ves —repitió, mostrando una moneda entre sus manos—. Yo sé lo que estás pensando. Relájate y disfruta.

—¿Y qué es lo que estoy pensando?

—En un viaje en tren. Sí, tú quieres subirte a uno de esos trenes largos, largos, que serpentean por las colinas y hacen chucu chucu cuando pasan un puente, ¿o me equivoco?

—Definitivamente. Lo que más quiero en estos momentos es una cama, tengo tanto sueño... —replicó Tulia con un bostezo.

En esos momentos, se escuchó el silbido de un tren que se acercaba a toda velocidad. Era un tren rojo de juguete.

—¡Súbete! —le ordenó el hombrecito.

—¿Qué? No puedo, es demasiado pequeño para mí. Además ¿para qué me voy a subir?

Al terminar de decir esto, Tulia comenzó a encogerse hasta quedar del tamaño perfecto para caber en el tren. El hombrecito se descolgó de la rama y, dando una pirueta en el aire, cayó justo frente a la niña.

—¡Bravo, bravo! —aplaudió Rapita desde su lugar—. Esas vueltas estuvieron perfectas. Y ahora, ¿qué va a pasar?

—¡Shhh! —la calló Noemí—. Hay que poner mucha atención.

—Yo iré contigo. Vente, vámonos que se hace tarde —le dijo el hombrecito a Tulia y se presentó—: soy Hans y te llevaré tierra adentro.

Al decir esto, tomó a Tulia de la mano y la jaló tan rápido hacia el interior del tren que la niña no tuvo tiempo de reaccionar. Se sentaron junto a una ventanilla. Se escuchó un ruido: el tren comenzaba a deslizarse. Dio una vuelta alrededor del árbol y después se introdujo en un pequeño agujero que parecía haber sido hecho por hormigas gigantes. El descenso fue veloz y oscuro.

—¡Sostente! —le gritó Hans a Tulia.

Al cabo de un minuto, habían alcanzado gran profundidad. Un rayo de luz disipó aquella tiniebla. Ahora, junto a Hans y

Tulia, estaba sentado un topo.

—¡Qué espectáculo! ¿Verdad? —les dijo—. Estamos en las entrañas de la isla.

Cierto brillo en los ojos del topo le recordó a Tulia a su querido amigo Tolimantes.

—Es el camino al Quinto Cielo —continuó—; aquí es mejor andar a pie. Al decir esto, el tren se detuvo y el topo descendió, seguido de Hans y de Tulia. Una vez fuera, la niña le preguntó qué era eso del Quinto Cielo.

—Es el camino al Fuego Primordial, el lugar donde habita el Silencio —le contestó el topo—. Aquí recogerás una piedra plutónica, enterrada en la profundidad de la corteza **terrestre**. La necesitas para...

No pudo terminar su explicación porque se produjo un estruendo aterrador. Era un deslave de rocas que caían a raudales junto a ellos. Parecía que iban a aplastarlos, pero rápidamente el topo aventó a Tulia y a Hans hacia una galería situada al lado derecho. El ágil topo trepó por las rocas de la pared hasta llegar a un respiradero. Desde allí les gritó que no había peligro, que escalaran. Con dificultad y gran esfuerzo, la niña y el hombrecito lo alcanzaron.

Una vez arriba vieron un hermoso **manantial** subterráneo y junto a él, un sendero de piedras preciosas que iban del verde esmeralda al rojo más intenso.

—¿Y ahora qué hacemos? —preguntó Tulia, que ya confiaba plenamente en el topo.

—Escarbar. Necesitas la piedra porque, como te decía, sin ella no podrás quitar el Silencio a los instrumentos musicales.

Y de inmediato sacó sus afiladas garras y se puso a trabajar. Hans y Tulia lo imitaron.

Escarbaban a un lado del sendero y la temperatura comenzaba a subir enormemente. Los tres sudaban mucho.

—¡Ay, pobrecitos! ¿No podemos ayudarlos? —comentó Rapita, que ya se había puesto de pie.

—¡Siéntate! —ordenó Noemí—. Acuérdate que hay que esperar. Por ahora sólo observa.

Tanto humanos como animales veían ansiosos lo que pasaba frente a sus ojos. Únicamente Sordello continuaba impávido junto al piano.

—No la encontrarán, no la encontrarán —mascullaba Sordello entre dientes.

Un silencio muy profundo rodeaba aquel mundo subterráneo. Transcurrido un largo momento en que ya sólo el topo escarbaba, éste dijo:

—En la oscuridad, los misterios están como en su casa —y con una amplia sonrisa de satisfacción, les mostró una pequeña piedra—. Ten, he aquí la luz de esta oscuridad —dijo extendiendo la piedra hacia la niña.

Cuando Tulia se disponía a coger la piedra, se escuchó un terrible rugido. Una garra negra golpeó el brazo de la niña y le hundió las uñas en la carne.

Tulia gritó con todas sus fuerzas, zafó su brazo de la temible garra y vio delante de ella a una fiera de ojos color de fuego

y cuerpo de jabalí. Tenía dos colmillos enormes que sobresalían de su hocico. Arrojaba mucha baba, como si tuviera rabia, y resoplaba con furia.

Tulia recordó entonces lo que le había dicho Noemí: "no lo mires nunca directo a los ojos", e inmediatamente los cerró.

—¡Es mía! —rugió el topo, que se veía muy pequeño junto a esa figura aterradora. Y entornando sus diminutos ojos negros, le dio un puntapié en la pata delantera. La piedra salió volando por los aires a gran velocidad. Hans la atrapó casi al vuelo.

—¡Por aquí! —grito el topo—. ¡Corran!

Tulia, Hans y el topo no se hablaron hasta llegar al final de una galería subterránea por donde se habían echado a correr.

—¿Estás bien? —preguntó el topo a Tulia.

—Estoy sangrando un poco.

El topo tomó el brazo de la niña entre sus pequeñas garras y le sopló: la herida desapareció en el acto.

—Hay que regresarnos antes de que otra cosa suceda. Por allá —les dijo el topo, señalando una muralla de altas rocas por donde se pusieron a escalar.

Una vez en la superficie, los tres amigos se abrazaron. Hans le puso la piedra a Tulia en su mano y se la cerró.

AHORA COMPRUEBA

Visualizar ¿Qué hace Tulia para conseguir la piedra? Visualizar los sucesos te puede ayudar.

En la sala de conciertos, donde todos miraban lo que Tulia por fin tenía entre sus manos, hubo un gran murmullo de satisfacción. Y de pronto, los instrumentos musicales comenzaron a sonar. Entonces, la multitud aplaudió.

—¿Esto quiere decir que Tulia ya ganó? —preguntó Cleo.

—Por lógica, no; sólo consiguió apagar el silencio de los instrumentos —contestó Noemí—. Ahora fíjense bien, porque Tulia va a regresar.

Antes de que la cocinera acabara de decir esto, Tulia estaba de nuevo sentada en el banco del piano y en una mano sostenía fuertemente la extraña piedra.

—¡Bravo, bravo, mi niña, así se hace! —gritaba la tía Poli con lágrimas en los ojos.

Cleo y Rapita corrieron a abrazar a Tulia. Y Elegancia, de pie y con voz muy engolada, recitaba:

Sordello queda anonadado,
por el susto que ha pasado,
y es mi niña
que no tiene brujería,
la que gana en dicha
y profecía.

—¿Y Hans y el topo dónde están? —preguntó Tulia buscándolos con los ojos.

—Ellos sólo acudieron a ayudarte —le contestó Tolimantes, sacándose tierra de entre las uñas y los dedos. Tulia lo miró con agradecimiento y le entregó la piedra. Tolimantes la guardó bajo su sombrero.

Ahora faltaba lo peor: el turno de Sordello.

Las teclas

Aún no habían acabado los aplausos cuando la repugnante rata le dio un empujón a Tulia, la tiró del banco y rápidamente ocupó su lugar. Tolimantes la ayudó a enderezarse y le indicó que se quedara parada junto al piano. Era el lugar más seguro para ella.

—Pero... yo... no quiero... quedarme... aquí... —balbuceó Tulia realmente asustada. Sin embargo, tan pronto como acabó de decir esto, Tolimantes ya había desaparecido.

El público regresó a sus lugares. Los instrumentos callaron mientras Sordello, enfurecido, golpeteaba el piano con sus garras. Le arrancaba unos sonidos estremecedores. La sala de conciertos se llenó de perros rabiosos que mostraban sus afilados dientes a la concurrencia.

Miles de murciélagos desplegaron su vuelo y asustaron a todos con unos chillidos espantosos. Entonces Cleo sintió que sus brazos comenzaban a aletear. Y, ante las atónitas miradas de Rapita y de Tulia, se alzó en el aire hasta alcanzar mayor altura que los árboles. Comenzó a volar en círculos y los murciélagos empezaron a seguirlo. Una, dos y hasta seis veces sobrevoló a todo lo ancho del lugar, emitiendo un rítmico sonido que los hechizaba, hasta que decidió internarse en el corazón del bosque. Los murciélagos lo seguían como se sigue un embrujo y unos segundos después parecían apenas un punto negro en el pálido cielo. Momentos más tarde, Cleo regresaba solo y un poco cansado, con los ojos resplandecientes de satisfacción.

La tía Poli se acercó al chiquillo para darle un beso en la mejilla. Noemí lo abrazó y comenzó a sacudirlo como si quisiera quitarle polvo o tierra o sólo algún encantamiento. Cleo no replicó, sabía que ya había cumplido su misión y se sentía muy contento.

Pero Sordello estaba enfurecido. Se notaba en la tremenda fuerza con la que fustigaba el piano. Entonces, los perros rabiosos se pusieron en posición de ataque.

Rapita se tapó los ojos con las manos y Tulia sintió una dolorosa punzada en el estómago. Tenía miedo. Si los perros atacaban, los primeros en recibir el ataque serían su hermana y sus amigos. ¿Qué hacer? Por su mente cruzaban muchas ideas, cuando un zumbido se dejó oír más fuerte que el sonido del piano.

Un enjambre de abejas africanas atacó sin más a los perros. Éstos huyeron en estampida por la parte de atrás del escenario. A lo lejos se escuchaban los dolorosos aullidos de aquellos a quienes habían picoteado.

Tulia buscó con los ojos a Tolimantes, pero no lo encontró por ningún lado.

Cuando creyeron que todo había terminado, unas víboras persiguieron a Rapita, pero ella era muy rápida y logró escabullirse por el lado derecho del proscenio. Allí, bajo el tronco de un gran árbol, había un largo espejo. Rapita supo en el acto lo que debía hacer. Se escondió detrás de éste y, tanto víboras como

ratones se petrificaron al verse reflejados y desaparecieron de inmediato. Al cabo de unos segundos, Rapita se asomó y vio que las terribles imágenes que producía Sordello se habían esfumado. Regresó a su asiento lo más rápido que pudo. Noemí le susurró algo al oído y la abrazó fuertemente. Rapita no entendía de dónde le había salido aquella valentía para echarse a correr entre tanta víbora.

Durante todo este tiempo, a Tulia le latía el corazón a gran velocidad. Las imágenes de Sordello la atemorizaban de sobremanera. ¿Todo eso tenía Sordello en la cabeza? ¿Acaso eso eran los muskis? Antes de que alguien pudiera disipar sus dudas, una espesa nube gris inundó el lugar.

—¡Cof, cof, cof! —se oía por todas partes.

El humo se metía por los ojos, la nariz, la boca y las orejas. Aquello parecía un concierto de tosidos.

—¡Noemí, saca la espada! —gritó Tolimantes desde algún lugar.

Con los ojos llenos de lágrimas por el exceso de humo, Noemí apenas si pudo buscar a tientas la caja de metal. Cuando al fin saco la espada, empezó a blandirla en el aire hasta cortar la nube como si fuera una pierna de jamón a la que se le saca una rebanada.

Después de un momento en que Noemí usara la espada como si fuera uno de sus cuchillos de la cocina, se escucharon unos raros gemidos y empezaron a caer en el suelo pedazos de orejas, colas, colmillos, garras, patas y pequeños trozos de piel escamada.

Al fin, la claridad regresó al ambiente. Pero aún todos continuaban con tos y lágrimas. Tolimantes fue el primero en recuperar el aliento al gritar:

—¡Ya no está!

Sordello había desaparecido.

La tía Poli, con sus guantes puestos y dos calcetines amarillos en la orejas, comenzó a aplaudir. Todos la imitaron. El aire se llenó entonces de palomas blancas que revoloteaban sobre sus cabezas.

—¡Las teclas, las teclas! —gritó Tulia, quien continuaba de pie, junto al piano—. ¡Han desaparecido las teclas!

Hubo un silencio general que rompió Tolimantes al decir:

—No hay ningún problema. El muy cobarde huyó con ellas, pero no va a lograr nada. Lo importante ya lo tenemos —y se acercó al frente.

—¿Y qué es lo importante? —preguntó Tulia con tristeza de ver el piano completamente **desmantelado**.

—El sonido. Lo hemos recuperado.

Se oyeron gritos de "vivas" y "hurras" entre los animales. Los instrumentos musicales empezaron a sonar de nuevo con gran fuerza, como si quisieran asegurarse de que nadie, nunca más, los dejaría en silencio.

AHORA COMPRUEBA

Resumir ¿Qué hacen Tulia y sus amigos para salvar a la música de los muskis? Usa la estrategia de Resumir como ayuda.

Conozcamos a la autora y a la ilustradora

A **María Baranda**, escritora y poeta mexicana, le gusta compartir historias maravillosas. En sus cuentos, los niños vuelan, los animales hablan y los protagonistas son grandes héroes que tienen éxito en las situaciones más inesperadas. María nos muestra cómo vencen sus miedos y logran sus objetivos a pesar de las dificultades. Con sus fantásticas historias, ha obtenido satisfacción personal y también muchos premios y reconocimientos literarios.

Juana Martínez-Neal, ya desde su adolescencia en Lima, Perú, ilustraba obras infantiles a nivel profesional. Después de estudiar arte en la Pontificia Universidad Católica del Perú, decidió tomarse un descanso y viajar a Los Ángeles. Desde entonces ha vivido en Estados Unidos. Pese a que se encuentra ilustrando cinco libros de fotografías y tres libros para secundaria, se siente muy emocionada con las ilustraciones incluidas en este, su primer cuento.

Propósito de la autora

La autora usa sucesos exagerados que no podrían ocurrir en la vida real. ¿Cuál crees que era su propósito?

Respuesta al texto

Detalles	Punto de vista

Resumir

Usa los detalles más importantes para resumir cómo se convirtió Tulia en una heroína en *Tulia y la tecla mágica.* Los detalles del organizador gráfico de punto de vista pueden servirte de ayuda.

Escribir

Piensa en la descripción de los personajes, la trama y el ambiente de *Tulia y la tecla mágica.* ¿Cómo logra la autora darle un tono exagerado al cuento?

> La autora exagera varios elementos del cuento, como…
> Así, logra darle un tono exagerado al cuento, ya que…

Hacer conexiones

Comenta cómo es la historia entretenida e instructiva a la vez. PREGUNTA ESENCIAL

Piensa en una persona real que podría ser un buen personaje para un cuento exagerado. Da detalles de esta persona y cómo exagerarías en el cuento. EL TEXTO Y EL MUNDO

Género • Leyenda

Compara los textos

Lee una leyenda de los indígenas americanos sobre las acciones heroicas de un grupo de animales.

CÓMO LA ABUELA ARAÑA SE ROBÓ EL SOL

contada por Joseph Bruchac

Una leyenda es una historia sobre un héroe. Las leyendas generalmente se transmiten y se vuelven a contar de una generación a otra. A medida que cada narrador vuelve a contar una leyenda, puede usar la **exageración** para enfatizar las acciones **heroicas** de un personaje.

En un principio, cuando se hizo la Tierra, no había luz. Era muy difícil para los animales y las personas vivir en la oscuridad. Finalmente, los animales decidieron hacer algo al respecto.

"He oído que existe algo que se llama Sol," dijo el Oso. "Lo tienen en el otro lado del mundo, pero las personas de allí no lo quieren compartir. Tal vez podamos robarnos un pedazo."

Todos los animales estuvieron de acuerdo en que esa era una buena idea. Pero ¿quién se robaría el Sol?

El Zorro fue el primero en intentarlo. Entró a escondidas al lugar donde tenían el Sol. Esperó a que nadie estuviera mirando. Luego tomó un pedazo en su boca y salió corriendo. Pero el Sol era tan caliente que se le quemó la boca y lo soltó. Hasta el día de hoy todos los zorros tienen el hocico negro porque ese primer zorro se quemó cargando el Sol.

La Zarigüeya intentó después. En esos días, la Zarigüeya tenía una cola muy peluda. Se acercó sigilosamente al lugar donde tenían el Sol, partió un pedazo y lo escondió en su cola. Luego comenzó a correr, trayendo el Sol de vuelta a los animales y a las personas. Pero el Sol era tan caliente que se le quemó todo el pelo de su cola y se le cayó. Hasta el día de hoy todas las zarigüeyas tienen las colas sin pelo porque el Sol quemó el pelo de esa primera zarigüeya.

Luego intentó la Abuela Araña. En vez de tratar de coger el Sol ella misma, tejió una bolsa de su propio hilo. Puso el pedazo de Sol dentro de su bolsa y se lo llevó. Ahora la pregunta era en dónde poner el Sol.

La Abuela Araña les dijo: "El Sol debe estar arriba en el cielo. Así todos serán capaces de verlo y beneficiarse de su luz".

Los animales estuvieron de acuerdo, pero ninguno podía llegar lo suficientemente alto. Incluso si llevaban el Sol a la copa del árbol más alto, no era lo suficientemente alto para que todos en la Tierra lo pudieran ver. Entonces decidieron que uno de los pájaros llevara el Sol a la cima del cielo. Todos sabían que el Buitre era el que podía volar más alto, entonces fue elegido.

El Buitre colocó el Sol encima de su cabeza, donde sus plumas eran más gruesas, pues el Sol todavía estaba muy caliente, incluso dentro de la bolsa. Comenzó a volar arriba hacia la cima del cielo. A medida que volaba, el Sol se ponía más caliente. Siguió subiendo y subiendo, más y más alto, y el Sol se calentaba más y más. Ahora el Sol quemaba la bolsa de la Abuela Araña, pero el Buitre continuó volando hacia la cima del cielo. Subió y subió, y el Sol se volvía más caliente. Ahora quemaba las plumas de su cabeza, pero él continuó. Ahora ya no tenía plumas, pero siguió volando más alto. Ahora la piel descubierta de su cabeza se ponía roja, pero continuó volando. Voló hasta que alcanzó la cima del cielo, y allí colocó el Sol, donde daría luz a todos.

Debido a que llevó el Sol a la cima del cielo, todas las aves y los animales honraron al Buitre. Aunque su cabeza aún está descubierta y es fea porque se quemó al cargar el Sol, sigue siendo el que vuela más alto, y hasta hoy se le puede ver dando vueltas alrededor del Sol. Y debido a que la Abuela Araña trajo el Sol en su bolsa de telaraña, a veces el Sol despide rayos en el cielo que tienen la forma de los rayos de la telaraña de la Abuela Araña. Esto nos recuerda a todos que estamos conectados como las hebras en la telaraña de la Abuela Araña y nos recuerda a todos lo que la Abuela Araña hizo por todos los animales y las personas.

Haz conexiones

¿Qué animales de esta leyenda son heroicos? ¿Cuál es el propósito del autor al escribir esta leyenda? PREGUNTA ESENCIAL

¿En qué se parece un héroe de esta leyenda a un héroe en otro cuento que hayas leído? ¿De qué forma muestra cada autor lo que se requiere para ser héroe? EL TEXTO Y OTROS TEXTOS

El reglamento es el reglamento

SUPERMERCADO
"PEOR ES NADA"

Adela Basch
ilustrado por John Joven

$250

Pregunta esencial

¿Qué se puede descubrir cuando se mira algo una segunda vez?

Lee sobre cómo una señora resuelve el problema de un reglamento que no logra cumplir.

¡Conéctate!

SEÑORES CLIENTES ES OBLIGACIÓN MOSTRAR LA CARTERA A LAS AMABLES Y GENTILES CAJERAS

Personajes

SEÑORA

CAJERA

SUPERVISOR

GERENTE

ESCENA UNO: (*La escena transcurre en un supermercado. La señora está en la caja, pagándole a la cajera*).

CAJERA: Su vuelto, señora.

SEÑORA: Gracias. Buenas tardes.

CAJERA: Un momento. Todavía no se puede ir. ¿No vio ese cartel? (*Lo señala y lo lee*). "Señores clientes es **obligación mostrar** la cartera a las amables y gentiles cajeras".

SEÑORA: Discúlpeme, pero yo no se la puedo mostrar.

CAJERA: ¿Qué dice? Imposible. Me la tiene que mostrar antes de salir.

SEÑORA: Por favor, no insista, señora cajera. No le puedo mostrar la cartera.

CAJERA: Mire, lo lamento, pero es el reglamento. ¿Me está escuchando lo que le digo?

SEÑORA: Sí, la escucho. Pero lo siento mucho. No-le-pue-do-mos-trar-la-car-te-ra. (*Pronuncia las últimas palabras con mucha fuerza*).

283

CAJERA: Pero ¿qué es esto? ¿Cómo que "no-le-pue-do-mos-trar-la-car-te-ra"? *(Imita la forma en que lo dijo la señora).*

SEÑORA: *(Grita).* ¡No me haga burla!

CAJERA: ¡Y usted, mejor no me aturda!

SEÑORA: ¡Y usted, no diga cosas absurdas!

CAJERA: Creo que usted exagera. Solamente le pedí que mostrara la cartera.

SEÑORA: Por favor, no me haga perder el tiempo. Estoy apurada. Tengo invitados para la cena.

CAJERA: ¿Ah, sí? ¡Qué pena! Si está apurada, no sé qué espera. ¡Muéstreme la cartera!

SEÑORA: ¡Déjese de pavadas! ¡No se la muestro na-da!

CAJERA: ¡No me hable de ese modo! ¡Y mejor me muestra to-do!

SEÑORA: ¿Pero qué tiene usted en la sesera? No se la puedo mostrar y no es porque no quiera. Lo que pasa, mi querida, es que no tengo cartera.

CAJERA: ¿Cómo? ¿Está segura?

SEÑORA: *(Toma una planta de lechuga).* Como que esto es verdura.

CAJERA: ¡Pero qué locura! No puede ser. No sé qué hacer. No sé qué pensar. No sé cómo actuar. A ver, empecemos otra vez. Yo le pido a usted que me muestre la cartera y...

SEÑORA: Y yo le digo que no se la puedo mostrar aunque quiera, simplemente porque no tengo cartera.

CAJERA: ¿Y ahora qué hago?

SEÑORA: Haga lo que quiera.

CAJERA: Muy bien, quiero ver su cartera.

SEÑORA: ¡Pero no tengo!

CAJERA: No comprendo... No entiendo... Soy la cajera y estoy obligada a revisar las carteras. Usted no tiene cartera, así que no puedo cumplir con mi obligación. ¡Qué situación! ¡Qué **complicación**! Esta situación imprevista me saca de las casillas. ¡Necesito mis pastillas!

SEÑORA: ¿Quiere una de menta?

CAJERA: No, no me gusta la menta.

SEÑORA: Lo lamento.

CAJERA: ¿Qué lamenta?

SEÑORA: Que no le guste la menta.

CAJERA: *(Toma un teléfono).* ¡Por favor, por favor, que venga el supervisor!

AHORA COMPRUEBA

Visualizar ¿De qué manera el comportamiento de los personajes refleja lo que sienten? Lee las direcciones escénicas como ayuda para Visualizar el comportamiento.

ESCENA DOS

(Entra el supervisor).

SUPERVISOR: ¿Qué sucede? ¿Qué ocurre? ¿Qué pasa?

SEÑORA: Me quiero ir a mi casa. Compré, pagué y me quiero ir. Pero la cajera insiste en que muestre la cartera. Y yo...

SUPERVISOR: Es correcto. Si no la muestra, no se puede ir. (Saca del bolsillo un papel enrollado y lo desenrolla). Así dice el reglamento de este establecimiento.

CAJERA: ¿Vio, señora, que no miento?

SEÑORA: Sí, pero no tengo nada que mostrar.

SUPERVISOR: ¿Por qué? ¿Tiene algo que **ocultar**? ¿Lleva algo sin pagar?

SEÑORA: No, señor supervisor, usted está en un error. ¡No soy una delincuente! ¡Soy una mujer decente!

SUPERVISOR: Entonces, ¿qué espera? ¡Muéstrenos la cartera!

SEÑORA: Señor, si no se la muestro, no es por mala **voluntad**.

SUPERVISOR: ¿Y por qué es?

SEÑORA: ¡Terminemos con esta sonsera, trate de entender que yo no tengo cartera!

SUPERVISOR: Entiendo. Es una situación complicada, pero no puedo hacer nada. (Mira el papel). Tenemos que cumplir con el reglamento. Y el reglamento dice...

CAJERA: Que es obligación de los clientes mostrar la cartera...

SEÑORA: ¡A las amables y gentiles cajeras! ¡Pero yo no traje cartera!

SUPERVISOR: Señora, lo hubiera pensado antes. No se puede salir a hacer compras de cualquier manera. El reglamento es el reglamento. Y hay que cumplirlo. Si no, ¿adónde vamos a ir a parar?

SEÑORA: ¡Yo quiero ir a parar a mi casa! ¡Esto es una locura!

SUPERVISOR: Usted es una cabeza dura. Si hubiera traído alguna cartera... no tendríamos este problema.

SEÑORA: Señor, no traje cartera y no me voy a quedar aquí toda la vida. Así que pensemos en alguna solución.

SUPERVISOR: A mí no se me ocurre. Las situaciones imprevistas me paralizan el cerebro.

CAJERA: Y a mí me atacan los nervios. Señora, usted me está impidiendo cumplir con mi obligación de revisar las carteras, y eso me confunde, me irrita y me desespera. Se me nubla la mente...

SUPERVISOR: Tengo una idea... ¡Llamemos al gerente!

CAJERA: *(Toma el teléfono).* Por favor, es muy urgente. ¡Necesitamos al gerente!

AHORA COMPRUEBA

Visualizar ¿Por qué razón llega el gerente? Visualizar los sucesos te puede ayudar.

ESCENA TRES

(Entra el gerente).

GERENTE: ¿Qué sucede?

SUPERVISOR: Tenemos un problema.

CAJERA: Una situación imprevista. La señora quiere irse sin mostrar la cartera.

GERENTE: Eso es imposible.

CAJERA: Es incomprensible.

SUPERVISOR: Es increíble.

GERENTE: Además, es contrario al reglamento.

CAJERA: Y el reglamento...

SUPERVISOR: ...es el reglamento.

GERENTE: Señora, usted tiene la obligación de mostrar la cartera.

SEÑORA: Lo siento, no traje cartera.

GERENTE: Si no la trajo, es porque no quería mostrarla. Y si no quería mostrarla, seguramente quería ocultar algo.

SEÑORA: Pero señor...

GERENTE: Déjeme terminar. Si quería ocultar algo, tal vez se lleve algo sin pagar.

SEÑORA: Pero señor... si no la traje, ¿cómo voy a ocultar algo?

GERENTE: Ya le dije. ¡No la trajo porque no la quería mostrar! ¡Y el reglamento dice que tiene que mostrar la cartera!

SEÑORA: ¿Pero qué cartera?

GERENTE: ¿Qué sé yo? ¡Cualquiera!

SEÑORA: ¿Cualquiera, cualquiera, cualquiera?

GERENTE: Sí, cualquiera. ¡Pero muestre la cartera!

SEÑORA: Muy bien. Gentil y amable cajera, ¿tendría la bondad de prestarme su cartera? Por un minutito, nada más.

CAJERA: Está bien. Tome. *(Le da su cartera).*

SEÑORA: ¿Quiere revisarla, por favor?

CAJERA: ¡Cómo no! *(La abre y la mira por todos lados).* Está bien.

SEÑORA: Entonces, me voy. Le devuelvo su cartera.

CAJERA: Gracias por su compra. Vuelva pronto. Da gusto **atender** a clientes como usted.

SEÑORA: *(Tratando de disimular su fastidio).* Sí, sí, cómo no.

SUPERVISOR: Ah, nos podemos quedar tranquilos.

GERENTE: Tranquilos y contentos. ¡Hemos cumplido con el reglamento!

TELÓN

AHORA COMPRUEBA

Volver a leer ¿Cómo crees que se siente cada personaje durante los sucesos en el supermercado? ¿Cómo cambian sus puntos de vista? Volver a leer te puede ayudar.

Conozcamos a la autora y al ilustrador

Courtesy of Adela Basch

"Cuando se escribe una obra de teatro, siempre se tiene en mente al auditorio, la reacción de este". Esto es lo que piensa **Adela Basch**. Esta escritora de origen argentino ha vivido siempre en Buenos Aires, salvo en los momentos en que se ausentó por su trabajo o la puesta en escena de alguna de sus obras de teatro.

Entre sus obras de teatro se cuentan "Abran cancha, que aquí viene don Quijote de La Mancha", "Oiga, chamigo aguará" y "Colón agarra viaje a toda costa".

John Joven nació en Bogotá, Colombia. Estudió diseño gráfico en la Universidad Nacional de Colombia y trabaja como ilustrador desde 1998. Comenzó trabajando para el gobierno nacional y actualmente colabora con editoriales y revistas en varios países.

Propósito de la autora

La autora incluye varios puntos de vista diferentes en *El reglamento es el reglamento*. ¿Cuál consideras que es su propósito al hacer esto?

Respuesta al texto

Resumir

Resume los sucesos más importantes de *El reglamento es el reglamento*. Incluye aquellos sucesos que le permitieron a la señora resolver el problema con el personal del supermercado. Los detalles del organizador gráfico de punto de vista pueden servirte de ayuda.

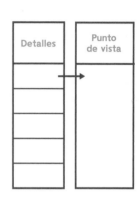

Detalles	Punto de vista

Escribir

Piensa en la relación entre los diálogos y los otros recursos incluidos en la obra. ¿Por qué te permiten estos recursos comprender la diferencia entre el punto de vista de los personajes?

La autora emplea algunos recursos como...
Estos me permiten comprender la diferencia entre el punto de vista de los personajes porque...

Hacer conexiones

 Comenta qué pudieron descubrir en el supermercado cuando miraron de nuevo la situación. PREGUNTA ESENCIAL

Imagina una situación en la que no mirar por segunda vez puede llevar a confusiones. EL TEXTO Y EL MUNDO

Compara los textos

Lee sobre cómo mirar algo una segunda vez ayuda a un niño a resolver un misterio sobre su mascota.

Una segunda oportunidad para ROCO

EL CASO DE UN PERRO CURIOSO

No hay mucho de qué asustarse en Jubilee Falls, pero no puedes convencer a mi perro Roco de eso. Cada vez que suena el escape de un auto o la sirena de alerta de tornado, se esconde debajo de la cama. ¿Si una cortadora de pasto hace ruido? Se mete debajo de la cama. ¿Oye un trueno? Debajo de la cama.

Roco es un pastor alemán, de color negro con manchas cafés. Me llega a la cintura cuando está sobre sus cuatro patas, pero se ve enorme cuando salta sobre mí. Como sus orejas casi siempre están atentas, él es lo que se podría decir un oyente **inquisitivo**.

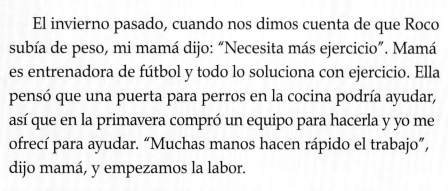

El invierno pasado, cuando nos dimos cuenta de que Roco subía de peso, mi mamá dijo: "Necesita más ejercicio". Mamá es entrenadora de fútbol y todo lo soluciona con ejercicio. Ella pensó que una puerta para perros en la cocina podría ayudar, así que en la primavera compró un equipo para hacerla y yo me ofrecí para ayudar. "Muchas manos hacen rápido el trabajo", dijo mamá, y empezamos la labor.

¿Martilleo en la cocina? Debajo de la cama.

Después de instalar la puerta, Roco adelgazó bastante, veinte libras para ser preciso. Aunque parecía ser un logro, el veterinario tenía sus sospechas.

—Ahora está por debajo del peso normal —reportó el veterinario—. ¿Está comiendo bien?

—Come bastante —contesté—. Lleno su plato todas las noches y todas las mañanas está vacío.

—¿No lo come inmediatamente? —dijo el veterinario.

—Supongo que espera a que todos estemos dormidos —contestó mi mamá a modo de explicación—. A Roco le da miedo el sonido del lavaplatos.

¿Borboteo del lavaplatos? Debajo de la cama.

A la mañana siguiente, mientras Roco roncaba debajo de mi cama, oí unas voces abajo y fui a investigar. Nuestra vecina, la señora Stenforth, estaba en el porche de atrás discutiendo con mi padre.

—Es una amenaza —se quejaba—, tira la basura por todos lados. Caminó directamente a mi basurero.

—Toda historia tiene dos versiones —dije yo—. Roco nunca se aleja de nuestro jardín.

—Es una amenaza —repetía ella, como si hubiera practicado toda la mañana esa expresión—. La próxima vez, voy a llamar a control de animales.

Se fue despacio y cuando papá cerró la puerta, la puerta de Roco se movió un poco.

Ilustración: Tom Newsom

293

—Tal vez deberíamos reconsiderar esta puerta —dijo mi papá— y quitarla antes de que haya más problemas.

—No es culpa de Roco —insistí—. Los ruidos fuertes lo aterrorizan, entonces, ¿cómo puede derribar el basurero?

—¿Estás sugiriendo que la señora Stenforth está equivocada?

—Ella ni siquiera conoce a Roco —dije.

¿Qué pasa cuando un vecino golpea o hace sonar el timbre de la puerta? Debajo de la cama.

Toqué suavemente la puerta de Roco con mi pie y se balanceó. Sorprendido de que hubiera respondido a una presión tan suave, miré más detenidamente y noté unos rayones en la pintura, unas marcas que parecían demasiado pequeñas para ser de Roco. Pero el perro era nuestra única mascota. ¿Algo más podría estar ocasionando todos estos problemas? Tenía que investigar.

Esa noche, metí una linterna debajo de mi almohada y esperé. Cerca de la medianoche oí las uñas de las patas de Roco en el piso, y luego unos pasos que crujían mientras bajaba las escaleras. Un minuto después, su puerta para perros se abrió y se cerró. Salí de mi cama con mi linterna, pero antes de poder dar otro paso, Roco venía disparado subiendo las escaleras y se escondió debajo de la cama.

Yo podía oír el plato de Roco rozarse contra el piso de la cocina. Después oí que el plato se volteó y que la comida de perro se regó y detecté lo que parecía un parloteo. Traté de **interpretar** los sonidos, pero era como intentar comprender un idioma extranjero.

Desperté a mis padres para explicarles lo que había oído y nos arriesgamos a bajar. Cuando dirigí la linterna hacia la cocina, un par de ojos rojos y redondos nos miraron y luego desaparecieron, y lo que sea que hubiera sido, escapó por la puerta de Roco.

—Era un mapache —dijo mamá.

—Tal vez era una zarigüeya —intentó adivinar papá.

—Bueno, lo cierto es que no era Roco —dije y recorrí la cocina con la linterna, iluminando la comida de perro—. ¡Ya sabemos por qué ha perdido peso!

—¡Y quién se ha metido en la basura! —añadió papá.

Al siguiente día hicimos una cubierta para poner en las noches en la puerta de Roco, y así evitar que cualquier animal entrara. Después, mi papá y yo fuimos a ponerles protección contra plagas al basurero de la señora Stenforth. Roco asomó la cabeza por su puerta para vernos salir, y pensé que tal vez nos acompañaría, pero en ese momento pasó un camión por nuestra calle.

¿El ruido de un motor? Debajo de la cama.

Haz conexiones

¿Cómo ayuda al narrador el reconsiderar los hechos para descubrir lo que causó un cambio en su perro? PREGUNTA ESENCIAL

¿Cómo, en otra historia de misterio, se descubre algo? ¿Qué características comparten ese personaje y el narrador de este cuento? EL TEXTO Y OTROS TEXTOS

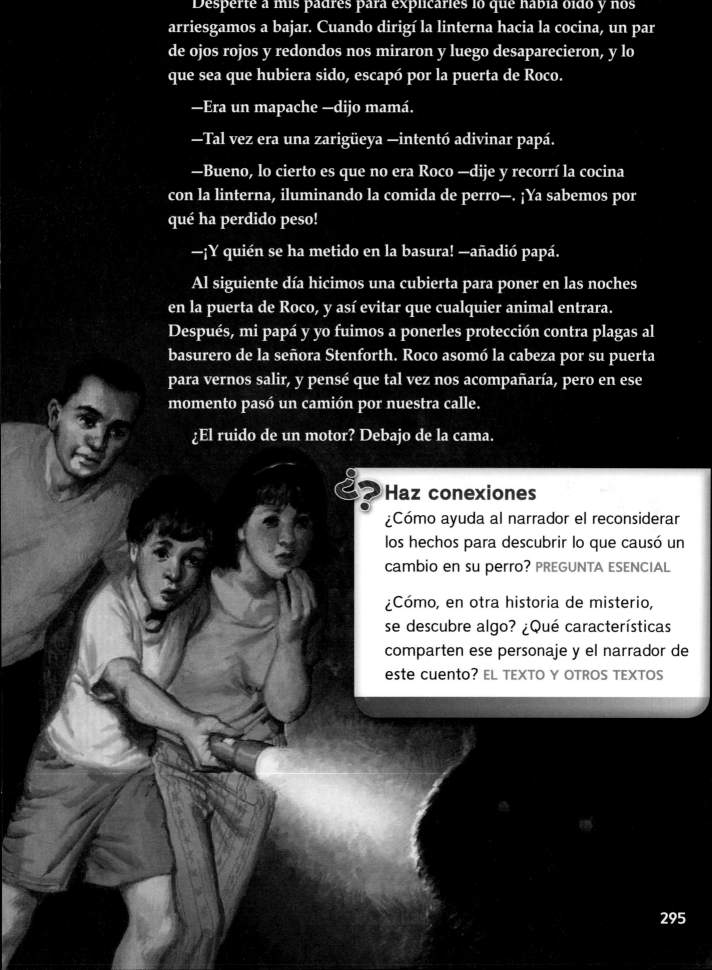

El rey de las octavas

Emma Romeu
ilustrado por Enrique S. Moreiro

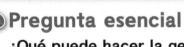

Pregunta esencial

¿Qué puede hacer la gente para lograr cambios positivos?

Lee sobre cómo un joven cubano negro logra estudiar en el Conservatorio de París y tener gran renombre como violinista.

¡Conéctate!

296

Do re mi... do re mi..., Claudio apretaba el paso y repetía en su cabeza las notas musicales para que el camino no se le hiciera tan largo. "Do re mi... do re mi...", volvía a solfear por la populosa callejuela empedrada. Las gotas de sudor caían por su negra nariz y algunas salpicaban caprichosas el estuche del violín que llevaba bien sujeto y se movía con su apurado andar. Todavía le faltaban unas calles para llegar a la casa de las tejas verdes y no quería demorarse. Era su primer día de clases.

Pero no hay que pensar que Claudio iba tan de prisa para recibir su primera lección de música. De ninguna manera: ¡ése era su primer día como maestro! Desde pequeño tocaba muy bien el violín. Su padre le había enseñado y ahora que tenía cumplidos los doce años ya había compuesto varias contradanzas. Una de esas piezas musicales se la dedicó a una jovencita de pelo rizo y boca pulposa, igual que él, a quien conoció cuando atravesaba el mercado camino a los ensayos. Sin embargo, nunca pudo interpretar aquella música para que ella la escuchara, porque sus dueños se la llevaron a la casona colonial del ingenio azucarero como lavandera. La chica era una **esclava**.

Claudio apuró más el paso "Do re mi... do re mi...".

Al cruzar frente al comercio español de la esquina, una mujer le dio un codazo a la vendedora andaluza que estaba a su lado.

—¡Ahí va el hijo del músico negro! —comentó e hizo un gesto con la cabeza para señalarlo—. Dicen que es un talento, igual que su padre.

El padre de Claudio era el director de la orquesta que animaba los bailes de la alta sociedad. En ocasiones, tres de sus hijos lo acompañaban con sus instrumentos. Claudio era en ese entonces el más joven de la orquesta, pero cuando hacía sonar su violín, los otros músicos se quedaban atónitos.

Gracias a esa destreza, ahora Claudio iba de prisa a la casa de las tejas verdes para impartir su primera clase. La casona pertenecía a un vizconde y a su esposa. La vizcondesa Marguerite era una gran amante de la música, y había escuchado a Claudio tocar ante el gran público en el Liceo de La Habana. ¿Qué no daría la exquisita dama para que su hija tocara algún instrumento con aquella maestría? Había intentado obligarla a aprender piano con el viejo maestro catalán que vivía en la ciudad, y también hizo llamar a la profesora de moda entre las señoritas de sociedad. Pero nada cambiaba la actitud caprichosa de la niña, que cuando los profesores hacían sonar el instrumento se movía por el salón al compás de la música, en vez de atender la lección. Sin embargo, durante el concierto del violinista negro en el Liceo, a la

297

vizcondesita se le había acelerado la respiración. Bien la conocía su madre para saber cuando algo la emocionaba. Quizás si aquel joven negro le enseñara a tocar el violín...

"Do re mi... do re mi...". Claudio resopló por última vez al llegar delante de la casa de las tejas verdes, y sacó su blanquísimo pañuelo de hilo con las iniciales BS bordadas, para secarse el sudor antes de llamar a la puerta. Eran las iniciales de su estrambótico apellido: Brindis de Salas. Muy pocos negros llevaban pañuelo tan fino en la ciudad. ¡Ni en la ciudad, ni en ningún otro sitio de la isla! En los ingenios y cañaverales los negros esclavos no tenían tiempo ni para secarse el sudor. En el campo, cortaban y cargaban la caña de azúcar que les rompía las manos con sus hojas filosas y les daba picazón en la piel. Y si se quejaban, allí estaba el mayoral con su látigo hecho de cuero de manatí.

Claudio oía hablar de esas cosas y se le ponía la piel de gallina al imaginar que sus finas manos, adiestradas para tocar el violín, tuvieran que agarrar un machete y de un golpe echar abajo la caña, darle otro tajo arriba para quitarle las hojas y uno más en el centro para convertirla en trozos. Seguramente sus inexpertas manos dejarían escapar el machete y el mayoral le pegaría en la espalda. ¿Pero qué pensamientos eran aquellos? Él no era un negro esclavo, sino una persona libre, igual que su padre y sus tíos y otros artesanos, comerciantes y artistas de su color, cuyos antecesores obtuvieron la preciada libertad por diversas vías. Nadie lo podía comprar ni vender. Y en este momento sólo tenía que levantar aquella aldaba de bronce y dar un golpe en la ancha puerta de cedro para que le vinieran a abrir.

"¡Tooon!", resonó la aldaba cuando la dejó caer y Claudio esperó sin que se acercaran pasos. "Tooon...", volvió a llamar temeroso de que no lo hubieran escuchado. Y otra vez prestando atención a mantener una buena **compostura**, como había aprendido de su exquisito padre, para que no lo acusaran nunca de no tener buenos modales. Entonces, una mulata delgada se asomó entre las cortinas detrás de las rejas labradas de la ventana. La puerta se abrió y la esclava, que desde la ventana lo había recorrido con la vista, lo dejó pasar sin dejar de mirarlo con resentimiento. La esclava se llamaba Otilia, y su hijo había sido enviado recientemente al ingenio de los amos para trabajar en el trapiche, donde se exprimía la caña para sacarle el jugo con que se hace el azúcar. Su hijo era un poco mayor que el chico del violín que hoy recibían en la casona casi como si fuera un señorito. ¡Bah!, su hijo tenía la piel más clara que este negro violinista. ¡Sí, más clara que ella misma! Otilia le indicó el camino al violinista y lo dejó solo en el pasillo junto a la sala.

—Tú espera aquí —le dijo mientras se perdía de vista.

Claudio se asomó a una sala aparentemente solitaria. Era tan amplia que bien hubiera podido servir de salón de baile. Dio un paso tímido y miró con admiración los muebles de oscura madera de caoba, los adornos exóticos y la inmensa lámpara de canelones de cristal que colgaba del techo. En ese momento retumbaron desordenadamente las teclas del piano que estaba en una esquina de la sala. Claudio se fijó en el bello piano de cola, con la tapa abierta, detrás del cual una niña de bucles rubios, sentada de cualquier modo en la banqueta, dejaba caer las manos sobre las teclas con aburrimiento. La niña se levantó de repente, irritada con las teclas blancas y negras. Era muy delgada, de baja estatura —casi una cuarta más pequeña que el recién llegado— con ojos vivaces y pecas en la nariz.

Claudio sospechó que debía de ser la vizcondesita. Por fin, ella le dijo con desenfado:

—Apuesto a que sabes tocar mejor que yo.

El violinista afirmó con una inclinación de cabeza.

—¡Entonces toca! —le ordenó señalando el piano.

Para Claudio no habría sido ningún sacrificio complacerla, y mucho menos en un piano tan magnífico como aquél, pero estaba desconcertado. ¿Acaso debía la alumna decirle al maestro lo que tenía que hacer?

En aquel momento se escuchó el conocido rozar de telas de los amplios vestidos de las señoras de la época. La vizcondesa Marguerite entró en el salón.

—¿Ya está aquí el violinista? —se sorprendió.

Claudio pensó que había hecho mal en no esperar fuera de la habitación.

Entonces la misma esclava que lo había recibido regresó a la habitación.

La hermosa vizcondesa hizo un mohín, no acostumbrada a regañar a los esclavos ya que ella había nacido en Francia donde no se permitía la esclavitud, pero esta vez le reclamó a la que llegaba:

—¡Otilia!, has tardado en anunciarme la llegada del violinista. ¡Tráele una limonada!

La esclava hizo un gesto sumiso y salió, luego de lanzarle una mirada de soslayo a Claudio.

—Veamos, violinista —dijo la vizcondesa con su acento francés—. Quiero que mi hija aprenda a tocar el violín lo antes posible. Sus primas ya saben tocar el piano y la flauta. ¡Es mi deseo que Inés haga con ellas un trío en Navidad!

Claudio tosió. ¿En Navidad? Observó los dedos de la vizcondesita, que eran más bien cortos y en ese instante tamborileaban en la madera del piano con impaciencia. ¿Cuántas horas necesitaría él para lograr que aquellas pequeñas manos aprendieran a manejar un arco y un violín e interpretaran alguna pieza sencilla? Por fin, la niña detuvo el movimiento de los dedos y se movió por la sala sin dejar de prestar atención a lo que hablaban.

—¡De lunes a viernes recibirá clases mi hija! —continuó resueltamente la vizcondesa—. Su padre pasará más tiempo en la tutela del ingenio pues empieza la zafra, y yo podré ocuparme de que Inés practique el violín.

Entonces sonó nuevamente la aldaba de la puerta y no tardó en aparecer la esclava Otilia para avisar.

—¡Han traído un paquete para su merced! Dicen que llegó de Francia.

La vizcondesa esperaba unos libros de arte y se levantó de inmediato.

—Pueden comenzar la clase. Regresaré enseguida —anunció y salió de la habitación.

AHORA COMPRUEBA

Resumir ¿Por qué quería la vizcondesa que su hija la vizcondesita Inés aprendiera a tocar el violín? ¿Qué pensaba de esta posibilidad Claudio? Usa la estrategia de Resumir.

Inés se había sentado nuevamente en la butaca del piano, pero de espaldas a las teclas.

—Sacaré el violín... —dijo Claudio y abrió la caja.

El violinista empezó por levantar el arco y por un extremo le estiró las cuerdas hechas con pelo de caballo. Luego extrajo cuidadosamente el violín para afinarlo moviéndole las clavijas. La niña se levantó del asiento y se inclinó sobre la caja para ver si adentro quedaba algo más, entonces se volteó hacia Claudio y de manera inesperada pasó con fuerza un dedo por las cuerdas tensadas. Claudio retiró instintivamente el arco y el violín. No había sido fácil para él llegar a tener aquel instrumento y temía que la inexperta niña no supiera valorarlo. A ella no le importó su recogimiento, sino que se acercó aún más tratando de alcanzar el violín. Claudio empezaba a irritarse. La niña era ciertamente irrespetuosa y él dio unos pasos atrás para evadirla.

—¡Déjame verlo de cerca! —reclamó la vizcondesita.

Por fin Claudio se atrevió a responderle:

—Señorita, los dedos tienen grasa y suciedad. Ninguna de las dos cosas es buena para un violín. Hay que tratarlo con cuidado.

—¡¿Mis dedos sucios?! —la vizcondesita fijó sus ojos color de miel en aquellos pequeños dedos que habían trasteado la jaula de la cotorra y se echó a reír—. Es cierto.

Claudio se sintió avergonzado. No había querido decir eso... Aprovechó que era hora de comenzar la clase para salir de la difícil situación y empezó por preguntarle amablemente a la vizcondesita algo que debería ser obvio:

—¿A vuestra merced le gusta la música?

Inés abrió los brazos y los movió como si siguieran algún ritmo, antes de confesar:

—Me gusta la danza.

Y para que no hubiera duda, hizo graciosamente una vuelta de vals.

—¡Quisiera ser bailarina! —suspiró—. Moverme libremente por el escenario y poder inventar los bailes que yo quiera. Pero mi madre dice que no es apropiado para una señorita.

Claudio la escuchaba interesado. La niña continuó:

—Mi madre quiere que aprenda a tocar el piano. Pero a mí me pareció más bonito cómo tocabas el violín en el teatro. El violín puede sujetarse entre el hombro y el mentón y andar con él por el escenario. ¡Y usar el arco como si fuera una varita mágica para sacar música!

A Claudio se le iluminó el rostro, quizás no todo estaba perdido. Si Inés sentía que el arco era una varita mágica, entonces él podría lograr que ella tocara como un hada. Bueno, era un decir, porque en verdad primero él tendría que convertirse en mago para captar toda su atención. No quería decepcionar a la vizcondesa y sobre todo deseaba empezar a ganar reconocimiento como maestro para conseguir más alumnos. Su sueño era llegar a ser algún día un gran concertista. Por eso tenía que reunir dinero: para ir a completar sus estudios en un conservatorio de Europa.

—Comparar el arco con una varita mágica es acertado —le dijo Claudio a su alumna—. Todo depende de la maestría con que se sepa manejar el arco. ¡Verá cómo funciona esta varita mágica!

Y colocando el violín en su hombro dejó correr el arco por las cuerdas para sacarle una alegre melodía.

Pero la vizcondesita no se quedó quieta escuchándolo, sino que dio unas palmadas de entusiasmo y sin perder tiempo empezó a seguir ágilmente la música con los pies, agarrándose el largo vestido que por momentos se le enredaba en los zapatos. No bailaba nada mal, notó el violinista mientras la acompañaba con la movida música aprobando sus pasillos por el salón.

En ese momento se escuchó un carruaje que se detenía frente a la casona de las tejas verdes. Inés paró de bailar y corrió a la ventana. Parecía muy extrañada cuando se volteó para avisar:

—Ha regresado mi padre del ingenio.

Se mantuvo atenta a las confusas voces que casi enseguida llegaron desde el corredor, sobre todo a la de su

padre cuyo tono parecía molesto.

Al cabo de unos minutos, la vizcondesa regresó nerviosa a la sala. Se detuvo junto al piano y anunció con voz endeble:

—No podrá seguir la clase. Mi esposo ha llegado anticipadamente del ingenio y esperamos visita.

La niña hizo un gesto de contrariedad. Justo cuando empezaba a divertirse tenían que terminar. Pero al escuchar los pasos de su padre por el pasillo no protestó.

Claudio tampoco dijo nada, hizo una respetuosa inclinación y antes de salir del salón se volteó discretamente. Entonces Inés alzó un brazo y unió los dedos para hacerle una simpática señal, como si se despidiera con una varita mágica.

Era temprano cuando un calesero negro haló las riendas de los caballos e hizo que el carruaje se detuviera en el número 168 de la estrecha calle Águila de La Habana donde vivía Claudio. El calesero bajó de su alta silla y golpeó fuertemente la puerta con los nudillos.

Claudio se preparaba para salir a impartir la clase a su nueva alumna, pero hasta él llegó la voz del calesero que traía un imprevisto mensaje para el señor Brindis. El calesero venía de parte del vizconde y el mensaje tenía que ver precisamente con Claudio.

—Ya no se necesitarán los servicios de su hijo como violinista en la casona de las tejas verdes. La vizcondesita tendrá otro profesor —dijo el calesero con voz retumbante y se retiró.

El señor Brindis cerró la puerta y miró a Claudio con extrañeza. ¿Qué incorrección habría hecho su hijo en casa de los vizcondes para que cancelaran su contrato?

Claudio tuvo que contarle varias veces al director de orquesta los detalles de su corta visita a la casona de las tejas verdes. No había hecho nada de malo. El director de orquesta le creyó pero entonces su rostro adquirió una expresión de amargura. Y sin decir nada más, se retiró a sus obligaciones.

Claudio trataba de repasar los hechos que pudiesen haber disgustado a la vizcondesa Marguerite, cuando el mismo calesero que había traído la noticia se asomó discretamente por la ventana y le hizo una señal para que se acercara.

—Toma, violinista. Me lo han dado secretamente para ti —le dijo bajando lo más posible la voz, mientras introducía un sobre blanco entre los barrotes. Y le advirtió asustado—: Ten cuidado, el vizconde es un hombre muy duro. Nadie debe saber que la niña Inés te ha enviado esta carta.

El rostro del esclavo desapareció de la ventana y Claudio rasgó nervioso el sobre:

San Cristóbal de La Habana, 6 de agosto de 1864

Querido Maestro Claudio:

Ayer me divertí mucho en la clase. Siento que no puedas volver. Y todo por culpa de que mi padre llegó del ingenio y supo que mi madre te había **contratado**. ¡Si hubieras podido venir más días, seguro que yo me aprendía alguna tonadilla…! Después de todo, me hubiera gustado hacer sonar el violín en la fiesta de Navidad, aunque como sabes lo que más me gustaría es ser bailarina. Mi madre trató de convencer a mi padre para que permitiera tus clases, pero él siempre le respondía lo mismo: que una niña de mi color no puede tener un maestro del tuyo. ¡Qué rarezas de la gente mayor! Como si la música tuviera color.

Y ahora que no te permiten regresar, no tendré quien toque para mí una bonita contradanza u otra música buena para bailar. Por suerte pronto iré a la hacienda y aunque sea a escondidas danzaré con la música alegre de los tambores que suenan en los barracones de los esclavos.

Se despide de ti, tu antigua alumna, Vizcondesita Inés.

Claudio se rascó la cabeza y agarró un abanico de palma para ahuyentar el calor que parecía haber aumentado con los acontecimientos. ¿Cómo no lo sospechó enseguida? La vizcondesa Marguerite no había consultado a su esposo antes de contratarlo y por eso le abrieron las puertas de la casona la primera vez. Y ahora él tenía que decirle adiós a la vizcondesita y a sus ilusiones de ganar dinero para poder ir a estudiar a Europa. Si no lo empleaban los blancos, qué podía esperar de los negros que o no tenían dinero propio por ser esclavos o, en caso de ser **libres**, casi nunca contaban con lo suficiente para gastar en clases de violín.

El joven violinista pasó el resto del día pensando en cómo hacerle llegar

a la vizcondesita de los bucles dorados una respuesta a su amable carta. Y cuando cayó la tarde, tomó el violín y salió apurado en dirección a la casa de las tejas verdes.

La calle de los vizcondes estaba desierta. El violinista se detuvo en la esquina de la casona donde vivía su antigua alumna y, sin esperar más, se colocó el violín en el hombro y empezó a tocar. Del instrumento salió una alegre melodía que se escuchó en toda la calle. Inés se asomó a la ventana de su habitación. Afuera no se veía nada porque Claudio permanecía escondido detrás del farol que el sereno aún no había encendido. Sin embargo, aquella melodía... ¡Claro!, era la misma que el joven violinista había interpretado para ella el día anterior. Sin soltarse de los barrotes, Inés siguió la música con los pies.

Los portones de las casas cercanas rechinaron, algunos vecinos querían saber quién tocaba tan bellamente. Pero la puerta de la casona de las tejas verdes se mantuvo cerrada, sólo Inés permanecía en la ventana. Los esclavos —que todo lo sabían siempre— sospechaban quién tocaba sin atreverse a asomarse. Entonces el vizconde levantó enfurruñado la cabeza de las cuentas del ingenio e hizo un gesto de fastidio. Su esposa desvió la mirada antes de comentar:

—Debe ser un músico ambulante.

Claudio terminó la pieza y se retiró

de prisa por las estrechas callejuelas. Quizás nunca más volviera a ver a la vizcondesita, pero confiaba en que la música le hubiera dejado saber cuánto había apreciado su mensaje. ¡No había mejor cartero en el mundo que las notas de su violín!

¡Qué tenacidad la de Claudio! Como no podía ser maestro y ganar dinero para ir a Europa, buscó la forma de que Europa viniera a él. Supo que a la calle Muralla había llegado a vivir un **reconocido** músico clásico belga y se presentó en su casa en busca de ayuda.

—Así que eres el hijo del director de orquesta popular —le dijo el magnífico violinista Vander G.

AHORA COMPRUEBA

Resumir ¿En qué quedaron las clases de violín de la vizcondesita? Usa la estrategia de Resumir como ayuda.

Claudio afirmó seriamente:

—Sí, señor...

—Eso me dice algo, pero no es suficiente —le interrumpió el exigente músico—. Antes de decidir si puedo prepararte para ir al conservatorio... ¡tengo que escucharte tocar el violín!

Claudio alzó resueltamente el violín que llevaba consigo y se lo colocó sobre el hombro.

—¡Un momento! —lo detuvo el músico—. ¿Es acaso ésa la mejor forma de sostener el violín para obtener el mejor sonido?

Claudio se desconcertó.

—¡Ah, veo que aún tienes muchas cosas que aprender, jovencito! —dijo nuevamente Vander G., colocándole el instrumento un centímetro hacia atrás—: Bueno, bueno... ¡toca! —le ordenó y se sentó a escuchar.

Después de respirar profundo, Claudio cerró los ojos y empezó a mover el arco. Del instrumento salió una fina melodía de moda.

—Claudio, tienes una singular habilidad para tocar las octavas. Vaya si es difícil ser tan preciso en ese ejercicio en el violín, porque hay que usar diferentes dedos en cuerdas diferentes a la vez y presionar en el lugar exacto para que salgan afinados los dos sonidos. Si perfeccionas esa técnica podrías dar algunas sorpresas en la música.

A Claudio se le iluminó el semblante.

—Te ayudaré a prepararte —continuó el maestro—, aunque sólo podré llevarte hasta un punto. Si quieres llegar más lejos, deberás estudiar en el Conservatorio de París.

¿El Conservatorio de París?... ¡Ése era su gran sueño! ¿Pero cómo podría alcanzarlo?

—Por tu talento y por ser hijo del músico Brindis tendré consideración —dijo Vander G. y escribió algo en un papel que le entregó—: sólo te cobraré esta cantidad por las clases.

El pequeño violinista miró el papel. La cifra escrita le bailó delante de los ojos. Tal vez para aquel músico belga medio duro de plata era poco dinero, pero para él... Sin chistar, hizo una cortés inclinación a modo de despedida, guardó el papel, y regresó a su casa.

Claudio caminaba de un lado a otro con el papel en la mano cuando oyó entrar a su padre que silbaba alegremente llamando a sus hijos. El director de orquesta exclamó entusiasmado:

—¡Nos vamos a una gira por Cárdenas, Cienfuegos, Güines, Matanzas y Santa Clara! ¡Esta vez ganaremos bastante! ¡El mejor de los contratos!

A pesar de su fama, nunca era suficiente lo que ganaba el músico Brindis para mantener a su numerosa familia y para su exquisito vestuario de artista. Pero ahora prometía que habría un cambio. Claudio se le acercó.

—Padre, ¿cree usted que en esta gira yo podré ganar medio duro de plata con mi violín?

—¡Medio duro de plata y más! —le contestó su padre eufórico—. ¿Pero para qué necesitas ese dinero?

El pequeño violinista le mostró el papel que le había dado Vander G.

—¡Oh, Claudio! Todos lo dicen cuando te oyen tocar: ¡eres la **esperanza** musical de Cuba! Conseguiremos ese medio duro y lo que haga falta para que te prepare el experto Vander G. ¡Algún día estudiarás en el Conservatorio de París!

Y con el mejor de los ánimos, el director de la orquesta y sus hijos partieron con el resto de la banda en busca de fortuna y aplausos al interior de la larga isla de Cuba.

Cuando regresaron de la gira, Claudio acudió a la casa del músico belga y le pagó por adelantado. Desde entonces, cada mes, su padre guardaba medio duro para abonar sus clases.

Muchas veces, Claudio lo acompañaba en la orquesta con su violín; otras, el señor Brindis conseguía presentaciones como músico solista para entretener las veladas nocturnas de sociedad. No faltaban las ojeras de cansancio en la cara del elegante director de la orquesta de bailes que trabajaba duramente para algún día ver realizado el sueño de su talentoso hijo.

El tiempo fue transcurriendo y Claudio se convirtió en un joven de 16 años. El músico belga Vander G. ya no tenía nada más que enseñarle y el esbelto violinista ansiaba más que nunca poder viajar a Europa. Había desarrollado la técnica para tocar las octavas de una forma extraordinaria. ¡Ah!, si pudiera llegar al Conservatorio de París, estaba seguro de que algún día se le recordaría entre los grandes violinistas. Pero aún no ganaba lo suficiente.

Así pensaba Claudio cuando en Cuba comenzó la Guerra de los diez años. Negros y blancos se reunían en el monte cubano para luchar contra la metrópoli española y la esclavitud. Cada día la ciudad estaba más revuelta. Su padre notaba la inquietud de todos los jóvenes y temía que "la esperanza musical de Cuba" se viera envuelto en los acontecimientos y cayera en prisión, igual que le había ocurrido a él mismo décadas atrás. Y es que el director de la orquesta no había podido olvidar aquellos duros años antes de que naciera Claudio, cuando las autoridades lo acusaron de participar en la rebelión de los negros y mulatos, llamada la Conspiración de la Escalera. Entonces el músico Brindis, aun siendo tan conocido, fue apresado y desterrado de Cuba, y perdió todos sus bienes. Durante varios años el buen músico se refugió en México, pero tan pronto pudo, regresó a su isla. Pobre y casi olvidado, Brindis no se dio por vencido, sino que creó brioso una nueva orquesta para otra vez animar los salones de baile. Es decir, la misma orquesta en la que a veces tocaba Claudio. Pero ahora el país volvía a estar muy revuelto y el experto músico se mostraba preocupado.

Una noche en que el director de orquesta regresaba a su casa absorto en sus lúgubres pensamientos, una humilde vendedora lo detuvo en la calle:

—¡Señor, señor! ¡Cómpreme este billete de lotería, por favor, que no he vendido ninguno!

El músico se detuvo, compasivo. La mujer estaba andrajosa y mal nutrida y, aunque a Brindis no le sobraba el dinero, sacó una moneda, pagó el billete y le dejó el cambio. Luego siguió su camino con una expresión de tristeza por las secuelas de la guerra y de la esclavitud. Al llegar a su casa puso el billete sobre la cómoda de cedro y se acostó a dormir. Cuál no sería su sorpresa al descubrir al día siguiente que había ganado 19 onzas. Sin perder tiempo corrió al puerto y compró un boleto de un barco de pasajeros. Y entonces regresó presuroso a su casa en busca de Claudio.

—¡Empaca tus cosas, que te vas a México! —le dijo con firmeza a su hijo. El billete de lotería no era suficiente dinero para enviar a Claudio directamente a Francia. Pero Brindis sabía que en México amaban la música. Sí, aquel país donde también él había vivido sería una buena escala para su hijo músico.

—¡Tienes que ganarte la beca del Conservatorio de París! Trabajarás en México y de ahí viajarás a Europa.

Claudio estaba atónito. Era demasiado respetuoso para contradecir a su padre que llevaba años luchando por verlo triunfar y además… ¡iba a iniciar su soñado viaje hacia París! Lleno de ilusión, pero con pesar por la partida, dijo adiós a su familia reunida en el puerto. El faro del Castillo de los Tres Reyes del Morro de La Habana quedó atrás. El barco avanzaba por las aguas del Golfo de México, ¡y a los pocos días llegó al hermoso puerto de Veracruz!

Allí nadie conocía al joven violinista, que para no gastar las pocas onzas que llevaba se puso a trabajar como estibador en el puerto. Mucho pesaban los sacos de azúcar, pero tan pronto llegaban los momentos de descanso, Claudio sacaba el violín y empezaba a tocar. La brisa del mar llevaba sus finas melodías entre los barcos anclados. Un día, los artistas de una compañía de zarzuela que andaban por los muelles descubrieron asombrados aquella música exquisita. Muy pronto se corrió la voz de que un violinista extraordinario deambulaba por el puerto.

No tardaron los nuevos amigos de Claudio en organizar un concierto en su beneficio. ¡Ah!, cómo se lo agradecía el joven violinista: con ese dinero iba a seguir su viaje a Europa. Así fue como una mañana gris del año 1870 Claudio vio realizado su sueño de llegar a París.

¡Ya estaba en la gran ciudad! Podía pasear por los Campos Elíseos para ver a las primorosas jóvenes vestidas a la moda, o dedicarse a admirar los palacios, las obras de arte y las fuentes en las calles. Podía hacerlo, pero sabía que debía prepararse para los exámenes del Conservatorio y eso fue lo que hizo. Claudio practicaba todo el día, le dolía la espalda y tenía un grueso callo en el cuello de tanto sostener el violín. Tampoco el dinero era abundante, puro pan y queso barato comía al borde del río Sena, pero él seguía adelante. Fue un joven mucho más delgado quien se presentó en el conservatorio a participar en el concurso.

Los estirados profesores sentados en las butacas se hallaban muy atentos a cada actuación de los concursantes. Y por fin llegó el turno del violinista negro. Todos lo miraban intrigados, y algunos hasta hacían una mueca de desconfianza. Muy pocos hombres de su color lograban llegar a los grandes conservatorios en tiempos cuando todavía existía la esclavitud en algunos países.

AHORA COMPRUEBA

Volver a leer ¿Cuáles fueron los acontecimientos que llevaron a Claudio a realizar su sueño de llegar a París? Vuelve a leer para comprobar que entendiste bien.

Claudio sacó su violín y lo colocó en el lugar preciso para hacerlo sonar a la perfección. Estaba tan nervioso como los otros concursantes. Levantó el arco y cerró los ojos. Entonces el arco comenzó a moverse sobre las cuerdas y la música invadió el lugar. El joven violinista cambiaba con maestría la posición de la mano izquierda para lograr las notas más agudas sin desatender la afinación. Hacía sonar el violín con gran sentimiento y perfección, y los presentes seguían con asombro su manera de ejecutar el difícil ejercicio de las octavas. Cuando terminó, la sala estaba en completo silencio y Claudio regresó a sentarse en su lugar, junto a los demás aspirantes.

Al final del concurso se escuchó un nombre:

—¡Monsieur Claudio José Brindis de Salas y Garrido!

El ansioso violinista volvió a ponerse de pie, y el director del jurado le anunció:

—Félicitations, Monsieur. Usted ha sido aceptado en este ilustre Conservatorio por decisión unánime del jurado.

Los aplausos inundaron la sala y Claudio levantó su violín sin poder disimular su alegría. Una jovencita rubia que estaba en el público era quien más aplaudía. Iba acompañada de su prometido, pero eso no impidió que lanzara al escenario una flor y gritara en español: ¡Viva Claudio! Al salir del salón la misma joven se le acercó sonriente y le extendió la mano. Era su antigua alumna de la casona de las tejas verdes, la vizcondesita Inés, que ahora vivía en París con su madre, ya que su padre había muerto. Cuando la vizcondesita supo que un violinista negro cubano se presentaría en el certamen no tuvo dudas de que se trataba de Claudio.

El violinista tampoco había olvidado a la niña de los bucles dorados. Ahora la vizcondesita estudiaba danza y su novio era un joven bailarín del teatro moderno. Pronto se irían los dos a España a conocer las técnicas de la danza sevillana. Claudio se despidió de ellos con verdaderas muestras de simpatía. Tal vez volverían a encontrarse algún día en los grandes escenarios.

Esa noche, los nuevos alumnos aceptados en el Conservatorio se

reunieron para festejar su ingreso al afamado colegio de música. Algunos llevaron sus instrumentos y tocaron para alegrar la fiesta. Cuando Claudio hizo su ejecución, se escucharon las más bellas melodías de sonoridades caribeñas, ¡una verdadera novedad en Europa! Eran los tiempos en que en aquel continente se estrenaba la famosa ópera "Las Valquirias" del músico alemán Richard Wagner y el ballet "Coppelia" del francés Leo Delibes.

Otros nombres de compositores de la época, Tchaikovsky, Liszt, Brahms, Verdi…, llegaban a los oídos de los estudiantes del Conservatorio. Toda esa música ansiaba escuchar el nuevo alumno Claudio, pues quería interpretar composiciones de los grandes maestros.

Un año después, se volvió a hablar con entusiasmo de aquel violinista en París. Claudio conquistó —entre muchos concursantes— el ansiado primer premio del conservatorio. A partir de entonces, el joven Claudio Brindis de Salas empezó a hacerse famoso. Le llegaban contratos de muchas ciudades. Se cuenta que entre sus conciertos más inolvidables estuvo el que hizo en la Scala de Milán, donde lo llamaron *El Paganini negro*, porque les recordó al famoso italiano Niccoló Paganini, uno de los mejores violinistas de todos los tiempos.

Y mientras eso ocurría en el viejo mundo, del otro lado del océano Atlántico, en el puerto de La Habana, un alto hombre negro de exquisitos modales les preguntaba a los músicos que llegaban desde Europa:

—Cuéntenme, por favor, ¿han oído hablar de mi hijo?

Y los gruesos labios del señor Brindis se extendían en una amplia sonrisa siempre que escuchaba:

—¿Acaso es usted el padre de *El Rey de las Octavas*?

Entonces, el refinado director de la orquesta de bailes, lleno de orgullo, regresaba con largos pasos a su casa, silbando alegremente. No quería tardar en llevarle a toda la familia las buenas noticias sobre Claudio.

Historia de la música

Emma Romeu es escritora y periodista del medioambiente. Además, es geógrafa de la Universidad de La Habana, tiene posgrados en Ecología y Biogeografía y es graduada como Técnica oceanóloga de la Academia de Ciencias de Cuba. Ha mezclado con gran acierto su formación académica con la vocación de divulgadora de las ciencias naturales y su labor como periodista al campo internacional en *National Geographic Magazine* y otras prestigiosas revistas. Es autora de varios libros para niños y jóvenes, entre ellos: *Azul y otros relatos del mar* (2005) y *Un bosque para la mariposa monarca* (2005).

Enrique S. Moreiro es ilustrador de libros para niños y jóvenes. Algunos de los textos que ha ilustrado, además de *El rey de las octavas*, son: *Platero y yo* y *El color de la amistad*.

Propósito de la autora

En *El rey de las octavas*, la autora describe el sueño que tiene Claudio de ser un gran violinista y cómo lo logra. ¿Por qué crees que la autora escribió esta biografía?

Respuesta al texto

Resumir

Usa los detalles más importantes de *El rey de las octavas* para resumir qué acciones le permitieron a Claudio obtener cambios positivos. Los detalles del organizador gráfico de punto de vista del autor pueden servirte de ayuda.

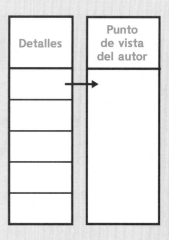

Detalles	Punto de vista del autor

Escribir

Piensa en los recursos que emplea la autora para narrar la vida de Claudio. ¿Cómo te permiten estos recursos comprender el contexto histórico de su vida y visualizar sus experiencias?

Algunos recursos que emplea la autora…
Estos recursos me permiten comprender el contexto histórico de la vida de Claudio al…
También, me permiten visualizar sus experiencias al…

Hacer conexiones

Comenta qué hicieron Claudio y su padre para lograr cambios positivos. PREGUNTA ESENCIAL

¿Por qué es importante que la gente defienda lo que considera que es justo? EL TEXTO Y EL MUNDO

Compara los textos

Lee y descubre cómo algunos grupos de personas se pronunciaron para obtener el derecho al voto.

NUESTRAS VOCES, NUESTROS VOTOS

Estados Unidos se fundó sobre la idea de que la gente debía tener poder de decisión sobre la forma en que era gobernada. Pero este derecho no se les concedió a todos a la vez. Pasó más de un siglo para que las mujeres, los afroamericanos y otros pudieran votar.

El derecho a la representación ha sido un tema importante en el país, incluso antes de ser una nación. En 1776, John Adams y otros líderes escribieron una declaración sobre independizarse de Gran Bretaña como sublevación contra las leyes de voto que consideraban injustas.

Abigail Adams, la esposa **franca** de John, le escribió a su esposo "Recuerda a las damas". Ellas tampoco querían estar "sujetas a ninguna ley que no nos concediera voz o representación". Cuando se creó la Constitución y se enmendó con la Declaración de Derechos, el derecho al voto se reservó para los hombres que poseían tierras. Las mujeres, así como otros grupos minoritarios, fueron olvidadas. Eso significó que más de la mitad de las personas no tenían representación.

Abigail Adams apoyó el derecho al voto de la mujer.

Derechos para los afroamericanos

A comienzos del siglo XIX, muchos grupos de mujeres se unieron a los abolicionistas para exigir la igualdad de derechos. Los abolicionistas eran personas que querían terminar con la esclavitud. Creían que la libertad era un derecho natural. Las mujeres marcharon con ellos para protestar. Algunos ayudaron a las personas esclavizadas a escapar hacia lugares donde pudieran ser libres. Más de 300 personas se reunieron en una convención en Seneca Falls, Nueva York, en 1848. Analizaron cómo los derechos de las mujeres estaban unidos a otros movimientos de derechos sociales y civiles. Algunos voceros pidieron que el sufragio, o derecho al voto, fuera una prioridad para los afroamericanos y las mujeres.

Después de la Guerra Civil, el gobierno aprobó la Decimotercera Enmienda, que prohibía la esclavitud. Tres años después, la Decimocuarta enmienda les garantizó derechos de ciudadanos a los libertos. En 1870, la Decimoquinta Enmienda les dio a los varones de todas las razas el derecho al voto. Aunque muchas mujeres apoyaron estas causas, aún no podían votar. La pelea estaba lejos de terminarse.

Después de la Guerra Civil, el gobierno les concedió a los hombres de todas las razas el derecho al voto.

Sufragio de la mujer

Las mujeres continuaron con su lucha por el sufragio a nivel nacional, estatal y local. Algunas estaban tan indignadas que **desafiaron** las leyes de voto e intentaron emitir votos. Estos actos de desobediencia civil resultaron en multas. Algunas mujeres terminaron en la cárcel.

Aunque el sufragio de la mujer siguió siendo impopular entre muchos hombres, la idea quedó arraigada en algunas áreas. En 1869, Wyoming fue el primer estado que dejó votar a las mujeres. Durante los siguientes veinte años, otros cuatro estados les dieron este derecho.

Susan B. Anthony fue una líder del movimiento sufragista.

Las mujeres comenzaron a unir fuerzas, apropiándose de las ideas de grupos de mujeres de otros países. Algunas contrataron cabilderos o personas que trataron de convencer a los políticos para que votaran de cierta manera. Otras celebraron manifestaciones para generar conciencia. Las peticiones, apoyadas con miles de firmas, exigían que se enmendaran las leyes del país.

El presidente Woodrow Wilson estuvo de acuerdo en que una democracia real no debía negarles este derecho. Con su apoyo, el Congreso redactó la Decimonovena Enmienda. En 1920, se aprobó.

Las sufragistas dirigieron manifestaciones para ganar el apoyo del público.

Los manifestantes llamaron la atención ante las injustas leyes electorales locales.

La última ley

Aunque la enmienda otorgó el derecho al voto, este aún tenía que hacerse cumplir. Las leyes locales y estatales intentaron socavar la ley federal exigiendo pruebas de alfabetismo o impuestos para votar. Durante años, se intimidó a los afroamericanos de los estados sureños. Ellos protestaron a pesar de la fuerte, y en ocasiones violenta, oposición. En 1965, con la aprobación de la Ley de Derecho al Voto, el gobierno intervino para hacer cumplir la Decimoquinta Enmienda. Por fin la gente podía ejercer los derechos que se le habían concedido hacía casi cien años.

Extensión del voto

1848 Celebración de la Convención de Seneca Falls.

1872 Arresto de Susan B. Anthony por votar.

1870 La Decimoquinta Enmienda les permitió votar a los hombres de todas las razas.

1865 La Decimotercera Enmienda terminó con la esclavitud en Estados Unidos.

1917 El Partido Nacional de la Mujer protestó en la Casa Blanca.

1965 Marcha de manifestantes en Alabama para apoyar los derechos de los electores.

1965 La Ley de Derecho al Voto hizo cumplir la Decimoquinta Enmienda.

1920 La Decimonovena Enmienda les permitió votar a las mujeres.

¿? Haz conexiones

¿Qué acciones tomaron las mujeres y los afroamericanos para obtener el derecho al voto? PREGUNTA ESENCIAL

¿En qué se parecen los movimientos para cambiar las leyes electorales a otros movimientos para el cambio sobre los que hayas leído? EL TEXTO Y OTROS TEXTOS

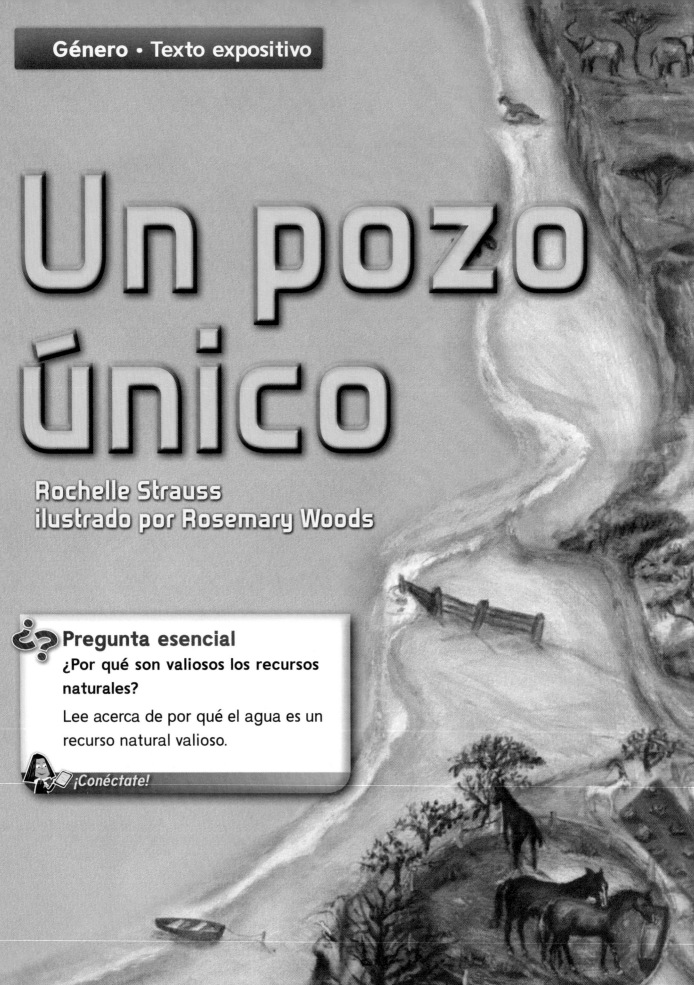

Un pozo único

Rochelle Strauss
ilustrado por Rosemary Woods

Pregunta esencial

¿Por qué son valiosos los recursos naturales?

Lee acerca de por qué el agua es un recurso natural valioso.

¡Conéctate!

Imagina por un momento que toda el agua de la Tierra proviene de un solo pozo.

Esto no es tan extraño como suena. Toda el agua de la Tierra *está* conectada, así que en realidad se trata de una sola fuente de agua, un pozo mundial, del que todos tomamos nuestra agua. Cada ola del océano, cada lago, cada arroyo y río subterráneo, cada gota de lluvia y copo de nieve, y cada trozo de hielo de los **glaciares** y de los casquetes polares es parte de este pozo global.

Entonces, si abres un grifo en América del Norte, sacas agua de un pozo en Kenia o te bañas en un río en la India, hablamos de la misma agua. Y debido a que está conectada, la manera en que tratemos el agua del pozo **afectará** a todas las especies del planeta, incluso a la nuestra, hoy y en los años venideros.

Necesitas agua al igual que los demás seres vivos: todas las personas, todas las plantas y todos los animales. Sin agua nada puede sobrevivir.

La Tierra es el único planeta que tiene agua líquida y es, por consiguiente, el único planeta que puede sustentar vida. La cantidad de agua que hay en la Tierra nunca ha cambiado.

One Well: The Story of Water on Earth written by Rochelle Strauss and illustrated by Rosemary Woods, used by Permission of Kids Can Press Ltd. Toronto. Text © 2007 Rochelle Strauss. Illustrations © 2007 Rosemary Woods.

El agua del pozo

Vivimos en un planeta acuoso. Casi el 70 por ciento de la superficie de la Tierra está cubierta de agua. Esta agua superficial se encuentra en los océanos, lagos, ríos, arroyos, marismas e incluso en los charcos y en el rocío de la mañana. Hay tanta agua que si miraras la Tierra desde el espacio se vería azul.

Pero también hay agua que no podemos ver debajo de la superficie de la Tierra. Esta "agua subterránea" está casi en todas partes: llena las grietas de las rocas y los espacios entre ellas, los granos de arena y el suelo. La mayor parte del agua subterránea está cerca de la superficie de la Tierra, pero alguna otra está enterrada en lo profundo. El agua también está congelada en los glaciares y los casquetes polares. Y hay agua en la atmósfera.

Cada una de estas fuentes de agua alimenta el único pozo de la Tierra.

¿EN DÓNDE ESTÁ EL AGUA DE LA TIERRA?

Océanos	97.23 por ciento
Casquetes polares, glaciares	2.14 por ciento
Agua subterránea	0.61 por ciento
Lagos de agua dulce	0.009 por ciento
Mares interiores	0.008 por ciento
Humedad en el suelo	0.005 por ciento
Agua en la atmósfera	0.001 por ciento
Ríos	0.0001 por ciento

Sí, hay más agua en la atmósfera y en el suelo que en todos los ríos de la Tierra.

Reciclaje de agua en el pozo

El agua que bebes hoy pudo haber caído como lluvia en la selva tropical del Amazonas hace cinco años. Hace cien años pudo haber sido vapor que escapaba de una taza de té en la India.

La cantidad de agua de la Tierra no cambia. La misma agua se mueve en un **ciclo** una y otra vez. Este movimiento constante se llama el ciclo del agua.

Durante este ciclo, el agua de los océanos, lagos, ríos, estanques y charcos, e incluso, de las plantas y los animales, se evapora. El agua se eleva en el aire como vapor de agua.

A medida que el vapor de agua se eleva, se enfría y forma gotas de agua diminutas. Esto se llama condensación. Estas gotitas forman nubes. Poco a poco, las nubes reúnen más y más gotitas de agua. La nube blanca común pesa aproximadamente el doble que una ballena blanca.

Cuando las gotitas de agua son muy pesadas caen de las nubes en forma de granizo, nieve o lluvia. Esta precipitación regresa a los océanos, lagos y ríos. También **se filtra** en el suelo y llega al agua subterránea. Año tras año, el agua **circula** de manera continua a través del ciclo del agua.

El ciclo del agua

AHORA COMPRUEBA

Resumir ¿Cómo se mueve el agua desde la superficie de la Tierra hacia el aire y luego hacia la Tierra? Usa la estrategia de Resumir como ayuda.

En un año, un área de la selva tropical del tamaño de un campo de fútbol suelta más de 75,000 L (19,700 galones estadounidenses) de vapor de agua a la atmósfera: más que suficiente para llenar una piscina de jardín.

Hacen falta aproximadamente un millón de gotitas de agua diminutas para formar una gota de lluvia.

¿Por qué son salados los océanos? Los ríos que desembocan en el mar recogen la sal de las rocas y el suelo, y la agregan al agua del océano. A medida que el agua se evapora, la sal se queda en el océano.

325

¿Cuánta agua necesita un árbol? En un día de verano, un abedul de tamaño promedio puede tomar aproximadamente 300 L (80 galones estadounidenses) de agua del suelo. Es casi la cantidad de agua que se necesita para llenar dos bañeras grandes.

Muchas plantas dependen del agua para dispersar sus semillas. Un coco (la semilla del cocotero) puede pasar semanas, meses o incluso años a la deriva en el océano antes de llegar a suelo firme y germinar.

Los productos vegetales que comes son agua principalmente. Los tomates tienen cerca de 95% de agua. Las manzanas aproximadamente 85%. Las semillas están entre los alimentos más secos: contienen solo de 5 a 10% de agua.

Las plantas y el pozo

Las primeras plantas de la Tierra comenzaron su vida en el agua. La corriente arrastró algunas hacia la orilla. Al principio solo podían vivir en zonas húmedas. Poco a poco desarrollaron un sistema de raíces que les permitió llegar al agua del suelo.

El agua es vital para las plantas. De hecho, las plantas son principalmente agua. El agua que está en las células de las plantas les da su forma: sin ella, se marchitarían y se secarían.

El agua también ayuda a que las plantas produzcan su propio alimento. Las plantas usan la energía del Sol para transformar el agua y el dióxido de carbono en azúcares simples que alimentan a la planta. Este proceso se llama fotosíntesis. Luego, el agua lleva este alimento a toda la planta.

Durante la fotosíntesis, las plantas también sueltan vapor de agua al aire. Las raíces **absorben** agua, que va hacia el tallo. El tallo es como la bomba de agua de tu casa, que transporta el agua por toda la planta hacia las hojas. Desde las hojas, el agua sale de regreso hacia la atmósfera. Esto se llama transpiración. El agua transpirada se une al ciclo del agua en la Tierra.

El agua es importante para las plantas, pero las plantas también son importantes para el agua. Las raíces de las plantas se sujetan al suelo y evitan que las plantas sean arrasadas o lavadas hacia lagos y ríos. Las hojas y ramas retienen el agua de la lluvia, de manera que esta se filtra lentamente en el suelo en lugar de fluir rápidamente. Y los árboles dan sombra, que ayuda a mantener el suelo húmedo.

Las plantas dependen del agua del pozo para sobrevivir, y el pozo depende de las plantas para ayudar a mantener el agua en su ciclo. Sin plantas, el ciclo del agua se interrumpiría. Sin agua, las plantas no podrían sobrevivir.

Los animales y el pozo

Al igual que las plantas, los animales (entre ellos tú) están formados en su mayor parte por agua. El agua es muy importante para los animales. Transporta los nutrientes, ayuda a la digestión, elimina los desechos, controla la temperatura, limpia los ojos y lubrica (aceita) las articulaciones.

Los hábitats acuáticos también son el hogar de muchos animales de la Tierra, y es donde los animales encuentran su alimento. Las especies acuáticas, como los peces, los cangrejos y el zooplancton, son una parte importante de la cadena alimentaria del mundo. Una cadena alimentaria es el vínculo que conecta a los animales (y a otras especies) según quién se come a quién. Sin especies acuáticas, las cadenas y las redes alimentarias (la reunión de cadenas alimentarias) colapsarían. Los animales morirían de hambre.

Los animales no solo necesitan agua para sobrevivir, sino que también forman parte del ciclo del agua. Los animales le dan agua a la atmósfera a través de la respiración, el sudor, e incluso, la salivación. El agua con que te cepillaste los dientes hoy pudo haber sido el chorro de vapor de agua de una ballena hace diez años.

AHORA COMPRUEBA

Resumir ¿Por qué es importante el agua para los animales? Resume los puntos que expone la autora como ayuda.

Algunos de los animales más "húmedos" de la Tierra son las medusas. Tienen aproximadamente 95 por ciento de agua. Las ranas y las lombrices de tierra tienen aproximadamente 80 por ciento de agua, mientras que los perros, los elefantes y los seres humanos tienen aproximadamente 70 por ciento de agua.

329

Las personas y el pozo

Desde el comienzo de los tiempos, las personas han dependido del agua para beberla, alimentarse, asearse y regar sus cultivos. El agua ha servido siempre como una vía para transportar personas y productos de un lugar a otro. A medida que las ciudades y las sociedades crecen, también lo hace su necesidad de agua.

Hoy, el agua es fundamental en nuestros hogares, en la industria y en la agricultura. En casa usamos agua para limpiar, cocinar, beber, jalar de la cadena del sanitario y asearnos. Pero los hogares solo son responsables del 10 por ciento del agua dulce que se usa.

Cerca del 21 por ciento del agua que consumimos se usa para hacer de todo, desde computadoras hasta autos. El agua se usa en plantas hidroeléctricas para generar electricidad y en las plantas petrolíferas para fabricar combustible. En las fábricas, se usa agua para calentar o enfriar cosas, y para eliminar los desechos. Incluso hay máquinas que funcionan con vapor de agua. El agua también es un ingrediente de muchos productos, como lociones, champús, sustancias químicas y bebidas.

El 69 por ciento restante del agua dulce que usamos se emplea en la agricultura. Las granjas usan cantidades enormes de agua para los cultivos y el ganado.

Mira a tu alrededor: casi todo lo que ves se produjo usando agua. Se necesitaron aproximadamente 130 L (34 galones estadounidenses) de agua para hacer una bicicleta. Se usó agua para cultivar y producir los alimentos que comes y la ropa que vistes. Incluso, se usó agua para fabricar el papel de este libro y la tinta que se usó para imprimir las palabras.

Se necesitan aproximadamente 185 L (49 galones estadounidenses) de agua para producir tan solo un vaso de leche. Esto incluye el agua que bebió la vaca, el agua que se usó para cultivar el alimento para la vaca y el agua que se necesitó para procesar la leche.

Se necesitaron aproximadamente 147,000 L (38,800 galones estadounidenses) de agua para fabricar el automóvil de tu familia.

En los baños de América del Norte se gastan tres cuartos de toda el agua que se usa. Se usan 13 L (3 ½ galones estadounidenses) con solo jalar de la cadena del sanitario una vez.

Se necesita mucha agua para producir el alimento que comes. Se usan aproximadamente 5,200 L (1,375 galones estadounidenses) de agua para producir un almuerzo de comida rápida (hamburguesa, papas fritas y refresco).

Cerca de mil millones de personas del mundo dependen de los peces como fuente principal de proteína.

¿Tienes sed? Las personas beben en promedio 2 ½ L (²/₃ galones estadounidenses) de agua al día. Durante tu vida tomarás el equivalente a una piscina de jardín llena de agua.

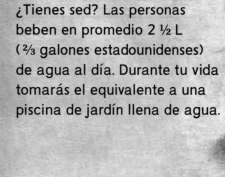

Contaminación en el pozo

El ciclo del agua ayuda a mantener limpia el agua. Cuando se evapora, deja atrás minerales, químicos y tierra. El vapor de agua que sube a la atmósfera es relativamente limpio. Cuando la lluvia cae, parte de ella se filtra a través de las rocas y la arena que la limpian aún más. Incluso las plantas intervienen. A medida que el agua se mueve por ellas, retiran los químicos del agua. Luego, transpiran agua limpia al aire.

Sin embargo, cada vez más desechos de la industria, de la agricultura y de los hogares llegan al agua. El agua que corre desde los jardines, las calles de las ciudades y las granjas bota suciedad y químicos (como pesticidas, fertilizantes y detergentes) en los lagos, ríos, arroyos y estanques. La contaminación atmosférica que proviene de los autos y las fábricas se mezcla con el vapor de agua del aire. La lluvia que cae contamina el agua superficial y el agua subterránea. Nuestras acciones pueden estar sobrecargando la capacidad natural del agua de limpiarse a sí misma.

A medida que se contamina más agua, hay menos agua limpia disponible. El agua no apta para el consumo es responsable de casi el 80 por ciento de todas las enfermedades del mundo. La flora y la fauna también sufren. La contaminación del agua amenaza la salud de muchas especies y hábitats de todo el planeta.

Por la capacidad del agua de limpiarse a sí misma, los efectos de la contaminación se pueden detener y posiblemente revertir. Pero para lograrlo debemos reducir la cantidad de contaminación que llega al agua.

> **AHORA COMPRUEBA**
>
> **Hacer y responder preguntas** ¿Cómo se ve afectado el ciclo del agua por las acciones de las personas? Busca detalles en el texto como ayuda.

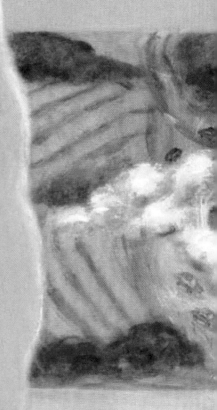

El agua disuelve más cosas que cualquier otro líquido, así que el agua en la naturaleza nunca está realmente pura. Casi siempre tiene algo disuelto en ella.

A diario, llegan al agua 1.8 millones de toneladas métricas (2 millones de toneladas) de basura: suficiente para llenar más de 15,000 vagones.

Los humedales son las plantas de tratamiento de agua naturales: absorben químicos y filtran contaminación y desechos.

Cuando la contaminación del aire se mezcla con la lluvia, se puede convertir en lluvia ácida o, incluso, en nieve ácida. Esta precipitación ácida puede caer a miles de kilómetros (millas) de la fuente de contaminación, y llegar a zonas alejadas, como el Ártico.

Cómo salvar el agua del pozo

El agua tiene la capacidad de cambiar todo. Una simple salpicadura puede hacer germinar una semilla, calmar la sed, servir de hábitat, generar energía y sustentar vida. También tiene la capacidad de unir, o dividir, el mundo. El agua es la necesidad más básica e importante de la vida en la Tierra.

Pero el único pozo de la Tierra tiene problemas. Simplemente no hay suficiente agua limpia para todos.

Hacer algo para **conservar** el agua puede ayudar a salvar el pozo. Conservar el agua significa proteger la cantidad y la calidad del agua de la Tierra. Por ejemplo, usar menos agua ayuda a evitar que las fuentes de agua se sequen. Y reducir la contaminación del agua protege la salud general del pozo. La conservación del agua puede asegurar que haya suficiente agua limpia para todos en el planeta.

Al tomar conciencia sobre cómo usas el agua y al usar menos, tú también puedes proteger el agua del único pozo de la Tierra. Recuerda: ¡cada gota cuenta!

Conozcamos a la autora y a la ilustradora

Rochelle Strauss quiere que sus lectores sientan que tienen el poder de mejorar las vidas de otros seres vivos. Es por esto que se dedica a escribir, enseñar y ofrecer asesorías sobre el medioambiente y la historia natural. Rochelle, que vive en Toronto, Canadá, ha trabajado como educadora y planificadora de proyectos nacionales e internacionales. Sus libros galardonados se han publicado en todo el mundo. Escribió *Un pozo único* para ayudar a los lectores a entender la importancia del agua. Su amor por la naturaleza y su pasión por la enseñanza se destacan en sus obras.

Rosemary Woods vive en Londres, Inglaterra, en donde ha creado muchas de sus ilustraciones. Creció en Irlanda del Norte; allí vivió a la orilla del mar, rodeada de hermosos paisajes acuáticos. En las noches, podía ver las luces de cuatro faros. Sus recuerdos del mar han influido en muchas de sus ilustraciones.

Propósito de la autora

En *Un pozo único*, Rochelle Strauss quiere que los lectores entiendan la importancia del agua. ¿Cómo sustentan el propósito de la autora los pies de foto y las ilustraciones?

Respuesta al texto

Resumir

Con los detalles más importantes de *Un pozo único*, resume lo que aprendiste acerca del agua. Los detalles del organizador gráfico de punto de vista del autor pueden servirte de ayuda.

Detalles	Punto de vista del autor

Escribir

Piensa en el uso que la autora hace de los diagramas y títulos en la selección. ¿De qué manera emplea la autora estas características del texto para sustentar su mensaje sobre el valor del agua? Utiliza estos marcos de oración para organizar tu respuesta.

La autora utiliza diagramas para...
Utiliza títulos para...
Esto sustenta su mensaje porque...

Hacer conexiones

Comenta por qué en la actualidad el agua es un recurso valioso para las personas. PREGUNTA ESENCIAL

Comenta el hecho más interesante que aprendiste acerca de cómo usamos el agua. ¿Qué piensas que pueden hacer las comunidades para ayudar a proteger o conservar el agua? EL TEXTO Y EL MUNDO

Lee acerca de por qué el suelo es un recurso importante.

Los secretos del suelo

En la década de 1930, una sequía azotó las Grandes Llanuras, la región central de Estados Unidos. Esta zona estuvo alguna vez cubierta de pastos altos que sostenían el suelo. Con el paso de los años, los granjeros cortaron este pasto y plantaron cultivos. Se sembraron las mismas plantas año tras año y no se le dio la oportunidad de recuperar sus nutrientes. Cuando ocurrió la sequía, el suelo estaba agotado. Pronto, el polvo del suelo comenzó a volar en nubes negras gigantes. Estas tormentas de polvo devastaron la tierra, y obligaron a los granjeros y a sus familias a irse. Esta zona se conoce como el *Dust Bowl*.

¿Por qué sucedió esto? En el suelo se almacenan y se transportan nutrientes y agua. Sin ellos, el suelo no puede proveer un hábitat para otros seres vivos. Las tormentas de polvo de la década de 1930 hicieron que las personas comprendieran que un suelo sano es una **necesidad**.

Una tormenta de polvo se aproxima a Stratford, Texas. Hacia finales de 1935, el viento había arrasado con más de 850 millones de toneladas de mantillo.

Horizontes del suelo

El suelo está formado por partículas de roca mezcladas con minerales, aire, agua y otros tipos de materia. Tiene tres capas, llamadas horizontes. La capa superior tiene una sustancia llamada humus. El humus contiene trozos de roca, desechos animales y plantas en descomposición. Suministra nutrientes para las plantas y organismos como gusanos y bacterias. La siguiente capa tiene partículas de roca. Y la siguiente es más dura y está formada por más rocas. Debajo hay roca sólida, llamada cimiento. Estas capas permiten que el agua se filtre en la tierra, lleve nutrientes a los organismos y deposite minerales antes de drenarse en masas de agua cercanas.

La idea se arraiga

Actualmente la gente es más consciente de la importancia del suelo que en la década de 1930, así que ha tomado medidas para **conservarlo** y protegerlo. Aunque prácticas, como el uso de pesticidas, pueden contaminar el agua subterránea y dañar organismos del suelo, los gobiernos y las industrias trabajan en el desarrollo de sustancias químicas más seguras. Muchos granjeros intentan mantener el suelo saludable alternando los cultivos para que los nutrientes no se agoten. Otros siembran árboles como barreras para que eviten que el viento se lleve el suelo. Su trabajo mantiene el suelo a salvo, lleno de nutrientes y, lo más importante, en su lugar.

¿? Haz conexiones

¿Por qué el suelo es un recurso natural importante? PREGUNTA ESENCIAL

¿De qué manera cuidar el suelo ayuda a proteger otros recursos naturales de los que has escuchado? EL TEXTO Y OTROS TEXTOS

Horizontes del suelo
Las tres capas más importantes del suelo están sobre roca sólida.

Mantillo

Subsuelo

Sustrato (subcapa)

Cimiento

Illustration: Steven Mach

Pregunta esencial

¿Cómo expresas algo que es
importante para ti?

Lee acerca de cómo reflexionan
dos poetas sobre la cebolla.

¡Conéctate!

Oda a la cebolla

(*fragmento*)

Estrella de los pobres,

hada madrina

envuelta

en delicado

papel, sales del suelo,

eterna, intacta, pura

como semilla de astro

y al cortarte

el cuchillo en la cocina

sube la única lágrima

sin pena.

Nos hiciste llorar sin afligirnos.

Yo cuanto existes celebré, cebolla,

pero para mí eres

más hermosa que un ave

de plumas cegadoras,

eres para mis ojos

globo celeste, copa de platino,

baile inmóvil

de anémona nevada

y vive la fragancia de la tierra

en tu naturaleza cristalina.

Pablo Neruda

Vegetaciones

No sé si las zanahorias
la cebolla y el apio
nacen al revés
si es el sol que las hala
o la tierra la que está de bruces
y yo la que andando de cabeza
estoy creyéndome de pie.

Chiqui Vicioso

Respuesta al texto

Resumir

Resume el poema "Oda a la cebolla" con los detalles clave. La información del organizador gráfico de tema puede servirte de ayuda.

Detalle
↓
Detalle
↓
Detalle
↓
Tema

Escribir

Piensa en el valor que se le da a la cebolla en "Oda a la cebolla" y "Vegetaciones". ¿Cómo te ayudan los poetas a pensar en la cebolla desde un punto de vista diferente?

> A partir de "Oda a la cebolla" puedo considerar que la cebolla…
> Con "Vegetaciones" puedo pensar que la cebolla…
> Así, los poetas me ayudan a pensar en la cebolla desde un punto de vista diferente porque…

Hacer conexiones

 En "Oda a la cebolla" y "Vegetaciones", ¿cómo expresan los escritores algo importante?
PREGUNTA ESENCIAL

Los escritores de ambos poemas expresan algo que es importante para ellos. ¿Qué otras formas de expresión hay para mostrar algo que es importante? **EL TEXTO Y EL MUNDO**

La Orden Franciscana de Chile autoriza el uso de la obra de Gabriela Mistral. Lo equivalente a los derechos de autoría son entregados a la Orden Franciscana de Chile, para los niños de Montegrande y de Chile, de conformidad a la voluntad de Gabriela Mistral. Illustration: Steven Mach

La Tierra

Niño indio, si estás cansado,
tú te acuestas sobre la Tierra,
y lo mismo si estás alegre,
hijo mío, juega con ella...

Se oyen cosas maravillosas
al tambor indio de la Tierra:
se oye el fuego que sube y baja
buscando el cielo, y no sosiega.
Rueda y rueda, se oyen los ríos
en cascadas que no se cuentan.
Se oyen mugir los animales;
se oye el hacha comer la selva.
Se oyen sonar telares indios.
Se oyen trillas, se oyen fiestas.

Donde el indio lo está llamando,
el tambor indio le contesta,
y tañe cera y tañe lejos,
como el que huye y que regresa...

Todo lo toma, todo lo carga
el lomo santo de la Tierra:
lo que camina, lo que duerme,
lo que retoza y lo que pena;
y lleva vivos y lleva muertos
el tambor indio de la Tierra.

Cuando muera, no llores, hijo:
pecho a pecho ponte con ella,
y si sujetas los alientos
como que todo o nada fueras,
tú escucharás subir su brazo
que me tenía y que me entrega,
y la madre que estaba rota
tú la verás volver entera.

Gabriela Mistral

344

345

Haz conexiones

¿Qué es importante para la escritora de este poema? ¿Cómo lo expresa? PREGUNTA ESENCIAL

¿En qué se parece lo que dice este poema a otro poema que hayas leído? ¿Qué se valora en cada poema? EL TEXTO Y OTROS TEXTOS

Pregunta esencial

¿Qué experiencias pueden cambiar la forma en que te ves a ti mismo y al mundo que te rodea?

Lee sobre cómo la pespectiva de Elsi cambia al conocer a una persona nueva.

¡Conéctate!

Henry González

Kafka y la muñeca viajera

Jordi Sierra i Fabra
ilustraciones de Henry González

—Hola.

La niña dejó de gritar, pero no de llorar. Levantó la cabeza y se encontró con él. En su desesperada crispación ni siquiera le había visto acercarse. Los ojos eran dos lagos desbordados, y los ríos que fluían de ellos formaban torrentes libres que resbalaban por las mejillas hasta el vacío abierto bajo la barbilla.

Hizo dos, tres pucheros antes de responder:

—Hola.

—¿Qué te sucede?

No lo miró con miedo. Pura inocencia. Cuando la vida florece todo son ventanas y puertas abiertas. En sus ojos más bien había dolor, pena, tristeza, una soterrada emoción que la llevaba a tener la sensibilidad a flor de piel.

—¿Te has perdido? —preguntó Franz Kafka ante su silencio.

—Yo no.

Le sonó extraño. «Yo no». En lugar de decir «No» decía «yo no».

—¿Dónde vives?

La niña señaló de forma imprecisa hacia su izquierda, en dirección a las casas recortadas por entre las copas de los árboles. Eso alivió al atribulado rescatador de niñas llorosas, porque dejaba claro que no estaba perdida.

—¿Te ha hecho daño alguien? —sabía que no había nadie cerca, pero era una pregunta obligada, y más en aquellos segundos decisivos en los que se estaba ganando su confianza.

Ella negó con la cabeza.

«Yo no».

Estaba claro que quien se había perdido era su hermano pequeño.

¿Cómo permitía una madre responsable, por vigilante o atenta que estuviese, dejar que sus hijos jugaran solos en el parque, aunque fuese uno tan **apacible** y hermoso como el Steglitz?

¿Y si él fuese un monstruo, un asesino de niñas?

—Así pues, no te has perdido —quiso dejarlo claro.

—Yo no, ya se lo he dicho —suspiró la pequeña.

Fragmento procedente de Kafka y la muñeca viajera, publicado originalmente en castellano por Ediciones Siruela, S.A., Madrid, 2006: ©Jordi Sierra i Fabra, 2006.

una angustia suprema y una tristeza insondable.

¿Qué podía hacer ahora?

No tenía ni idea.

¿Irse? Estaba atrapado por el invisible círculo de la traumatizada **protagonista** de la escena. Pero quedarse... ¿Para qué?

No sabía cómo hablarle a una niña.

Y más a una niña que lloraba porque acababa de perder su muñeca.

—¿Dónde la has visto por última vez?

—En aquel banco.

—¿Tú qué has hecho?

—Jugaba allí —le señaló una zona en la que había niños jugando.

—¿Quién entonces?

—Mi muñeca.

Las lágrimas, detenidas momentáneamente, reaparecieron en los ojos de su dueña. Recordar a su muñeca volvió a sumergirla en la más profunda de las amarguras. Franz Kafka intentó evitar que diera aquel paso atrás.

—¿Tu muñeca? —repitió estúpidamente.

—Sí.

Muñeca o no, hermano o no, eran las lágrimas más sinceras y dolorosas que jamás hubiese visto. Lágrimas de

—¿Y has estado allí mucho tiempo?

—No sé.

Aquellas sin duda eran las preguntas que haría un policía ante un delito, pero ni era un delito ni él un policía. El protagonista del incidente ni siquiera era un adulto. Eso le incomodó aún más. La singularidad del hecho lo tenía más y más atrapado. Quería irse pero no podía. Aquella niña y el abismo de sus ojos llorosos lo retenían.

Una excusa, un «lo siento», bastaría. De vuelta a su hogar. O una recomendación: «Vete a casa, niña». Tan sencillo.

¿Por qué el dolor infantil es tan poderoso?

La situación era real. La relación de una niña con su muñeca es de las más fuertes del universo. Una fuerza descomunal movida por una energía tremenda.

Y entonces, de pronto, Franz Kafka se quedó frío.

La solución era tan sencilla...

Al menos para su mente de escritor.

—Espera, espera, ¡qué tonto soy! ¿Cómo se llama tu muñeca?

—Brígida.

—¿Brígida? ¡Por supuesto! —soltó una risa de lo más convincente—. ¡Es ella, sí! No recordaba el nombre, ¡perdona! ¡Qué despistado soy a veces! ¡Con tanto trabajo!

La niña abrió sus ojos.

—Tu muñeca no se ha perdido —dijo Franz Kafka alegremente—. ¡Se ha ido de viaje!

La mirada fue **incrédula**. La sorpresa total. Pero era una niña. Los pequeños quieren creer. Necesitan creer. En su mundo no existe, todavía, la desconfianza humana. Es un universo de soles y lunas, días encadenados, llenos de paces, amores y caricias.

Por lo menos allí, en el parque Steglitz, en pleno Berlín. Y en 1923.

Franz Kafka sostuvo aquella mirada con su mejor cara de jugador imaginario, cosa que nunca había sido. La clave de todo, además de la inocencia de la niña, residía en su convencimiento, su aplomo, la forma en que contara aquel absurdo que acababa de nacer en su cabeza.

—¿De... viaje? —balbució ella.

—¡Sí! —cada segundo ganado, era un tiempo precioso para conformar la historia en su mente.

—¿Adónde?

—Ven, sentémonos —le señaló el banco más cercano, ausente de personas porque se hallaba bajo la sombra de algunos árboles—. Me fatigo mucho, ¿sabes?

Henry González

350

Tenía cuarenta años, así que para la niña era un viejo. Claro que con su quebradiza salud probablemente lo fuese en realidad. ¿Cómo no iba a ser un viejo prematuro alguien que estaba ya retirado del mundo y jubilado desde hacía un año debido a su tuberculosis? Se sentaron en el banco y de entrada se sintió muy aliviado al comprobar que había logrado detener las lágrimas de su compañera. Ni los paseantes más cercanos los miraban. Estaban a salvo.

El resto dependía...

—¿Tú te llamas...? —fingió ser despistado.

—Elsi.

—¡Elsi, claro! ¡Naturalmente que era tu muñeca, porque la carta es para ti!

—¿Qué carta?

—La que te ha escrito, explicándote por qué se ha ido tan de repente. Pero con las prisas me la he dejado en casa. Mañana te la bajaré y podrás leerla, ¿de acuerdo?

No sabía si lo creía. Ignoraba si su tono era el adecuado, convincente y rotundo a la par que jovial y despreocupado. En aquellos segundos se decidía todo. La niña podía tomarle por un loco. Pero también podía aferrarse a la esperanza.

Y la esperanza era más necesaria que la realidad.

AHORA COMPRUEBA

Hacer predicciones ¿Qué piensas que va a hacer Kafka ahora? Busca detalles en el cuento para Hacer una predicción.

—¿Por qué se ha ido Brígida de viaje sin mí? —puso morritos de disgusto.

Esperaba esa pregunta. Se sintió orgulloso de poder adelantarse, aunque sólo fuera un segundo, a la reacción de su compañera.

—¿Cuánto hace que era tu muñeca?

—Siempre ha sido mi muñeca.

—Toda la vida.

—Sí.

—Pues esa es la razón.

—¿Por qué?

—¿Tienes hermanos o hermanas mayores?

—Sí.

—¿Alguno se ha casado?

—No.

—Oh, vaya.

—Pero mi prima Ute sí.

—¿Y no se marchó de casa de sus padres?

—Sí.

—Pues lo mismo ha hecho Brígida. Está en la edad en que las muñecas han de emanciparse —no estaba seguro de si su lenguaje era comprensible para la niña, pero no conocía otro—. Quiero decir que a todos nos llega el momento de irnos de la casa de nuestros padres, para viajar, conocer la vida, el mundo, tal vez un futuro maravilloso...

—Nunca me lo dijo —Elsi seguía con los morritos prietos, rozando la recaída en su **desconsuelo**.

—Puede que se le olvidara, o que no la entendieras. —¿Hablaban las niñas a sus muñecas? Sin duda, sí. ¿Creían que las muñecas les hablaban a ellas? También. No podía dejar en mal lugar a la intrépida Brígida ni decirle a Elsi que la vida era así. No era un comentario apropiado para su edad—. Pero por eso te ha escrito la carta.

Elsi mesuró sus palabras. Una a una. Lo hizo pausadamente, con su lógica, la nueva realidad de su vida. Franz Kafka no se movía. Pero le bastaba con ver aquellos ojitos llenos de lágrimas detenidas para saber que lo estaba consiguiendo.

Había sido muy persuasivo.

El mayor absurdo depende de la sinceridad con que se cuenta.

—¿Y por qué le ha escrito a usted mi muñeca?

Era la segunda pregunta clave.

Y también estaba preparado para ella.

—Porque soy cartero de muñecas —dijo sin pestañear.

Elsi era una máscara.

Luchaba contra el dolor tratando de digerir aquella novedosa realidad. Aún no estaba segura de que todo fuera tan bien como lo advertía él.

—¿Los carteros no llevan las cartas a las casas?

—Los carteros normales, sí, pero los carteros de muñecas, no. Las cartas de las muñecas son especiales, porque también son distintas. Han de ser entregadas a mano a sus destinatarias. ¿No crees que tus padres se sorprenderían de que recibieras una carta siendo tan pequeña? ¿Y si prefirieran leerla ellos antes, por curiosidad? ¿A que no te gustaría?

352

—No.

—Pues ya está.

—Yo todavía no sé leer bien.

—¿Lo ves? —se aferró a la nueva coyuntura—. Eso sucede muy a menudo. Las niñas que reciben las cartas no pueden leerlas, y entonces lo hago yo, en voz alta. Por eso es necesario el cartero de muñecas. Es un trabajo muy importante.

Había conseguido detener por completo las lágrimas de Elsi. La niña se pasó el antebrazo por los ojos para retirar sus restos. De vez en cuando posaba su mirada en el suelo, a sus pies, pero siempre era para retomar el rumbo que le conducía a la faz del cartero de muñecas.

La tristeza era el último baluarte de su desasosiego.

AHORA COMPRUEBA

Confirmar o revisar predicciones

¿Qué le dice Franz Kafka a Elsi para detener sus lágrimas? ¿Qué te dice esto acerca de Kafka? Usa la estrategia de Confirmar o revisar predicciones.

Henry González

—¿Por qué no va a buscar la carta?

—Ya se ha hecho tarde, lo siento. Mi horario de trabajo ha concluido hace un rato, y tú también deberás irte a casa pronto, ¿no es así?

Elsi miró el reloj de la torre.

—Las agujas todavía no están juntas —señaló—. Pero sí, me queda poco. ¿A qué hora empieza su trabajo mañana?

—¿A qué hora bajas al parque?

—Cuando las dos agujas están así —puso los dedos índices de sus dos manos en un determinado ángulo para mostrárselo.

—¡Oh, muy bien! —exclamó él—. Es justo a la hora que empiezo yo. Mañana serás la primera.

—¿Y me traerá la carta de Brígida?

Por nada del mundo, por niña que fuese, iba a olvidarse de esa carta. Llegaría a su casa y pasaría el resto del día pensando en ella. Comería, cenaría y se acostaría sin apartarla de su mente. No había nada más. Sin Brígida, ya sólo le quedaba la carta. Un pequeño gran mundo. Franz Kafka estaba seguro de que por la mañana ella despertaría y haría lo que fuese, jugar, estudiar, ir a la escuela o lo que tuviese por costumbre, pero, al llegar la hora, correría hasta el parque Steglitz en su busca.

Tenía una cita.

La más inesperada.

—Por supuesto que te traeré la carta de tu muñeca. Confía en mí.

Elsi saltó del banco y se quedó de pie frente a él. Pareció no saber qué hacer. Finalmente dio el paso que le separaba de su nuevo amigo y lo besó en la mejilla.

El suave toque de una mariposa.

—Entonces hasta mañana —se despidió.

—De acuerdo —susurró un emocionado Franz Kafka.

La vio alejarse por su izquierda, sin prisas, paso a paso, con la cabeza baja, menuda y frágil. Un soplo de vida.

Pero tan poderoso.

Elsi se hizo diminuta. Primero la devoró la lejanía, después el cruce de otras gentes que la engulleron ocultándola a sus ojos, y finalmente la distancia.

Desapareció.

No de su mente.

Sólo entonces Franz Kafka pudo reaccionar.

—¡Válgame el cielo! —se llevó las dos manos a la cara.

Acababa de meterse en un lío espantoso.

No le tenía miedo a nada ni a nadie, pero sí a una personita que ni siquiera alzaba un metro del suelo y era capaz de llorar con aquel desgarro o mirarlo con la intensidad de aquellos ojos. Sí a una fuerza devastadora como la del corazón de su nueva amiga. Sí a la huella profunda que lo sucedido podía causarle.

—Con los niños no se juega —rizó el rizo.

Sin aquella carta, Elsi crecería con el trauma más duro: su muñeca la había abandonado. Si lo hacía mal, Elsi tal vez desatara en su alma la frustración del rechazo. Si no cumplía con su palabra y acudía a la cita del día siguiente sin la carta prometida, Elsi jamás volvería a creer en la naturaleza humana.

Estaba en juego una esperanza.

Lo más sagrado de la vida.

Franz Kafka sintió el hormigueo en sus manos, el nacimiento de las alas de Ícaro que le elevaban hasta aquellos mundos sólo posibles en su mente inquieta e inquietante, cuando se abocaba sobre el papel con la pluma y trenzaba las historias más singulares jamás concebidas.

Era escritor.

Pero nunca había escrito la carta de una muñeca viajera a la niña que había sido su dueña hasta el momento de separarse.

Henry González

356

Se levantó del banco presa de los nervios, literalmente enfebrecido.

Por si acaso, dio una vuelta por el parque, mirando a todas las niñas con muñecas. Ni siquiera sabía cómo era Brígida. Un error. ¿Cómo pudo dejar pasar ese detalle? Pero ni una sola de aquellas pequeñas parecía haber robado la que con tanto amor sostenía en sus brazos o con la que jugaba encandilada. Y ningún mayor llevaba una en el bolsillo o corría a ocultar el objeto de su robo.

Cuando salió del parque Steglitz era mucho más tarde de la hora en que acostumbraba a hacerlo. A pesar de ello

y del motor que acababa de dispararse en su cuerpo, no corrió, no se precipitó. Su cabeza bullía. Pensaba en Brígida, en Elsi, en el lugar en que primero hubiera **desembarcado** la muñeca, en la forma en que se lo escribiría a su dueña.

Llegó a su calle, a su casa, envuelto en la misma fiebre.

Había creado un singular y misterioso **enigma**: la muñeca viajera.

AHORA COMPRUEBA

Visualizar ¿Qué hace y piensa Kafka en preparación para cumplir su promesa a Elsi? Visualizar sus acciones te puede ayudar.

Exploradores de la historia de la literatura

Jordi Sierra i Fabra, escritor de origen catalán, es conocido por los variados temas de su obra y su versátil narrativa. A Jordi le encanta escribir y compartir su pasión por las letras. Creó una fundación que lleva su nombre para ayudar a los jóvenes escritores y promover la lectura. Con la obra *Kafka y la muñeca viajera* ganó el Premio Nacional de Literatura Infantil y Juvenil 2007. "Mi obra se nutre sobre todo de recuerdos y vivencias", dice Jordi.

Su obra alcanza más de cuatrocientos libros escritos. Algunos de los más conocidos son *Banda sonora*, *Una dulce historia de mariposas y libélulas*, *Trilogía de las Tierras* y *Guerras de Diego*.

Henry González Torres es un ilustrador colombiano. Estudió diseño gráfico y técnicas para ilustración manual y digital, pintura, dibujo artístico e historieta. Con sus ilustraciones busca compartir un trozo de su interior y viajar a diferentes mundos de la mano de sus lectores. Durante su carrera ha ganado premios como el premio al mejor ilustrador, categoría invitados, en abril de 2010 en el 1.er salón de ilustración Universidad los Libertadores, y el mejor portafolio de ilustración infantil en el primer salón de ilustradores de libro infantil en el año 2008.

Propósito del autor

Uno de los propósitos de *Kafka y la muñeca viajera* es entretener. ¿Qué otras razones pudo tener el autor para escribir este relato?

Respuesta al texto

Resumir

Resume los sucesos del relato que causaron un cambio en Franz Kafka. Los detalles del diagrama de Venn pueden servirte de ayuda.

Antes del encuentro con Elsi | Durante el encuentro | Después del encuentro

Escribir

Piensa en los sucesos clave del principio, desarrollo y final del relato. ¿Cómo empleó el autor algunos recursos en la narración de estos sucesos para transmitir la profunda impresión que la niña causó en Kafka?

En estos sucesos clave del relato, el autor emplea...

Así, el autor transmite la profunda impresión que la niña causó en Kafka al...

Hacer conexiones

Comenta acerca de cómo cambió la idea del viaje de la muñeca la forma en que Kafka veía las preocupaciones de Elsi. PREGUNTA ESENCIAL

¿Qué otras experiencias podrían influir en cómo se ven las personas a sí mismas o al mundo que las rodea? EL TEXTO Y EL MUNDO

Compara los textos

Lee sobre cómo un niño cambia cuando su familia se muda a una granja.

UN PASEO A CABALLO

Ravi abrió las cortinas de su nueva habitación y suspiró mientras hablaba por teléfono.

—Roberto, no hay nada para hacer acá —le dijo a su amigo—. ¡Ni siquiera hay aceras!

Mientras hablaba, fijó la vista en un camino angosto cerca de los arbustos, imaginándose las aceras de la ciudad por las que solía pasear en monopatín.

—No puede ser tan malo —dijo Roberto tratando de tranquilizarlo—. Probablemente hay muchas cosas para hacer, y además, yo iré a visitarte pronto.

Ravi esperaba ese momento, pero cuando colgó, se sintió más solo que antes, así que bajó las escaleras para buscar a sus padres.

Illustration: Greg Newbold

—¿Cómo estás? —preguntó la madre de Ravi, a la vez que desempacaba archivos en la oficina.

Su padre colocó un escritorio cerca de la ventana, se alejó para admirar la habitación y exclamó:

—¡Qué cambio! ¡Tener aire fresco justo en mi escritorio! ¿No te parece maravilloso, Ravi?

Aunque Ravi no estaba de acuerdo, no lo decía, porque fue su padre quien había aceptado una oferta de su compañía para trabajar fuera de la ciudad. Su madre, compartiendo el entusiasmo de su padre por el cambio, también había decidido trabajar desde la casa, y antes de que Ravi se diera cuenta, habían encontrado una granja a la que llamarían hogar. Parecía que todos se habían adaptado a la **transición**, excepto Ravi.

Murmulló una respuesta poco entusiasta:

—Sí, maravilloso —y luego preguntó—, ¿puedo salir un rato?

—¡Claro que sí! —lo animó su papá—, ¡ve a explorar!

Afuera, Ravi se preguntaba, *"¿explorar qué?"*. Aunque había estado allí ya varias semanas, no había visto nada que valiera la pena explorar. Entonces se acordó del camino de tierra que había visto antes y se dirigió allí.

No había avanzado mucho por el camino cuando oyó que un seto se movía. En el momento en que los arbustos empezaron a sacudirse, oyó un jadeo que parecía un resoplido. Imaginándose una bestia gigantesca del otro lado, retrocedió, pero al oír una voz, se detuvo. Se volteó y vio salir de los arbustos a una mujer montada a caballo.

Al ver a Ravi, tiró de las riendas y detuvo al caballo en seco. Él nunca había visto a un caballo tan de cerca, y desde su **perspectiva**, se veía como un gigante enorme.

—¡Hola! —dijo la mujer, y desmontó—. Espero no haberte asustado. Yo soy Lila y este es Rojo. Vivimos en la granja al final del camino. ¡Solo venía a darte la bienvenida!

Percibiendo la vacilación de Ravi, Lila explicó: —No tienes por qué temerle a Rojo. De hecho, Rojo es único porque parece percibir tus emociones: si estás asustado, se pone nervioso, pero si estás tranquilo, está fresco como una lechuga.

Ella le guiñó el ojo y añadió:

—Pero tiene una forma de calmar a las personas.

Los padres de Ravi salieron al oír la voz de Lila, y cuando los tres se presentaron, Ravi miró el caballo con curiosidad y se dio cuenta de que el caballo también lo miraba.

Antes de irse, Lila les dijo:

—¡Deberían visitarme! Incluso, tal vez quisieras montar a caballo, Ravi. Rojo es un buen guía.

—Sí, tal vez. Gracias —contestó Ravi, pero al verla alejarse, la idea de estar tan alto sobre un animal hizo que su interés se convirtiera en duda.

La siguiente semana, cuando él y sus padres visitaron la granja de Lila, ella y Rojo les dieron la bienvenida en la entrada. Estaban ansiosos por dar un paseo. Ravi no había encontrado una buena disculpa, e incluso si la tuviera, era difícil decirle que no a Lila.

—¡Súbete! —dijo Lila—. Toma mi mano, pon tu pie izquierdo en ese estribo que está allí y luego echa la pierna por encima.

Recordando lo que Lila había dicho la semana anterior, Ravi respiró profundo para calmar a Rojo, lo miró fijamente a los ojos y se montó.

Cuando el caballo se acomodó bajo el peso adicional, Lila ajustó las riendas y se fueron al trote.

Lila llevó a Ravi a dar una vuelta alrededor de la granja, mientras le contaba sobre la cría de pollos, cerdos y vacas. De vez en cuando preguntaba "¿No es cierto, Rojo?", como si el caballo fuera a responder. Rojo parecía asentir.

Cuando pasaron por los establos de los caballos, Ravi preguntó:

—¿Tienes más caballos?

—Oh, sí, tengo muchos —respondió Lila—. Pero Rojo es mi preferido.

"Estoy empezando a entender por qué", pensó Ravi. Montar en Rojo le hizo olvidar que estaba muy lejos de sus amigos.

Mientras iban al trote de regreso adonde los padres de Ravi los esperaban, Ravi acarició a Rojo. Esperaba volver a verlo.

—Entonces, ¿qué piensas? ¿Te gustaría aprender a montar a caballo? —preguntó Lila—. Con el tiempo podrías montar a Rojo solo.

—¡Caramba, eso sería maravilloso! —replicó Ravi—.

Luego se volteó hacia sus padres y les preguntó si podía hacerlo. Rojo levantó la cabeza como si también estuviera preguntando. Todos se rieron.

—¿Quién podría decir que no? —contestó su padre.

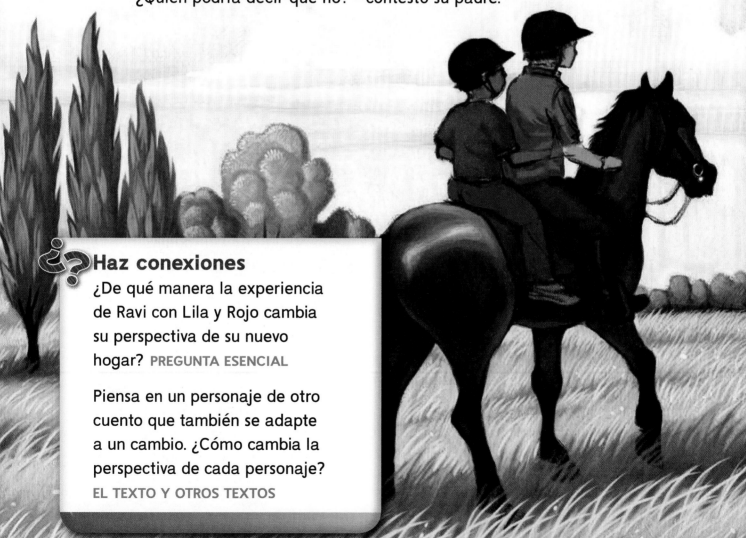

Haz conexiones

¿De qué manera la experiencia de Ravi con Lila y Rojo cambia su perspectiva de su nuevo hogar? PREGUNTA ESENCIAL

Piensa en un personaje de otro cuento que también se adapte a un cambio. ¿Cómo cambia la perspectiva de cada personaje? EL TEXTO Y OTROS TEXTOS

Pregunta esencial

¿Cómo ayudan las experiencias compartidas a adaptarse a los cambios?

Lee acerca de cómo unos compañeros de viaje ayudan a Miguel a superar enormes dificultades.

¡Conéctate!

ECOS DEL DESIERTO

Silvia Dubovoy
ilustrado por René Almanza

QUERIDO TLALADI VI:

Ayer vi por la televisión cómo morían unos indocumentados al tratar de cruzar la frontera. Sé que a mí me puede pasar lo mismo, pero sabes, Tlaladi, yo no puedo quedarme a hacer ladrillos en el pueblo como los hace mi papá, como los hizo mi abuelo, y mi bisabuelo, y como van a hacerlos mis compañeros de escuela.

Lo que yo quisiera es otra cosa, no sé qué... Por eso desde el camión le digo adiós a Cuicatlán, a sus montes, a mi río y al coro de pájaros que a la distancia parecen despedirme.

Cuando se lo dije a mis papás, mi madre dijo:

—No.

Y mi padre:

—Piénsalo bien, hasta puedes perder la vida.

Pero después de unos días, papá consiguió cinco mil pesos para el enganche de mi viaje; el resto lo pagarán mis tíos de Phoenix.

Ecos del desierto, de Silvia Dubovoy, ilustrado por René Almanza. D.R. © (2007) FONDO DE CULTURA ECONÓMICA. Carretera Picacho-Ajusco 227, C.P. 14378, México, D.F. Esta edición consta de 28,483 ejemplares.

LA CENTRAL CAMIONERA de la ciudad de México parece un hormiguero. Quién sabe de dónde sale tanta gente cargando bultos, maletas, mochilas; sentada en el piso, caminando o corriendo; y salen y salen camiones cargados de personas.

Yo no sabía a dónde dirigirme.

—Señor, señor, ¿dónde compro un boleto para Nogales?

—Joven, disculpe, ¿dónde se paran los camiones que van a Nogales?

—Señora, ¿cómo hago para tomar el camión a Nogales?

Nadie se detuvo a contestarme.

Finalmente di con la taquilla y compré el boleto. Ahí estaba marcado el número del andén y a empujones me subí al camión, que me pareció grande y cómodo.

Desde mi asiento, junto a la ventana, vi a tres jóvenes tocando la flauta; tenían una cachucha en el suelo donde la gente les echaba unas monedas. ¿Te acuerdas, Tlaladi, que el maestro de música formó una orquesta y que cuando varias canciones nos salían bien nos llevaba a competir a la ciudad de Oaxaca?

El maestro me dijo que si seguía estudiando con tanto entusiasmo sería un gran flautista y me regaló un libro con la biografía de Mozart. Lo llevaba en la bolsa interna de mi chamarra para acompañarme en el viaje.

El camión empezó a moverse.

Pensé que si algún día necesitaba dinero, tocaría en la calle, como esos tres jóvenes.

AHORA COMPRUEBA

Hacer predicciones ¿Por qué crees que Miguel lleva la biografía de Mozart con él? ¿Cuándo piensas que la vaya a leer? Busca detalles en el cuento para Hacer una predicción.

EN MI CAMINO VARIAS VECES vi cómo la luz se iba yendo hasta que nada quedaba y cómo luego reaparecía por la mañana. Una de esas noches me despertó la lluvia contra el techo del camión. Producía un tamborileo fuerte, como el de los tambores de la banda de la escuela.

Gotas gordas golpeaban los cristales de las ventanas y del parabrisas, explotaban y nada se distinguía más allá de la ventana.

Yo no sé por qué me hicieron recordar la tarde en que mi papá estaba echando el barro en las rejillas para hacer ladrillos cuando un golpe de brisa lo cubrió con el humo del horno hasta hacerlo desaparecer. Temí que cuando se disipara el humo ya no estuviera él.

No faltaba mucho para Nogales. Un tal Martín me buscaría en el hotel Buenaventura. "¡Ojalá lo haga!", pensé, porque si no, Tlaladi, ¿yo qué haría?

—Qué suerte tienes, muchacho —me dijo un taxista en cuanto bajé del camión—. Llegas a las mejores manos. Conozco la zona como nadie. Yo te paso al otro lado.

Unos pasos más allá se me acercó otro y me dijo lo mismo, y más allá apareció un "coyote". Ése sí que tenía mirada de lobo.

—Ése mi chaparrito, llevo en Nogales más de veinticinco años y conozco el desierto como la palma de mi mano. Para tu seguridad y la mía no acepto mujeres con niños ni gente mayor en el viaje. ¿Qué te parece? Escúchame: si nadie vino a recogerte quiere decir que ya te dejaron. Más vale ir a lo seguro. Dame tu dinero y salimos al rato.

Fui al hotel y, en cuanto me recosté, sonó el teléfono.

—¿Listo para salir?

—¿Quién habla?

—Yo, el que te va a ayudar para que llegues al otro lado.

—¿Y usted cómo se llama?

—¿Qué importa?, lo que cuenta es que soy el mejor. Todos me conocen por *el Güero* y salgo hoy a las doce de la noche con un grupo pequeño. ¿Paso a tu hotel por el dinero?

Muy asustado, colgué.

Tenía miedo hasta de salir a comprar un refresco, no fuera a ser que justo en ese instante Martín llamara. Pero pasaban las horas y el teléfono mudo. Tenía hambre y un sudor frío me cubría el cuerpo. Me levanté, me lavé la cara, me mojé el cabello, tomé varios vasos de agua y volví a tirarme en la cama. Mucho rato después un ring-ring me **sacudió**.

—Soy Martín, espérame en tu habitación.

Martín también tenía mirada de lobo, pero sonrió y me dio la mano.

—Tengo noticias de tus tíos.

Mi corazón comenzó a latir a mil por hora.

—Lo mejor para evitar timadores es que vengas a la casa. Tendrás un cuarto compartido y un baño con regadera. Claro que voy a cobrarte, pero te saldrá más barato que este hotel.

En el camino le pregunté cuándo salíamos.

—Pasado mañana —dijo—. Estoy esperando a que se junte todo el grupo.

—¿Cuántos seremos?

—De veinte a veinticinco.

—¿Hombres y mujeres?

—Dos mujeres ya entradas en años y un niño. Pero nunca he fallado. Hace quince años yo pasé a tus tíos, me conocen y me tienen confianza.

CUANDO SE JUNTÓ EL GRUPO, Martín nos dijo:

—Saldremos hoy. Caminaremos las próximas tres noches. Durante el día permaneceremos entre los matorrales porque el calor es de cuarenta a sesenta grados.

Yo ya había escuchado que en el desierto de Sonora se alcanzan hasta los setenta grados. Con esa temperatura surgen quemaduras, el cerebro empieza a **cocerse** y las personas van cayendo poco a poco.

Para olvidarme de todo eso miré mis tenis nuevos. Eran suaves y con suela delgada, justo para que no me pesaran en la travesía.

Recorrí el grupo con la vista: una de las señoras llevaba un niño como de siete años. "Van a atrasarnos y no van a aguantar", pensé.

—Les recomiendo comprar dos botellones de agua de cuatro litros y llenar las mochilas con latas, pan o tortillas. No carguen ropa. Los necesito listos a las once de la noche.

Corrí a comprar lo que Martín aconsejaba y, como sobraba tiempo, saqué mi flauta de barro, la que tenía desde niño, la que me hizo mi mamá, y me puse a tocar. Mientras escuchaba la melodía recordé las manos de mamá amasando el barro, dándole forma para hacer flautitas, campanas, peces y collares de pajaritos. Volví a verla a la hora de la despedida, entregándome una bolsa con tres tortas. Nos quedamos mucho tiempo abrazados, diciéndonos en silencio que algún día, quizá, volveríamos a vernos.

Y vi a papá tomando mis manos. Vi que las arrugas de su frente se hacían más profundas y escuché el susurro de su voz:

—Cuídate mucho.

De Carmelita, mi hermana, me despedí sin despedirme la noche anterior, cuando jugábamos lotería. Sin saber por qué, de pronto sentí que tenía que dejarla ganar. Cuando vi que sólo le faltaba la luna, grité:

—¡La que alumbra la noche!

El cuarto se llenó con su risa. Al irse a dormir, sus ojitos todavía centelleaban.

De pronto me di cuenta de que ya eran las once y bajé.

—Los quiero a todos juntos —decía Martín—. Si alguien se aleja puede perderse y en el desierto eso significa la muerte.

Había luna llena, pero con todo y luna apenas distinguíamos el camino. Íbamos en silencio y, a medida que avanzábamos, sentía las espinas de los matorrales picándome las pantorrillas.

Muchas horas después oímos un aullido. Luego, como respondiéndole, muchos más.

Una las mujeres tomó al niño de la mano y, como sin querer, fue colocándose en el centro del grupo.

—No hay peligro, los coyotes casi siempre andan solos y nunca he sabido que ataquen a ningún grupo —comentó Martín.

Levanté la vista. La luna estaba en el centro del cielo y pensé que eso no podía ser más que un buen augurio.

Ya alto el sol, cuando el calor parecía cocer nuestros cuerpos, nos escondimos entre los matorrales. De vez en cuando escuchábamos el cascabeleo de las víboras.

Estaba adormilado cuando Martín gritó:

—¡No te muevas! —me dio un golpe seco en la espalda.

Algo cayó a mi costado y vi correr una cosa negra, peluda, del tamaño de mi mano.

—Una tarántula del desierto... La traías en la espalda; si llega a picarte, no la libras.

Volteé a buscarla, pero había desaparecido.

Faltaba mucho para la noche y restaban como doscientos kilómetros para llegar a la frontera.

—Cuatro días y tres noches. Eso es lo que nos falta...
—decía Martín.

El niño lloraba.

—Éste es apenas el principio.

Saqué mi flauta, me la puse en la boca y simulé tocar. Su sonido era como el soplo de un viento que lentamente enfriaba todo mi cuerpo. Como ese viento que sentía cuando me sentaba a tocar junto al río.

Después abrí mi libro y me entretuve leyendo la biografía de Mozart.

Empezó a tocar a los tres años y a componer a los seis... "Algún día conoceré su música para flauta", pensaba cuando me quedé dormido.

Iba hasta atrás del grupo. Sentía cada uno de mis pasos como si caminara sobre brasas y oía el aullido de los coyotes más fuerte que la noche anterior. "Ayúdame, Tlaladi, dame fuerzas...", pensaba.

AHORA COMPRUEBA

Confirmar o revisar predicciones ¿Qué dos cosas hace Miguel después de pasar un susto? ¿Qué piensa entonces acerca de su futuro? Confirmar o revisar tu predicción te puede ayudar.

—No te me quedes atrás, Miguel; trata de caminar con el grupo —gritó Martín.

Me hubiera echado a llorar, pero no tenía agua ni para lágrimas.

A mitad de la caminata sentí unos piquetitos en las plantas de los pies. Papá me había acompañado al mercado a comprarme unos huaraches, pero yo insistí en los tenis, ¡son tan cómodos los huaraches!

Cuando nos detuvimos me dejé caer y de inmediato me quedé dormido. Una y otra vez soñé lo mismo: un ejército de tarántulas carcomiéndome los pies.

Al atardecer, despertamos.

Cuando todos se levantaron, yo sólo me incorporé y me quedé sentado.

—¡Que no le dije que comprara dos **garrafones** de agua! —gritaba Martín a la mayor de las señoras.

Yo le extendí mi garrafón lleno.

—Tengo el otro a la mitad —dije.

Luego saqué las latas y las repartí entre las dos mujeres. Vi en el fondo de sus ojos que estaban a punto de llorar.

Lo que yo quería, Tlaladi, además de ayudarlas, era quitarme peso de encima. ¡Qué bueno hubiera sido volverme serpiente y mudar de piel para deshacerme de aquel dolor en las plantas de los pies!

Volvimos a caminar y de pronto sentí una llamarada, como si uno de los hornos de ladrillos me hubiera explotado en las plantas de los pies, y me desplomé.

Gritaba y nadie me escuchaba; me parecía que las lenguas de fuego crecían y crecían. Entonces saqué mi flauta, soplé y la música calmó el ardor.

Cuando abrí los ojos, una de las señoras me ponía paños húmedos en la frente mientras la otra me quitaba los tenis.

—Tiene espinas enterradas. Si no se las sacamos, no podrá dar un paso más.

—¿Me estoy muriendo? —pregunté.

—Tienes que ser valiente —dijo uno de los hombres—. Yo voy a sostenerte de las manos y este amigo te agarrará de los tobillos mientras te sacan las espinas.

Con un pañuelo humedecido en alcohol me lavaron las plantas de los pies y con una navajita y unos alfileres empezaron a sacar las espinas. Yo me retorcía y les **suplicaba** que me dejaran, no me importaba ya quedarme en el desierto.

Me untaron después una pomada, me envolvieron los pies con telas y me dejaron dormir. Soñaba que las hojas de los fresnos de Cuicatlán me abanicaban cuando alguien susurró:

—Levántate, es hora.

—Aquí me quedo. No se detengan por mí, ya me recogerá otro grupo.

Un señor me echó a sus espaldas y reanudamos la marcha. Todos se turnaron para cargarme. Decían que no pesaba, pero yo sabía que en el desierto cualquier peso extra es demasiado.

Quién iba a pensarlo: las mujeres, las que no iban a aguantar, las que iban a retrasarnos, me salvaron la vida.

SE NOS ACABÓ EL AGUA.

A lo lejos escuchábamos las sirenas y los helicópteros que rondaban como libélulas.

—Tan cerca y no poder cruzar... —dijo uno.

Otro, enloquecido por la sed, comenzó a **excavar** para ver si encontraba agua.

—¡Tranquilos! —gritó Martín—. Ya estamos en la frontera, pero si no se calman no pasaremos al otro lado.

Cuando bajó el movimiento de los helicópteros nos arrastramos de matorral en matorral. Cada vez había menos arena y a lo lejos me pareció mirar un reflejo.

Me adelanté y, todo raspado, grité:

—¡Agua!

Aunque el charco estaba lleno de larvas de mosquito, todos bebimos.

Más calmados volvimos a los matorrales y desde ahí Martín señaló una barda.

—Por ahí tienen que saltar. Hay escalones del lado mexicano, pero no del americano. También hay cámaras que se mueven en todas direcciones.

Y agregó, señalando hacia una loma:

—Uno de los nuestros está ahí y nos hará una señal. Cuando la haga, corran uno por uno, aviéntense y vuelvan a ocultarse entre los arbustos. Quédense ahí y busquen el momento de llegar hasta debajo del puente. Ahí los recogerán. Son del grupo de Martín, no se les olvide.

Decidí ser de los últimos: me dolían los pies y tenía miedo de que las heridas se me abrieran otra vez con el salto.

—¡Ustedes tres! —gritó Martín, y tres de nuestros compañeros corrieron a la barda. Después otros y luego otros más.

—Seguimos nosotros —me dijo una de las señoras al tiempo que sacaba de entre su ropa el tubo de medicina—. Por si no volvemos a vernos...

Dieron la señal, me lancé hacia la barda, me dejé caer y corrí a los matorrales. Desde allí vi cuando la señora y el niño saltaron. El muchacho corrió a esconderse, pero la señora no se levantó, y cuando la *border patrol* la agarró, el niño fue hacia ella y se los llevaron.

Ya oscurecido corrí a buscar **resguardo** en el puente. En la penumbra distinguí varios cuerpos: otros, como yo, lo habían logrado.

No sé cuánto permanecí en cuclillas, pero tenía las piernas adormiladas cuando un rechinido de llantas me despabiló:

—Esos de Martín, ¡súbanse!

Caminando con dificultad, me acerqué.

—Mi nombre es Bill. Vamos a evitar retenes y gasolineras. Si nos llegaran a detener, ninguno de ustedes me conoce. Me pidieron un aventón, ¿está claro?

Me tocó en la cajuela, con otros dos. Imposible moverme: un gordito me apachurraba.

El olor a gasolina me provocó mareo y dolor de cabeza. Tenía miedo de vomitar.

Cuando la camioneta se detuvo y abrieron la cajuela, salí tambaleándome.

—Aquí en las *trailas* pueden bañarse y descansar. Traigo ropa limpia para ustedes, después iremos a comer.

Corrí a la regadera, abrí la llave, hice un cuenco con la mano y bebí hasta saciarme. Luego dejé que el agua escurriera sobre mi cuerpo y fui enjabonándome lentamente. Lavé con mucho cuidado las plantas de mis pies, todavía hinchadas. Las sequé, exprimí lo último que quedaba en el tubo de medicina, me lo unté y me eché sobre el catre.

Un par de horas después volvimos a meternos en la camioneta. Nos llevaron a un McDonald´s y pidieron una hamburguesa y un refresco para cada uno.

—Voy a llevar a los de Tucson, después a los de Phoenix y al final a los de Prescot. —El refresco y la hamburguesa me supieron a gloria y, aunque el calor y el olor a gasolina eran los mismos, me sentí menos mareado. Al llegar a casa de mis tíos, Bill tocó. Mi tía Mary le entregó el sobre con el dinero faltante.

TLALADI:

Cuando Bill se marchó, mi tía se volvió hacia mí:

—¡Bienvenido, Mike! —volteé a ver si había alguien más.

—Me llamo Miguel.

—Te llamabas; acá a los Migueles les decimos Mike.

AHORA COMPRUEBA

Resumir ¿Cómo es la última parte del viaje de Miguel? ¿Cómo crees que se siente Miguel al llegar a casa de sus tíos? Resumir los sucesos te puede ayudar.

Silvia Dubovoy es una escritora mexicana que se ha desempeñado como investigadora en la UNAM. Silvia es una gran promotora de lectura infantil, y su experiencia le enseñó que no todos los niños quieren leer ficción. Por ello recurre en sus relatos a variados elementos como actualidad, historia y ciencia. A Silvia se le han revelado la gran mayoría de sus personajes estando bajo el mar, con su traje de buza, rodeada de tortugas y peces.

René Almanza nació en Monterrey, México, en 1979. Estudió artes visuales y ha trabajado como rotulista, historietista, publicista e ilustrador de libros para niños. Tuvo a su cargo por dos años las ilustraciones de las secciones culturales del periódico mexicano *El Norte*, trabajo por el cual recibió seis premios en Ilustración Editorial. Es miembro fundador de la *Galería Arte Cocodrilo* y del taller de gráfica *Pata de Perro*, donde se difunden las artes visuales emergentes en Oaxaca.

René Almanza

Propósito de la autora

Si el propósito de la autora de *Ecos del desierto* es persuadir, ¿de qué piensas que nos quiere persuadir?

378

Respuesta al texto

Resumir

Resume la experiencia de Miguel en este cuento a partir de los sucesos y detalles clave. La información del organizador gráfico de personajes puede servirte de ayuda.

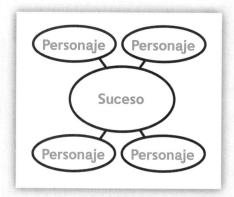

Escribir

Piensa en la manera como el viaje transforma a Miguel. ¿Cómo muestra la autora esta transformación a partir de los sucesos clave de la trama?

Los sucesos clave de la trama del relato...

Así, a partir de estos sucesos, la autora muestra la transformación de Miguel porque...

Hacer conexiones

Comenta cómo las experiencias que compartió Miguel con Martín, y con la señora que llevaba al niño, les sirvieron para adaptarse a los cambios que trajo el viaje por el desierto. PREGUNTA ESENCIAL

Da un ejemplo de otro tipo de ayuda que se haya dado durante un proyecto difícil de un grupo de personas. ¿Qué beneficios podría traer compartir la experiencia? EL TEXTO Y EL MUNDO

Compara los textos

Lee cómo la música le dio esperanza a las personas durante la Gran Depresión.

IMPRESIONES MUSICALES
de la Gran Depresión

De 1930 a 1940, la caída de la economía ocasionó dificultades a millones de personas durante varios años. Este período se llegó a conocer como la Gran Depresión. Para algunos, parecía que los tiempos difíciles no tendrían fin. Otros mantuvieron la esperanza de que los buenos tiempos estaban por llegar. La música de esta era reflejó ambas perspectivas.

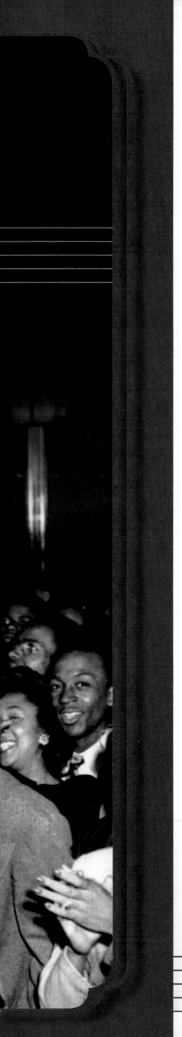

La Gran Depresión

Después de una década de prosperidad conocida como los "locos años veinte", el progreso económico de Estados Unidos cambió abruptamente. En octubre de 1929, la bolsa de valores colapsó y dejó a miles de inversionistas en la quiebra. A su vez, muchas compañías despidieron trabajadores, pues no podían seguir pagándoles. Alrededor de la misma época, una gran sequía destruyó cosechas y dejó a muchos agricultores sin dinero. Con tan pocos recursos, las personas de todo el país luchaban por salir adelante.

Solidaridad a través de las canciones

Muchas canciones de 1930 a 1940, especialmente de música folclórica y *country*, narraban historias de pérdida y dificultades. El compositor de canciones Woody Guthrie acompañó a los trabajadores agrícolas que viajaban hacia el oeste a California con la esperanza de encontrar trabajo. Vio que con frecuencia enfrentaban retos nuevos y más difíciles. Guthrie expresó solidaridad con ellos en canciones tales como "Dust Bowl Blues" y "Goin' Down the Road Feeling Bad". Él ayudó a devolverle el sentido de dignidad a las personas.

Mientras tanto, a lo largo del país, la familia Carter tocó canciones similares, como "Worried Man Blues", que describía la vida en los montes Apalaches, en donde los recursos eran escasos. Los oyentes encontraban consuelo al saber que no estaban solos en su lucha.

De 1930 a 1940, las bandas como esta (izquierda) subían el ánimo de las personas. Woody Guthrie (derecha) hacía giras por el país y componía canciones sobre los retos que las personas enfrentaban.

Eric Schaal/Time & Life Pictures/Getty Images

Un estilo de música popular llamado *swing* inspiró a las personas a bailar.

El *swing*

Los tiempos eran ciertamente difíciles en el campo. Y en las ciudades de la nación, la situación era igualmente difícil. En algunas comunidades afroamericanas, el desempleo estaba por encima del cincuenta por ciento. Estos retos les recordaban a algunos los primeros tiempos de la esclavitud, y muchos encontraron consuelo en los estilos musicales de esa era: *gospel* y *blues*.

El *jazz*, una nueva forma de música con ritmos de compases animados, levantaba los ánimos de las personas. Líderes de bandas como Duke Ellington y Count Basie crearon un nuevo estilo de *jazz* de gran energía llamado *swing*. En todo el país, la gente de todas las razas respondió a estos ritmos positivos. Las personas dejaban atrás sus problemas y escapaban a la pista de baile.

En Nueva York, los musicales de Broadway deleitaban a los aficionados al teatro. Muchos musicales ofrecían entretenimiento ligero, mientras que otros trataban de las actuales dificultades a través de canciones tales como "Brother, Can You Spare a Dime?". La radio ayudó a difundir estas canciones más allá de la ciudad, conectando a las personas de todo el país y creando éxitos nacionales.

Reacción del gobierno

Aunque se culpaba al gobierno por los tiempos difíciles, el presidente Franklin Delano Roosevelt (FDR) creó programas en los cuales se podía **confiar** para obtener oportunidades y ayuda. Esta legislación se conoció como el New Deal. Como parte de la Administración para el progreso del trabajo, FDR inició el Proyecto federal de música. Su esposa, Eleanor, promovió las metas: ayudar a los músicos a encontrar trabajo y a garantizar que todos tuvieran acceso a las artes, sin importar su situación financiera.

Eleanor Roosevelt (de pie, centro) apoyaba el trabajo de los músicos.

Muy pronto los espectáculos costeados por el gobierno sonaban en la radio y en los auditorios de todo el país. Los profesores daban clases gratis de voz e instrumentos para promover la participación y la apreciación musical. Los programas **solidarios** del gobierno pagaron a los músicos para que viajaran y grabaran estilos de música folclórica. Estas grabaciones se preservan en la Biblioteca del Congreso.

Al final de la década de los treinta, los días más difíciles habían pasado. La música había ofrecido una forma de compartir temores y mantener esperanzas. Y aquella música es un legado que ha inspirado a los músicos hasta la actualidad.

Un cartel para un espectáculo financiado por el gobierno.

Haz conexiones

¿De qué manera la experiencia compartida de la música ayudó a la gente a adaptarse a los cambios causados por la Gran Depresión? **PREGUNTA ESENCIAL**

¿De qué manera los personajes de una historia se ayudaron entre sí para adaptarse a un cambio? ¿En qué se parecen sus acciones a la forma en que la gente se ayudó entre sí para superar la Gran Depresión? **EL TEXTO Y OTROS TEXTOS**

EL CALENTAMIENTO GLOBAL

Seymour Simon

Pregunta esencial

¿Qué cambios en el medioambiente afectan a los seres vivos?

Lee sobre cómo un cambio en el clima puede afectar a los seres vivos.

¡Conéctate!

384

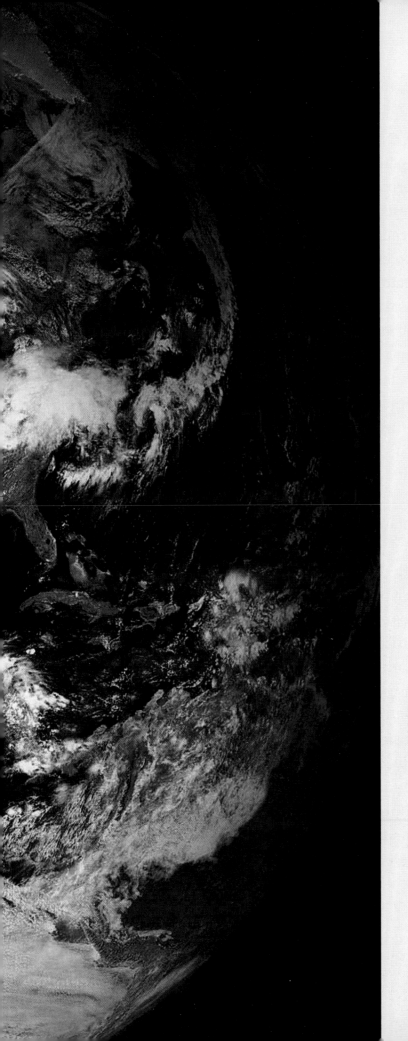

Hace miles de años, gran parte de la superficie de la Tierra estaba cubierta de hielo. Desde entonces, la Tierra se ha calentado. En las últimas décadas, el aumento de la temperatura promedio ha sido particularmente rápido. *Calentamiento global* es el término que se ha usado para describir estos cambios.

El tiempo atmosférico y el clima son diferentes. El tiempo atmosférico es lo que ocurre a diario. El clima es el tiempo atmosférico promedio durante un período de años. Por ejemplo, es posible que el tiempo atmosférico de cualquier día sea fresco, pero el tiempo atmosférico promedio, es decir, el clima, se esté calentando.

¿Por qué cambia el clima? ¿La Tierra puede calentarse por sí misma? ¿Las personas hacen cosas para que el clima se caliente? ¿Cuál será el **impacto** del calentamiento global? ¿Podemos hacer algo al respecto?

NASA Goddard Space Flight Center Image by Reto Stöckli . TEXT: Global Warming Copyright © 2010 by Seymour Simon. Used with permission of HarperCollins Children's Books.

El calentamiento global ocurre debido al efecto invernadero. Un invernadero es una casa hecha de vidrio. El vidrio deja que entre la luz solar, pero evita que salga el aire caliente. La Tierra no es un invernadero, pero algunos gases de la **atmósfera** actúan como ese vidrio. La luz solar atraviesa la atmósfera de la Tierra y calienta el suelo. Parte del calor rebota hacia el espacio, pero el dióxido de carbono, el vapor de agua y otros gases de efecto invernadero mantienen atrapado gran parte de este cerca del suelo.

El efecto invernadero ayuda a que la Tierra esté lo suficientemente caliente para que haya vida. Pero si se emiten gases de efecto invernadero a la atmósfera en mayores cantidades y mucho más rápido que antes, entonces el calentamiento será más fuerte y el clima cambiará **notablemente**.

En el año 2007, 2,500 científicos de 130 países concluyeron en un informe que los seres humanos son responsables de gran parte del calentamiento actual. *Una persona no ocasiona el calentamiento global*, pero hay miles de millones de habitantes en la Tierra. Talamos grandes cantidades de árboles, conducimos cientos de millones de automóviles y camiones, y quemamos enormes cantidades de carbón y petróleo. Todas estas actividades contribuyen al gran aumento de los gases de efecto invernadero. Incluso, si disminuyéramos la cantidad de gases que producimos ahora, el calentamiento no se detendría de inmediato porque estos permanecen en la atmósfera durante años.

El clima de la Tierra es muy complejo, pues muchos factores desempeñan un papel importante en la forma en que este cambia. Las **variaciones** naturales de la órbita de la Tierra alrededor del Sol cambian la cantidad de luz solar que recibimos y, por consiguiente, la temperatura. El planeta ha tenido climas más calientes y más fríos en el pasado lejano.

387

La mayoría de los científicos están de acuerdo en que algo diferente sucede en la actualidad. Aunque el clima de la Tierra siempre ha variado, ahora cambia más rápidamente que en cualquier otra época de los últimos siglos. Desde que llevamos registros del tiempo atmosférico, diecinueve de los veinte años más calientes de la *historia* han ocurrido desde 1980.

Durante miles de años, el equilibrio de los gases de efecto invernadero en la atmósfera no ha variado mucho. Pero ahora quemamos grandes cantidades de carbón, petróleo y gas natural para producir energía. Todos los años, miles de millones de toneladas de dióxido de carbono salen de los tubos de escape de los autos, trenes, camiones, aviones, autobuses y barcos, y a través de chimeneas industriales. Hay un 30 por ciento más de dióxido de carbono en el aire que hace 150 años.

Los árboles, como otras plantas verdes, transforman el dióxido de carbono en oxígeno.

Pero se talan árboles y bosques en cantidades inmensas. Cuando la madera se quema o **se pudre**, se libera todavía más dióxido de carbono. Este entra en la atmósfera mucho más rápido de lo que pueden absorberlo los bosques y los océanos que aún quedan.

La emisión de otros gases de efecto invernadero aumenta la velocidad a la que está cambiando el clima del mundo. Millones y millones de reses y otros animales de granja liberan metano. El óxido de nitrógeno proviene de sustancias químicas que se usan en fertilizantes del suelo, y también proviene de los automóviles.

Copyright ©J. Walker/Photo Researchers, Inc.

AHORA COMPRUEBA

Hacer y responder preguntas Según el autor, ¿por qué ha cambiado la atmósfera? Lee de nuevo el texto para encontrar la respuesta.

El Ártico ya muestra los efectos del calentamiento global. Las temperaturas promedio en las regiones del norte de Alaska, Canadá y Rusia han subido el doble de rápido que en el resto del mundo. La plataforma de hielo Ward Hunt, la barrera de hielo más grande del Ártico, comenzó a agrietarse en el año 2000. En el 2002, ya se había partido, y ahora se rompe en trozos más pequeños.

El océano Ártico es la gran masa de hielo marino que cubre el polo Norte. Fotografías satelitales muestran que la banquisa se ha encogido y ha disminuido su profundidad desde comienzos de la década de 1990. Los científicos afirman que por primera vez en la historia de la humanidad el hielo tal vez desaparezca del océano Ártico cada verano.

El calentamiento global también ha cambiado los patrones de alimentación y los comportamientos de osos polares, morsas, focas y ballenas. Puede incluso afectar su supervivencia.

Los osos polares viven solo en el Ártico. Dependen por completo del hielo marino para suplir sus necesidades vitales. En el invierno, las hembras dan a luz a sus cachorros. La mamá oso come muy poco o nada durante esta época.

A medida que se acerca la primavera, la familia de osos se dirige hacia el hielo marino para alimentarse de focas, su principal fuente de alimento. Si el hielo se derrite, su suministro de alimentos se acabará y esto afectará su supervivencia.

Los glaciares y nevados se derriten rápidamente. Casi todos los glaciares de Alaska están **retrocediendo**. Hace algunas décadas, se extendían sobre la tierra grandes ríos de hielo. Hoy cientos de pies o, a veces, millas de suelo y roca viva están expuestos. En 1963, se inauguró un centro de visitantes muy cerca del glaciar Mendenhall, en Juneau. Hoy, está a una milla o más de distancia del borde congelado del glaciar que está retrocediendo.

En la década de 1850 había 150 glaciares en Montana. En 1968 había 37. En el año 2008 había menos de 24. Los glaciares que han durado miles de años podrían no existir en dos décadas.

Los nevados en montañas altas también están desapareciendo. Cada año, hay menos nieve en las montañas durante el verano. La nieve se derrite alrededor de una semana o antes de que comience la primavera, y en el otoño la nieve cae más o menos una semana después de lo acostumbrado.

Glaciares Grinnell y Salamander,
1957

Glaciares Grinnell y Salamander,
2004

A medida que la temperatura aumenta, el nivel de los océanos se eleva. En un estudio reciente se descubrió que si la temperatura promedio sube en 3 °C (5.4 °F), la enorme placa de hielo de Groenlandia comenzará a derretirse y los niveles del mar de todo el mundo podrían aumentar de medio pie a 3 pies o más.

Esto puede tardar años o décadas, o incluso más de un siglo. Una elevación en el nivel del mar de 3 pies inundaría la costa del Golfo y todas las ciudades de la Costa Este, desde Boston hasta Miami. El agua podría cubrir terrenos bajos como el delta del Nilo y países como Bangladés. Millones de personas se verían obligadas a mudarse.

El casquete polar antártico contiene el 90 por ciento del hielo mundial y cerca del 70 por ciento de su agua dulce. Aparentemente, el casquete polar no se derretirá pronto, pero si sucediera, los niveles del mar subirían 20 pies o más. Ahora, *eso* causaría inundaciones graves en las zonas costeras.

El calentamiento de la atmósfera puede causar el aumento de las temperaturas del océano y poner en peligro los arrecifes de coral. Los arrecifes de coral son enormes estructuras ramificadas que están formadas por los esqueletos calcáreos de animales diminutos llamados pólipos de coral. Se encuentran en los océanos cálidos, cristalinos y poco profundos. Son el hogar de muchos tipos de peces, medusas, anémonas, cangrejos, tortugas, serpientes marinas, almejas y pulpos, y de las algas que les dan su deslumbrante color.

La mayoría de los arrecifes de coral son muy sensibles. Incluso cambios pequeños en la temperatura del agua y la cantidad de dióxido de carbono presente en ella pueden acabar con las algas de un arrecife. Cuando el coral muere, se blanquea. En 1998, un patrón del tiempo atmosférico llamado El Niño calentó los océanos. En solo un año, desaparecieron aproximadamente uno de cada seis arrecifes del mundo. Si estos mueren, entonces gran parte de la vida animal que sustentan también se extinguirá.

El cambio del clima afecta a todos los océanos y continentes. El aumento de las temperaturas agrega energía térmica y vapor de agua a la atmósfera. Esto puede ocasionar lluvias y tormentas más fuertes en algunos lugares y largas sequías en otros. Los cambios serán diferentes según el lugar.

En muchas zonas tropicales puede haber más lluvia. Pero es posible que en las regiones áridas llueva aún menos. Temperaturas más altas ocasionarán que el suelo se seque y podrían seguir después sequías terribles.

AHORA COMPRUEBA

Hacer y responder preguntas
¿Cómo puede un clima más caliente afectar a la vida en los océanos y los continentes? Encuentra detalles que te ayuden en el texto.

393

Los incendios forestales pueden aumentar a medida que se sequen los terrenos madereros. Es probable que los incendios sean más grandes, más frecuentes y que duren más tiempo. También emitirán más dióxido de carbono a la atmósfera, lo que podría causar más calentamiento.

No es tan fácil notar los cambios climáticos como los cambios del tiempo atmosférico. Por ejemplo, una tormenta en particular o varios días cálidos durante un invierno no son realmente un indicio de algo. Todos podemos ver los cambios diarios del tiempo atmosférico, pero los cambios climáticos también son visibles. Las plantas y los animales ya muestran el impacto del calentamiento de la Tierra. Lugares fríos como los polos Norte y Sur y las cimas de las montañas han sido los primeros en verse afectados por el calor. Se ha adelantado la primavera, el hielo se ha derretido antes de tiempo y hay menos días con temperaturas bajo cero.

Muchos tipos de fauna y flora necesitan el frío para sobrevivir. Algunos animales se han adaptado al tiempo atmosférico más caliente migrando a lugares más fríos. A medida que el clima se ha calentado durante el último siglo, la colorida mariposa de la bahía, del oeste de Estados Unidos, se ha trasladado hacia el norte o a altitudes mayores. Esta mariposa casi ha desaparecido por completo de su lugar de origen en México y se ha adaptado a su nuevo hogar en el norte, en Canadá. Sin embargo, no todos los animales se pueden desplazar con tanta facilidad. Los científicos temen que la superpoblación en las cimas de las montañas y los lugares más fríos cause la extinción de algunas especies.

No podemos hacer nada con respecto a algunos cambios en nuestro medioambiente. Es posible que nuestro planeta esté pasando por un ciclo natural de calentamiento. Sin embargo, la mayoría de los científicos dicen que los seres humanos son en parte responsables del cambio climático. Esto significa que es posible que las personas desaceleren este cambio.

Hay un debate sobre lo que podemos hacer en cuanto al cambio climático. Esto es lo que las personas de algunas naciones intentan hacer:

- Mejorar la economía de los combustibles y la energía, de manera que la gente use menos energía en vehículos, escuelas, oficinas, hogares y fábricas.

- Promover el uso de la energía eólica y solar.

- Explorar formas alternativas de producción de energía que no emitan más gases de efecto invernadero directamente a la atmósfera.

- Proteger y sembrar árboles para incrementar los bosques.

Las naciones y los gobiernos pueden hacer algunas cosas para reducir los drásticos cambios climáticos. Las personas también pueden ayudar. Pueden optar por usar menos energía para calentar y enfriar sus casas o usar menos combustible para ir de un lugar a otro. Aquí hay algunas opciones que podríamos considerar:

- Caminar, montar en bicicleta o usar el transporte público. Un autobús escolar puede transportar el mismo número de niños que 30 automóviles o más.

- El uso de bolsas reutilizables resistentes para hacer las compras así como tazas y vasos reutilizables produce menos desechos que el uso de bolsas y tazas desechables.

- Tomar duchas cortas consume menos energía que tomar duchas largas.

- Sembrar un solo árbol puede producir el oxígeno que necesitarán dos personas durante su vida. Si se siembran un millón de árboles, con el tiempo absorberán más de un millón de toneladas de dióxido de carbono.

Esto es lo que algunas familias hacen para desacelerar el cambio climático:

- Usar ventiladores en lugar de aires acondicionados. Pueden poner el aire acondicionado un poco más alto y el calentador un poco más bajo en el verano. Pueden bajar el termostato del calentador de agua "caliente" (cerca de 135 °F) a "tibio" (cerca de 120 °F).

- Usar bombillas fluorescentes ahorradoras de energía en lugar de bombillas incandescentes. Las bombillas fluorescentes son más eficientes y reducen el costo de la energía eléctrica.

- Apagar los electrodomésticos y las luces cuando no estén en uso.

- Instalar ventanas de doble cristal, aislamiento térmico adicional, buenos burletes y paneles solares en los hogares también ahorra energía.

El calentamiento global no solo se trata de que el hielo del océano Ártico se esté derritiendo y de que desiertos lejanos se estén secando más y volviendo más calientes. El cambio climático nos afecta a todos. Puede tener impacto en el suministro de alimentos del mundo y la **estabilidad** económica de los países.

Las personas y los gobiernos del mundo desarrollan las herramientas y el conocimiento científico para afrontar estos desafíos. Mientras el clima de la Tierra siga cambiando, todos procuraremos encontrar formas de proteger nuestras generaciones y las venideras.

©Bloomimage/Corbis

AHORA COMPRUEBA

Resumir ¿Cómo tratan algunas personas de desacelerar el cambio climático? La estrategia de Resumir te puede ayudar.

El autor que nos concientiza

Seymour Simon nació y creció en la Ciudad de Nueva York, pero aprendió mucho acerca de la naturaleza al explorar parques y lotes baldíos cerca de su casa, además de viajar a montañas y costas cercanas. Antes de dedicarse a escribir de tiempo completo, enseñó ciencias y escritura creativa en el sistema de escuelas públicas de Nueva York.

Desde el espacio hasta las serpientes y desde los lobos hasta las ballenas, si se trata de un tema fascinante, es probable que Simon haya escrito un libro al respecto. Ha escrito más de doscientos libros de ciencias para niños, muchos de ellos galardonados. Simon no solo escribe acerca de la ciencia sino que también toma fotografías de la naturaleza y las usa para ilustrar muchos de sus libros.

Propósito del autor

Las fotografías de Simon aparecen en muchos de sus libros. ¿De qué manera sustenta la información el uso que da el autor a las fotografías de esta selección?

(t) ©Robert Marien/Corbis; (b) Alexis Rosenfeld/Photo Researchers, Inc.; (r) Seymour Science LLC

Respuesta al texto

Resumir

Usa los detalles más importantes de *El calentamiento global* para resumir lo que aprendiste sobre los cambios en el medioambiente. Los detalles del diagrama de Venn pueden servirte de ayuda.

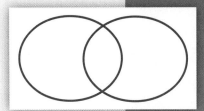

Escribir

¿Cómo te permiten entender las fotografías de esta selección cómo afecta el cambio climático a los seres vivos? Utiliza estos marcos de oración para organizar tu respuesta.

Las fotografías de esta selección consisten en…

El autor las utiliza para…

Esto me permite entender…

Hacer conexiones

¿Cómo afectó un cambio en el clima a la fauna y flora de diferentes lugares? PREGUNTA ESENCIAL

Da un ejemplo de lo que están haciendo algunas naciones acerca del cambio climático. ¿Cómo puede esta actividad afectar al medioambiente? EL TEXTO Y EL MUNDO

Compara los textos

Lee acerca de cómo afectan las erupciones volcánicas a los seres vivos.

CUANDO los volcanes hacen erupción

En la mañana del 18 de mayo de 1980, la ceniza gris que flotaba cerca del monte Santa Helena en Washington convirtió el día en noche. Un volcán había hecho erupción y había enviado una nube de ceniza a miles de pies de altura. De la montaña cayeron hielo y detritos que la erupción lanzó a la cordillera y los lagos cercanos. La erupción continuó durante nueve horas, pero en ese tiempo, el paisaje cambió por completo.

Una columna de ceniza y gas se elevó 15 millas cuando el monte Santa Helena hizo erupción.

Chimeneas terrestres

¿Por qué hace erupción un volcán como el monte Santa Helena? Por debajo de la corteza rocosa de la Tierra hay una capa que está parcialmente formada de roca derretida y caliente. Esta roca derretida se llama magma. Una acumulación **gradual** de presión que los gases causan dentro de la Tierra puede hacer que el magma salga expulsado o se filtre a través de chimeneas, o aberturas, en la superficie de la Tierra.

El magma que ha escapado a la superficie se llama lava. Según el tipo de volcán, la lava puede explotar hacia arriba o fluir lentamente hacia fuera. A medida que se endurece, la lava se transforma en roca sólida.

Un volcán activo es aquel que actualmente está en erupción, que lo ha estado recientemente o está a punto de hacerlo. Una erupción puede durar días, semanas, meses o años. Un volcán inactivo, que ha estado quieto por muchos años, aún es capaz de hacer erupción. Un volcán extinto es aquel que no ha hecho erupción tal vez durante miles de años y no se espera que lo haga de nuevo.

A la chimenea también se le llama la boca del volcán.

Un flujo de lava es un río de roca derretida.

El impacto de los volcanes

En el mundo ocurren aproximadamente 50 erupciones volcánicas todos los años. Muchas están concentradas en una región del océano Pacífico conocida como el "Cinturón de Fuego". Es más frecuente que ocurran en los volcanes de Estados Unidos ubicados en Hawái y en la cadena de islas en el sudoeste de Alaska. Es menos frecuente que ocurran en los volcanes de la cordillera de las Cascadas, la cadena montañosa que va desde el occidente de Canadá por el sur hacia California, pero pueden ser más peligrosos.

Las erupciones pueden devastar las regiones circundantes. Una erupción puede arrojar lava, ceniza, rocas, lodo y gases venenosos al aire y dañar a las plantas, los animales y las personas que están cerca. Se pueden destruir cultivos y propiedades.

Las erupciones pueden tener un **impacto** global sobre el medioambiente. Los vientos pueden transportar nubes de ceniza y gas muy lejos del lugar de la erupción. Los gases de una erupción absorben calor y elevan las temperaturas. En ocasiones, una nube volcánica bloquea el paso de la luz solar de manera que descienden las temperaturas. Con el paso del tiempo, estos cambios atmosféricos pueden afectar al clima de una región. Los gases de una nube volcánica también se pueden combinar con vapor de agua para formar lluvia ácida. Esta lluvia puede dañar a las plantas y al suelo de otros lugares del mundo.

Afortunadamente, las predicciones científicas de la actividad volcánica pueden ayudar a las personas a escapar del peligro de las erupciones. Los científicos monitorean los temblores en la Tierra y el cambio en los gases que emiten los volcanes. Estas señales de erupción inminente les permiten a los científicos emitir advertencias con anticipación.

En 1991 la erupción del monte Pinatubo en Filipinas ocasionó una bruma que hizo descender las temperaturas en todo el mundo. También cubrió la región con ceniza.

Una fuerza de la naturaleza

Las erupciones volcánicas pueden causarle daño al medioambiente, pero son parte de los ciclos naturales terrestres. La actividad volcánica le ha dado forma una y otra vez a más del 80 por ciento de la superficie de la Tierra. Ha originado montañas, mesetas y llanuras. La ceniza volcánica que se esparce también tiene beneficios; fertiliza el suelo que con el tiempo promueve el crecimiento de seres vivos. Aunque los efectos inmediatos de las erupciones volcánicas pueden ser peligrosos y destructivos para el medioambiente, con el paso del tiempo la naturaleza se recupera.

Una avalancha de lodo (derecha) cubrió el área después de que el monte Santa Helena hiciera erupción. Décadas después, la región ha mostrado signos de recuperación (abajo).

Haz conexiones

Comenta acerca de cómo afecta un volcán a los seres vivos. PREGUNTA ESENCIAL

Piensa en otro cambio en el medioambiente que afecte a los seres vivos. ¿En qué se diferencian los efectos de un volcán?
EL TEXTO Y OTROS TEXTOS

¿Cuándo un planeta no es un planeta?

La historia de Plutón

Elaine Scott

Pregunta esencial

¿Cómo pueden los conocimientos científicos cambiar con el tiempo?

Lee acerca de cómo el conocimiento de nuestro sistema solar ha cambiado con el tiempo.

¡Conéctate!

Mi viejo tío Manolo jamás supo usar números primos.

Parece ser una frase tonta, pero durante años, los estudiantes la han memorizado, pues les ayuda a memorizar los planetas de nuestro sistema solar. La primera letra de cada palabra se refiere a un planeta, en orden de cercanía al Sol. *Mi viejo tío Manolo jamás supo usar números primos*: Mercurio, Venus, Tierra, Marte, Júpiter, Saturno, Urano, Neptuno y Plutón. Mercurio es el planeta más cercano al Sol y el pequeño Plutón es el que está más lejos. Fue así hasta hace poco.

Por supuesto que Plutón aún sigue allí. Forma parte de nuestro sistema solar junto con los planetas, asteroides, cometas, meteoritos y trozos de roca y hielo espacial. Plutón y todos estos objetos **orbitan**, o viajan, alrededor del Sol.

Mi viejo tío Manolo jamás supo usar números primos. Esta es una composición de fotografías tomadas en diferentes misiones de la NASA que ilustra nuestro sistema solar. Nuestra estrella, el Sol, está en el extremo izquierdo; Plutón se encuentra en el extremo derecho. La cola tenue de un cometa se ve en la parte inferior izquierda, y la Nebulosa del Anillo del Sur está cerca de la parte inferior derecha. Los demás objetos apenas visibles en la imagen son adiciones artísticas creadas por computadora.

Sin embargo, el 24 de agosto de 2006 la Unión **Astronómica** Internacional (IAU, por sus siglas en inglés), un grupo de astrónomos y sociedades astronómicas de todo el mundo, hizo un anuncio. Declaró que Plutón ya no era un planeta. De repente, "Mi viejo tío Manolo jamás supo usar números primos" dejó de servir, porque ahora solo hay ocho planetas que giran alrededor del Sol. Tal vez alguien invente una oración nueva que nos ayude a recordar sus nombres y su orden.

Los nombres son importantes, pero no es lo único que hay que saber acerca de los planetas. Aprender cómo se forman los planetas, dónde se encuentran y cómo son, hace parte del tipo de actividades que convierten a la ciencia en algo emocionante y divertido.

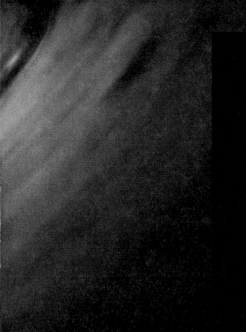

LOS PROBLEMAS DE PLUTÓN

Hay dos grupos de planetas en nuestro sistema solar. Los planetas que están más cerca del Sol, Mercurio, Venus, Tierra y Marte, tienen una superficie sólida formada por una mezcla de rocas, tierra y minerales. Los planetas que están más lejos del Sol, Júpiter, Saturno, Urano y Neptuno, no tienen una superficie sólida. Se componen en su mayor parte de gas y tienen un núcleo rocoso. Los científicos tienen una teoría acerca de por qué algunos planetas son terrestres, o están compuestos de rocas y tierra, y por qué algunos están formados principalmente de gas.

La mayoría de los científicos piensan que nuestro sistema solar comenzó como una nube espacial llamada nebulosa. Esta se componía de trozos de polvo cósmico, rocas, hielo y gas. Una estrella diminuta, que aún no estaba lista para emitir luz, se comenzó a formar en el centro de la nebulosa. La estrella era nuestro Sol. Con los años, el Sol creció tanto que las temperaturas altas y la presión extrema hicieron que el hidrógeno del centro del Sol empezara a fundirse para formar helio y liberar energía en forma de luz: ¡luz solar!

Mientras tanto, la nebulosa siguió girando alrededor del nuevo Sol hasta que formó un gran anillo plano a su alrededor. Los científicos llamaron a este anillo "disco protoplanetario". La parte más caliente del disco, o anillo, era la que se acercaba más al Sol, y la más fría era su límite externo. A medida que el disco giraba alrededor del Sol, la gravedad del Sol entró en acción. Atrajo trozos de roca, polvo, hielo y gas hasta que se unieron en acumulaciones de materia que hoy llamamos planetas.

Concepto de artista, donde se muestra un disco protoplanetario que se está formando alrededor de una estrella.

NASA/JPL–Caltech/T. Megeath(University of Toledo) & M. Robberto(STScI)

Una parte pequeña de la nebulosa de Orión, a 1,500 años luz de distancia de la Tierra. Al menos 153 estrellas en esta región tienen discos protoplanetarios que giran a su alrededor y están formando nuevos sistemas solares. Los científicos creen que nuestro sistema solar se formó de esta manera.

Los planetas más cercanos al Sol no conservaron muchos de sus gases. El calor los evaporó y quedaron **esferas** de materia sólida, con muy pocos gases. Estas esferas se convirtieron en los planetas terrestres: Mercurio, Venus, Tierra y Marte. Pero los bordes externos del disco, que están muy lejos del calor del Sol, eran mucho más fríos. Las acumulaciones de roca y tierra que estaban allí mantuvieron sus gruesas capas de gases, que no se quemaron. Así, los planetas más alejados del Sol se convirtieron en los gigantes gaseosos: Júpiter, Saturno, Urano y Neptuno.

Debido a que los astrónomos aún creían en su teoría sobre cómo se formaron nuestros planetas, tenían un problema con Plutón. Cuando lo descubrieron en 1930, los astrónomos asumieron que estaba compuesto de hielo y gas debido a su gran distancia del Sol. Sin embargo, hacia 1987, Plutón se había movido a una posición que solo ocurre dos veces en su órbita de 248 años. Como los instrumentos científicos habían mejorado, los astrónomos pudieron estudiar a Plutón y la luz que rebotaba en él. Sus instrumentos les indicaron que Plutón era denso y debía tener un núcleo rocoso. Esta nueva información generó preguntas nuevas. Si los planetas más cercanos al Sol eran rocosos y los planetas más lejanos se componían principalmente de gas, ¿por qué Plutón, el planeta más distante de todos, estaba formado por rocas?

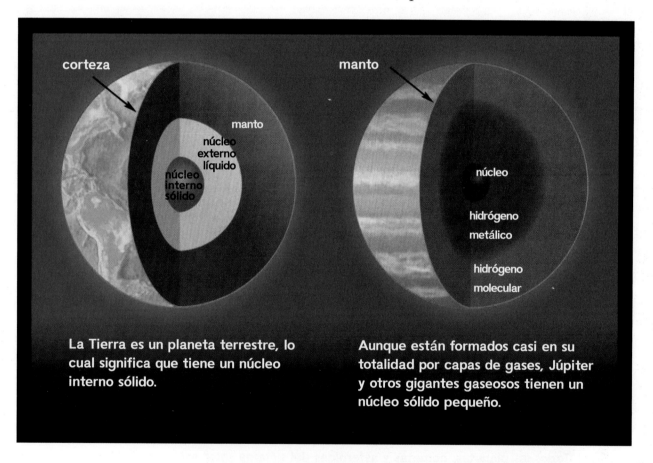

La Tierra es un planeta terrestre, lo cual significa que tiene un núcleo interno sólido.

Aunque están formados casi en su totalidad por capas de gases, Júpiter y otros gigantes gaseosos tienen un núcleo sólido pequeño.

AHORA COMPRUEBA

Hacer y responder preguntas Según la teoría, ¿por qué algunos planetas se componen principalmente de gas y otros de rocas? Lee de nuevo el texto para encontrar la respuesta.

También había otras preguntas. La órbita de Plutón es diferente de las órbitas de los planetas. Imagina que una órbita es el carril de una pista de atletismo. Así como los corredores tienen su propio carril, cada planeta tiene su órbita alrededor del Sol. Para los corredores, todos los carriles conforman la pista. Para los planetas, todas sus órbitas juntas conforman el "plano orbital". Así como los corredores no corren fuera de sus carriles individuales, los planetas no viajan alrededor del Sol fuera de sus órbitas individuales. Excepto Plutón, que cruza la órbita de Neptuno.

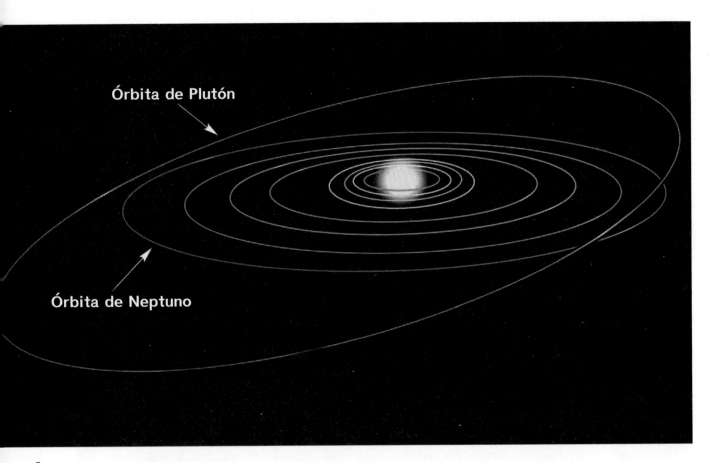

Órbita de Plutón

Órbita de Neptuno

Todos los planetas, cometas y asteroides del sistema solar están en órbita alrededor del Sol. Sus órbitas se alinean entre sí y crean un disco plano imaginario llamado plano orbital. La órbita de Plutón, que tarda 248 años terrestres en completarse, lo lleva fuera del plano orbital. Por 20 años de cada órbita, Plutón entra en la órbita de Neptuno, lo cual hace que Neptuno esté más lejos del Sol que Plutón. Plutón estuvo en la órbita de Neptuno desde 1979 hasta 1999.

Plutón y su luna, Caronte. Plutón estaba a 2,600 millones de millas de la Tierra cuando el telescopio espacial Hubble tomó esta fotografía.

La forma de la órbita de Plutón también es diferente. Los planetas más grandes viajan alrededor del Sol en órbitas ovaladas. La órbita de Plutón tiene la forma de un rectángulo alargado. Las órbitas de los demás planetas están al mismo nivel del Sol, pero la de Plutón está inclinada. Como la órbita de los cometas suele estar inclinada, los astrónomos se preguntaron: ¿Plutón podría ser un cometa?

Y por supuesto, pensemos en el tamaño de Plutón. Cuando lo descubrieron en 1930, los astrónomos sabían que era diminuto. Pero como estaba tan lejos, era difícil verlo claramente: se veía como un punto diminuto de luz en el cielo nocturno. Luego, los telescopios mejoraron. En 1976, el astrónomo estadounidense James Christy descubrió que el punto diminuto que todos creían que era Plutón en realidad era dos objetos: Plutón tenía una luna, Caronte. Cuando los astrónomos descubrieron que Caronte estaba separada de Plutón se dieron cuenta de que el planeta era aún más pequeño de lo que habían pensado en un principio. Plutón solo tiene 1,440 millas de **diámetro.** (El diámetro de Caronte es de 790 millas). Entonces comenzaron a preguntarse: ¿Es Plutón demasiado pequeño para ser un planeta? Y ya que habían descubierto Caronte se preguntaban: ¿Habrá allí más objetos del tamaño de Plutón? *¿Son* también planetas?

EL DESCUBRIMIENTO DE LOS PLANETAS

En 1992, los astrónomos hicieron un descubrimiento asombroso: a 9,300 *millones* de millas de distancia de nuestro Sol hay otra región en el espacio que tiene forma de disco. Los astrónomos calculan que contiene aproximadamente 70,000 objetos gélidos, entre ellos Plutón.

Esta región del espacio se llamó cinturón de Kuiper, en honor al astrónomo estadounidense-holandés Gerard Kuiper (1905-1973). En 1951, más de cuarenta años antes de su descubrimiento, Kuiper predijo que una región como esta podría existir.

Michael Brown, Chad Trujillo y David Rabinowitz son astrónomos planetarios que estudian los objetos del cinturón de Kuiper, o KBO, por sus siglas en inglés. Con frecuencia, las personas los llaman los "descubridores de planetas". Juntos buscan planetas en los límites externos de nuestro sistema solar con el telescopio Samuel Oschin en el Observatorio Palomar en California. El telescopio Samuel Oschin es un telescopio de campo de visión amplia, lo que significa que capta regiones extensas del cielo de una sola vez. Toma fotografías de estas grandes regiones al conectarse con una cámara en el observatorio.

En el pasado, los astrónomos debían pasar las noches mirando a través de sus telescopios para estudiar el cielo nocturno. Ahora las cosas han cambiado, pues hay robots que controlan el telescopio Oschin y su cámara.

En las noches, las cámaras del telescopio del Observatorio Palomar están trabajando. Toman tres fotografías en tres horas de la parte del cielo que los astrónomos quieren estudiar. Se capta cualquier objeto que se mueva en el fondo cubierto por miles de millones de estrellas y galaxias. Luego, las fotografías se envían a un banco de diez computadoras en el Instituto de Tecnología de California. Después, las computadoras deciden cuáles objetos parecen estar en movimiento pues podrían ser planetas. Por lo general, las computadoras escogen aproximadamente 100 objetos; cuando los astrónomos llegan a trabajar cada mañana, las fotografías están listas para que las examinen.

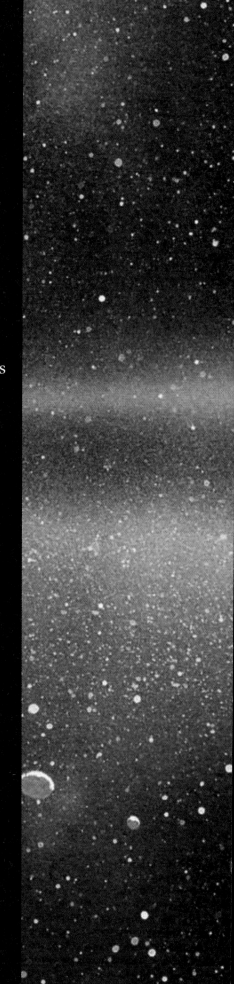

Los objetos del cinturón de Kuiper están tan lejos que tardan cientos de años terrestres en orbitar alrededor del Sol.

Dan Durda, Fellow, International Association of Astronomical Artists

413

(l) Courtesy of Caltech, Palomar Observatory. (c) Courtesy of Chad Trujillo. (r) Courtesy of Caltech, Palomar Observatory

David Rabinowitz (foto de la izquierda), Chad Trujillo (arriba a la izquierda) y Mike Brown (arriba a la derecha) se conocen como los "descubridores de planetas". El equipo usó el telescopio Oschin (derecha) para descubrir Eris.

Mike Brown afirma que la mayoría de los objetos que observa en el monitor de su computadora no son planetas. Muchos son el resultado de algún tipo de falla en la cámara del telescopio. Pero de vez en cuando, un astrónomo tiene suerte y algo nuevo y emocionante aparece. Así es como Mike y su equipo descubrieron 2003UB313, o Xena, como se apodó el 21 de octubre de 2003. Mike dice: "La primera vez que vi a Xena en mi monitor, pensé que algo estaba mal. Era demasiado grande y brillante. Luego, hice un **cálculo** de su tamaño y de la distancia a la que estaba. Xena es el objeto más distante en órbita alrededor del Sol que se haya visto alguna vez".

Plutón se encuentra a 3,600 millones de millas de distancia, pero Xena está a 10,000 millones de millas de distancia y su diámetro es aproximadamente 400 millas más grande que el de Plutón. Xena tarda más del doble de tiempo que Plutón en describir una órbita alrededor del Sol.

Xena fue siempre un apodo. El 13 de septiembre de 2006, el cuerpo celeste recién descubierto recibió el nombre oficial de Eris, en honor a la diosa griega de la contienda y la discordia. El nombre parece ser adecuado debido a que hubo muchas contiendas y discordias con respecto a Eris. ¿Era un planeta o no lo era?

Concepto de artista, donde se muestra la Vía Láctea, nuestra galaxia. Una galaxia es un grupo de miles de millones de estrellas y sus sistemas solares. La Vía Láctea es una galaxia en forma de espiral que contiene 200,000 millones de estrellas.

¿QUÉ ES UN PLANETA?

Debido a que los científicos siempre verifican y vuelven a verificar su trabajo, Mike Brown y su equipo de astrónomos no anunciaron el descubrimiento de Eris hasta el 5 de enero de 2005, después de tener la oportunidad de corroborar la información. Cuando revelaron su descubrimiento, muchas personas pensaron que el sistema solar tenía su décimo planeta. Pero otros no estuvieron de acuerdo. Pronto se extendió una fuerte discusión entre los astrónomos de todo el mundo, que luego se redujo a una pregunta: ¿Qué es exactamente un planeta?

Parece sorprendente, pero hasta el 24 de agosto de 2006, la ciencia nunca había tenido una definición de "planeta". En los diccionarios había definiciones, por supuesto, pero la mayoría afirmaban algo como: "Cuerpo celeste grande que gira alrededor del Sol o de otra estrella". Para los científicos, esa definición era problemática. Por un lado, ¿qué quería decir "cuerpo grande"? Júpiter, el planeta más grande de nuestro sistema solar tiene 88,700 millas de diámetro y es un planeta. Plutón solo tiene 1,440 millas de diámetro y, en ese momento, también era un planeta. La pregunta "¿qué es un planeta?" necesitaba una respuesta, de manera que la Unión Astronómica Internacional optó por crear no solo una definición, sino tres.

La IAU definió tres clases de objetos que orbitan alrededor del Sol: planetas, planetas enanos y cuerpos menores del sistema solar.

La IAU decidió que un cuerpo celeste es un planeta si:

1. orbita alrededor del Sol
2. es redondo o casi redondo, pues su gravedad le dio esa forma
3. es suficientemente grande y tiene gravedad suficiente para "limpiar la vecindad" alrededor de su órbita

Los dos primeros requisitos: orbitar alrededor del Sol y tener una forma redonda, son fáciles de entender. Pero el concepto de "limpiar la vecindad" es un poco más complejo.

Podría resultar útil imaginar que los planetas son los agresores del patio de recreo del sistema solar. Para limpiar la vecindad, un planeta debe ser lo suficientemente grande y tener gravedad suficiente para deshacerse de cualquier objeto celeste a su paso. Un planeta grande puede limpiar su órbita al usar su gravedad para jalar otros objetos más pequeños hacia sí y destruirlos, de la forma en que se destruyen los asteroides cuando se estrellan contra la Tierra.

NASA/JPL

Una colisión cósmica. Los planetas suelen "limpiar la vecindad" de esta manera.

O un planeta puede limpiar su órbita al atraer objetos más pequeños hacia sí, que luego se convierten en lunas que orbitan a su alrededor.

A veces, un planeta simplemente empuja un cuerpo más pequeño a una órbita completamente diferente y así se deshace de él. Pero sin importar cómo lo haga, según la definición de la IAU, un planeta debe recorrer su órbita solo.

La segunda categoría de planetas, llamados *planetas enanos*, tiene las siguientes características. Deben:

1. orbitar alrededor del Sol
2. ser redondos
3. no ser una luna, un satélite u otro planeta

Según esta definición, Plutón es un planeta enano. Y aunque Caronte, su antigua luna, aún se encuentra en la misma órbita que Plutón, también es un planeta enano. Ahora se conocen como un sistema planetario doble. Ceres y el descubrimiento de Mike Brown, Eris, también son planetas enanos porque describen una órbita alrededor del Sol y no son lunas de otros planetas. Sin embargo, son demasiado pequeños para tener gravedad suficiente para limpiar la vecindad. Plutón, Caronte, Ceres y Eris son KBO: orbitan lejos en el espacio con otros objetos en el cinturón de Kuiper.

AHORA COMPRUEBA

Hacer y responder preguntas ¿Cómo afectan el tamaño y la gravedad de un planeta otros objetos que están a su alrededor? Busca detalles en el texto para encontrar la respuesta.

NASA/JPL

Todo lo demás, asteroides, cometas y meteoritos, son ahora miembros de la tercera clase de objetos que viajan alrededor del Sol y se llaman *cuerpos menores del sistema solar.*

Algunos astrónomos consideran que la definición de planeta cambiará de nuevo en el futuro. Otros piensan que la definición actual es buena y permanecerá.

La ciencia es emocionante porque cambia continuamente a medida que se descubre nueva información. Hace mucho tiempo, creíamos que había seis planetas. Luego, pensamos que había ocho. Durante un tiempo hubo nueve. Luego, volvieron a ser ocho. Después, con el descubrimiento de Plutón, el número saltó otra vez a nueve. Y ahora estamos de regreso a ocho. ¡Y eso solo si hablamos de *nuestro* sistema solar!

Concepto de artista, donde se muestra la nave espacial *New Horizons* mientras llega a Plutón. Se observa Caronte a lo lejos.

Ahora sabemos que nuestro Sol no es la única estrella con planetas que orbitan a su alrededor. Se están formando nuevos planetas alrededor de otras estrellas, lo cual forma nuevos sistemas solares. Tan solo en la Vía Láctea hay 200,000 millones de estrellas. Y en el universo hay miles de millones de galaxias llenas de estrellas. Nos formulamos preguntas a medida que estudiamos esos planetas y las estrellas alrededor de las que orbitan. ¿Hay otros planetas como la Tierra en algún lugar del universo? ¿Hay vida en ellos? También planteamos interrogantes a medida que estudiamos los planetas de nuestro sistema solar. ¿Hay vida en alguno de ellos o incluso en alguna de sus lunas? ¿Hubo vida en alguno de ellos? ¿La Tierra es el único planeta con vida? ¿Estamos solos en el universo?

En enero de 2006, la NASA lanzó la misión *New Horizons* a Plutón. Si todo resulta bien, la nave espacial llegará a Plutón y Caronte en algún momento del verano de 2015. Luego, los instrumentos a bordo de la nave comenzarán a inspeccionar esos mundos lejanos. A medida que la información se transmita a la Tierra, los científicos la estudiarán e intentarán aprender más acerca del origen de nuestro sistema solar y de lo que hay en sus límites externos. Todavía hay mucho que contar sobre Plutón. Hay preguntas que necesitan respuestas, y las respuestas vendrán de la ciencia. Hay información nueva que solo espera ser descubierta.

AHORA COMPRUEBA

Volver a leer ¿Por qué algunos astrónomos piensan que la definición de planeta cambiará? La estrategia de Volver a leer te puede ayudar.

¡Vamos al espacio con esta autora!

Elaine Scott escribió un poema en sexto grado y fue su primer trabajo publicado, en el periódico local. Veinticinco años después, hizo de la escritura su carrera. Al comienzo escribió para adultos, pero pronto se dio cuenta de que era más divertido escribir para niños. Elaine sabe que los jóvenes son capaces de comprender ideas difíciles, siempre y cuando el tema se explique con claridad. En algunas ocasiones, visita escuelas, donde conversa con los estudiantes acerca de cómo investiga y escribe sus libros.

A Elaine le gusta obtener información de primera mano para sus libros. A medida que escribía *¿Cuándo un planeta no es un planeta?: La historia de Plutón*, los astrónomos aún discutían acerca de si Plutón era o no un planeta. Elaine entrevistó a expertos y verificó sus sitios web para estar al tanto de los últimos acontecimientos en el descubrimiento científico.

Propósito de la autora

En esta selección, con frecuencia, la autora termina un párrafo con una pregunta. Identifica un ejemplo. ¿Por qué piensas que lo hace?

(t and cl) NASA/JPL. (cr) Cynthia S. Qualline. (b) Johns Hopkins University Applied Physics Laboratory/Southwest Research Institute

Respuesta al texto

Resumir

Usa los detalles más importantes de *¿Cuándo un planeta no es un planeta?: La historia de Plutón* para resumir cómo ha cambiado el conocimiento científico acerca de los planetas. La información del organizador gráfico de causa y efecto puede servirte de ayuda.

Causa	→ Efecto
	→
	→
	→
	→

Escribir

Piensa en cómo Elaine Scott sustenta sus ideas. ¿Cómo utiliza la autora las características del texto para explicar que Plutón es un planeta? Utiliza estos marcos de oración para organizar tu respuesta.

> La autora utiliza algunas características del texto como...
>
> A partir de ellas, explica que Plutón es un planeta al...

Hacer conexiones

¿Cómo obtuvieron los astrónomos más información acerca de Plutón con el paso del tiempo? ¿De qué manera les ayudó la tecnología? PREGUNTA ESENCIAL

¿Por qué es importante que los científicos verifiquen su trabajo y el de los demás? EL TEXTO Y EL MUNDO

Luna nueva

El 20 de julio de 2069, un equipo de cuatro estudiantes y su profesor salen de la Tierra hacia la Luna para estudiar su composición.

Estamos aproximadamente a 300 kilómetros de la superficie de la Luna. Prepárense para el alunizaje.

Dr. Sirius

¡Esperen! ¡Mantengan este rumbo! Recibo otros datos: parece que hay otro objeto un poco más allá de la Luna.

Con base en sus movimientos, parece que la atracción gravitacional de la Tierra hace que se mantenga en órbita.

¿Qué será?

Luis

Hmmm... si sabemos las distancias que hay entre el objeto, la Luna y nuestra nave, debemos poder calcular el diámetro y la masa del objeto. Luego, podemos ingresar estos datos en la supercomputadora y compararlos con la información de todos los objetos conocidos de nuestro sistema solar.

Dr. Sirius

El doctor Sirius digita los números en la computadora. Luis revisa las copias impresas.

Conseguí evaluar los resultados que, con base en los criterios para clasificación de objetos espaciales, indican que el objeto es una luna, pero una que pertenece a Marte, ¡no a la Tierra!

Luis

¿Cómo puede ser?

A diferencia de la Tierra, Marte tiene dos lunas. Una fuerza poderosa debió golpear y sacar de órbita una de las lunas y ¡otro objeto debió haber chocado contra ella!

¿Como un asteroide?

Exactamente.

¡Miren! ¡Nos acercamos a la luna de Marte!

¡BIIP! ¡BIIP!

¡Recibo mensajes de emergencia de la Tierra! ¡Las mareas se elevan rápidamente!

¿Mareas altas? ¡Apuesto a que la causa es esta luna de Marte!

¿Qué hacemos?

Así es, Luis. La Luna afecta las mareas de la Tierra. Un objeto nuevo que entre en la órbita de la Tierra cambia las fuerzas de atracción gravitacional entre la Tierra y la Luna, y altera las mareas.

Debemos obligar a esta luna a regresar al campo gravitacional de Marte antes de que ocurra un verdadero desastre. Mark, ¡dispara el rayo simulador de asteroides!

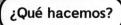

Tranquilícense, estudiantes. Solo tenemos una oportunidad, así que debemos apuntar el rayo con cuidado.

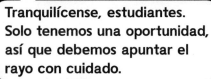

¡Buen trabajo!

¡Los mensajes de la Tierra indican que las mareas están retrocediendo! ¡Lo logramos!

Haz conexiones

¿De qué manera el descubrimiento del equipo cambió su comprensión acerca del sistema solar? PREGUNTA ESENCIAL

¿En qué se parece el descubrimiento del equipo con un descubrimiento científico de otro equipo? ¿Cómo hace su propio descubrimiento cada equipo? EL TEXTO Y OTROS TEXTOS

El caso de las

ABEJAS

DESAPARECIDAS

Pregunta esencial

¿En qué forma afectan los acontecimientos naturales y las actividades humanas al medioambiente?

Lee dos puntos de vista sobre la forma en que los sucesos naturales y las actividades humanas han afectado a las colonias de abejas.

 ¡Conéctate!

POSICIÓN / CONTRAPOSICIÓN

El germen de una idea
Una infección parece ser la causa de la disminución de la población de abejas.

¿Adónde se fueron las abejas? En los últimos años, miles de millones han desaparecido. Se van de sus colonias y no regresan. Este problema que se ha **extendido** se conoce como **desorden** del colapso de colonias (CCD, por sus siglas en inglés). Es la razón principal de que hoy la población de abejas en Estados Unidos haya **disminuido** a la mitad con respecto a hace 50 años. Puesto que un tercio de los cultivos del país las necesitan para la polinización, algunos expertos predicen que el CCD podría crear una catástrofe **agrícola**.

¿Qué cosa es responsable de esta desaparición **inesperada**? Hay varios sospechosos: estrés por la superpoblación en las colmenas, falta de polen, parásitos y pesticidas. Los científicos aún deben identificar la causa definitiva del CCD. Pero recientemente se han encontrado dos causas **probables**: un hongo y un virus. Un hongo es un organismo que descompone materia; algunos causan infección. Un virus es un microbio o germen.

Una combinación mortal

Las abejas infectadas por el hongo o el virus por separado pueden enfermar, pero es probable que sobrevivan. Las abejas infectadas por el hongo y el virus al mismo tiempo sin duda morirán. Eso fue lo que concluyeron investigadores en Montana. Examinaron muestras de colmenas vacías y las compararon con colmenas que **prosperaban**, un grupo de control que no padecía de CCD. Descubrieron el virus y el hongo en todas las colmenas vacías.

Aunque la combinación del hongo y el virus parece ser la causa más probable, las investigaciones sobre el CCD continúan. Otros científicos investigan si una combinación de muchos factores causan el CCD, como: pesticidas, parásitos, hongos y virus. Cada uno de estos puede debilitar el sistema inmunológico de la abeja y hacer que se enferme. Una combinación puede ser mortal.

Solo cuando los científicos encuentren la causa del CCD, podrán hallar la cura para salvar a las abejas.

AHORA COMPRUEBA

Hacer y responder preguntas
De acuerdo con el autor, ¿por qué están desapareciendo las abejas? Busca la respuesta en el texto.

425

Los agricultores usan pesticidas para controlar los insectos que dañan los cultivos. Algunos pesticidas pueden perjudicar a los insectos benéficos, como las abejas.

CONTRAPOSICIÓN / POSICIÓN

Culpa de los pesticidas

Últimamente, las abejas no han estado muy ocupadas. ¿Hay que culpar a los pesticidas?

Todo es un misterio. En años recientes, los apicultores de muchos países han perdido miles de colonias y miles de millones de abejas. Los insectos desaparecen de repente y no regresan a sus colmenas. Esta condición, llamada desorden del colapso de colonia (CCD), ha causado la muerte del 20 al 40 por ciento de las colonias de abejas en Estados Unidos. Desafortunadamente, la reducción de la población de abejas podría afectar la producción de alimentos del país. Esto se debe a que las abejas polinizan los cultivos de plantas con flores. Sin ellas, la producción de frutas y vegetales se vería amenazada.

Un sospechoso inusual

Muchos científicos creen que la causa del CCD es un hongo o un virus, que trabaja solo o en combinación. Pero para algunos, su principal sospechoso son los pesticidas, sustancias químicas que se riegan sobre los cultivos para alejar las plagas. Investigadores en Francia **identificaron** un pesticida nocivo para las abejas. Esto ha hecho que otros científicos investiguen cómo distintos pesticidas las afectan.

El polen que las abejas consumen o que llega a la colmena puede absorber los pesticidas. Algunos estudios han mostrado que aun en pequeñas cantidades, ciertos pesticidas afectan su comportamiento, como la forma en que buscan el néctar de las flores. Es posible que las abejas enfermas no sepan adónde van, se pierdan y nunca regresen a su colonia. Esto explicaría la disminución de su población.

¿Debemos culpar a los pesticidas?

Un estudio de colmenas afectadas por el CCD en Florida y California encontró en las muestras 50 sustancias químicas hechas por los seres humanos. El estudio no pudo confirmar que los pesticidas causaron el CCD directamente, pero otros científicos aún investigan si estos tienen al menos parte de la culpa. Las sustancias químicas pueden debilitar a las abejas lo suficiente para permitir una infección por un virus o un hongo. Hasta que los científicos sepan la causa exacta de la desaparición de las abejas, el uso de estos venenos se debe reducir.

Respuesta al texto

1. Resume la selección a partir de los detalles importantes. **RESUMIR**

2. Piensa en cómo está organizado cada artículo persuasivo. ¿Cuál selección es más convincente y por qué? **ESCRIBIR**

3. ¿Qué crees que causó la desaparición de las abejas? Sustenta tu respuesta con evidencias del texto. ¿Cómo pueden las personas ayudar a las abejas? **EL TEXTO Y EL MUNDO**

Los apicultores examinan las colmenas para asegurarse de que las colonias están sanas.

Compara los textos
Lee cómo las abejas afectan a los seres humanos y al medioambiente.

Las ocupadas y beneficiosas ABEJAS

Miles de millones de abejas desaparecen debido a una condición misteriosa que se ha extendido ampliamente llamada **desorden** del colapso de colonia. Esta es una mala noticia por dos grandes razones. Obviamente, sin abejas no habría miel. Peor aún, muchos alimentos importantes no llegarían a nuestros supermercados o nuestras mesas.

Las abejas son responsables de cerca de una tercera parte de los alimentos que forman parte de la dieta del ser humano, incluidos vegetales, frutas, semillas y nueces. Las abejas ayudan a que muchas plantas de cultivo **prosperen**. Polinizan las plantas con flores, lo cual permite la producción del alimento que consumimos y las semillas que formarán nuevas plantas.

Los cultivos dependen de las abejas

Muchos cultivos dependen de insectos para su polinización. En algunos, las abejas componen un alto porcentaje de ellos.

Cifras basadas en cálculos del 2000. Fuente: recopilado por CRS con valores de *The Value of Honey Bees as Pollinators of U.S.Crops in 2000*, de R.A. Morse y N.W. Calderone, marzo de 2000, Universidad de Cornell.

Cultivo	Dependencia de la polinización por insectos	Proporción de abejas
Alfalfa, heno y semilla	100%	60%
Manzanas	100%	90%
Almendras	100%	100%
Cítricos	20–80%	10–90%
Algodón	20%	90%
Soya	10%	50%
Brócoli	100%	90%
Zanahorias	100%	90%
Melón	80%	90%

Las abejas usan el néctar de las flores para producir miel, su fuente de alimento en invierno. Cuando las abejas visitan las flores para obtener el néctar, pequeños granos de polen se adhieren a su cuerpo. Llevan el polen de flor en flor y de una planta a otra. Este proceso de polinización hace que las flores se conviertan en frutos. Para los agricultores, ¡esto es una cosecha!

Las abejas melíferas fueron traídas de Europa a Estados Unidos hace cerca de 400 años con propósitos **agrícolas**. Los apicultores de hoy en día aún mantienen colmenas. Algunos venden miel. Otros alquilan colmenas a los agricultores para polinizar cultivos. Aparte de las abejas melíferas, hay alrededor de 4,000 especies de abejas "silvestres" nativas en América del Norte que también polinizan las plantas con flores. La mayoría de estas no viven en colonias y no se han visto afectadas por el CCD.

En Estados Unidos, las abejas polinizan cultivos de un valor de alrededor de 15 mil millones de dólares al año. Eso está por encima de los 150 millones de dólares que producen en miel anualmente. Aunque otros insectos que se alimentan de néctar pueden polinizar algunos cultivos, muchos dependen específicamente de las abejas para la polinización. Sin abejas, nuestros cultivos y nuestra economía se verían afectados.

Haz conexiones

¿De qué manera las abejas afectan al medioambiente? PREGUNTA ESENCIAL

Piensa en una actividad agrícola que afecta al medioambiente. ¿En qué se diferencian sus efectos de los de la apicultura? EL TEXTO Y OTROS TEXTOS

El código INDESCIFRABLE

Sara Hoagland Hunter ◆ Ilustrado por Julia Miner

Pregunta esencial

¿De qué modo contribuyen los distintos grupos a una causa?

Lee acerca de cómo un grupo de indígenas navajos ayudó al ejército estadounidense durante la Segunda Guerra Mundial.

¡Conéctate!

Juan corrió cuesta arriba, haciendo rodar piedrecitas a su paso. Cuando llegó a su escondite preferido, cayó al suelo sin aliento. Ahí, entre el viejo árbol de piñón y las altísimas paredes del cañón, se sentía seguro. El río desbordado por la lluvia del final del verano se veía como un hilo de plata a través de la granja de su abuelo. En ese momento lo debían estar buscando, pero él nunca se iba a bajar.

Su madre se había casado con el señor de Minnesota. No podía hacer nada al respecto, pero no iba a ir con ellos. Cerró los ojos y descansó en la quietud del lugar. El leve balido de una cabra montés hizo eco en las paredes del cañón.

De repente una voz retumbó sobre él:

—¿No deberías estar empacando?

Los ojos de Juan se abrieron de par en par. Era su abuelo a caballo.

—Tu padrastro vendrá con su camioneta en una hora.

—No iré —respondió Juan.

—Tienes que ir, la escuela comenzará pronto —dijo el abuelo, mientras se bajaba del caballo—. Volverás el próximo verano.

Juan hundió la puntera del zapato en la tierra.

—Quiero quedarme contigo.

Los ojos marrones y cálidos del abuelo desaparecieron en los pliegues de una sonrisa. Juan pensaba que eran los ojos más amables que había visto en su vida.

—Estarás bien —le dijo el abuelo—. Conoces un código indescifrable.

—¿Qué es eso? —preguntó Juan.

El abuelo se sentó y comenzó a hablarle suavemente en navajo. Los sonidos se mecían de arriba abajo, de adentro afuera, tan cálidos y familiares como los estampados navajos de la abuela. Juan se recostó en la rodilla de su abuelo.

—El código indescifrable es lo que salvó mi vida en la Segunda Guerra Mundial —dijo—. Es el idioma navajo.

Juan dejó caer los hombros. El navajo no podía ayudarlo. Nadie en su nueva escuela hablaba navajo.

—Probablemente olvidaré cómo hablar navajo —susurró.

—El navajo es tu idioma —le contestó su abuelo secamente—. Nunca debes olvidarlo.

A Juan se le hizo un nudo en la garganta y estaba a punto de llorar.

—¡No sabes lo que es estar allí! —exclamó Juan.

Su abuelo continuó hablando en navajo con tranquilidad.

—Tuve que ir al internado del estado cuando tenía cinco años. Lo decía la ley. Me dieron un nombre en inglés y me cortaron el cabello. No me permitían hablar mi propio idioma. Cualquier persona que hablara navajo debía masticar cubos de jabón. Créeme, mastiqué mucho jabón en esa época. "Habla en inglés", me decían. Pero el navajo era mi idioma y no podía olvidarlo. Cada verano iba a casa para arrear las ovejas y ayudar con las cosechas. Lloraba cuando los campos de algodón se ponían de color dorado y era tiempo de volver al internado.

Finalmente, una noche en décimo grado, estaba trabajando en la cocina cuando oí un boletín en la radio: "Se necesitan indígenas navajos para tareas especiales en la marina. Deben tener entre diecisiete y treinta y dos años, deben hablar perfectamente inglés y navajo, y encontrarse en excelente estado físico". Un poquito antes de que apagaran las luces, pasé por las literas y la puerta hacia la amplia llanura. Me sentía como un caballo salvaje al que le habían quitado el lazo del cuello. Al aire libre, las estrellas bailaban sobre mí y las hierbas rodadoras me tocaban los pies cuando corría. Al día siguiente, me alisté.

—Pero no tenías diecisiete años —dijo Juan.

—La reserva no contaba con registros de nacimiento —dijo el abuelo sonriendo—. Dos semanas más tarde me encontraba en un autobús rumbo al campamento de entrenamiento de reclutas de marina junto con otros veintiocho navajos. Miré fijamente por la ventanilla en la oscuridad. Me iba por primera vez en mi vida de las Cuatro Montañas Sagradas.

AHORA COMPRUEBA

Resumir ¿Por qué el abuelo abandona el internado? Resumir los sucesos puede ayudarte.

—¿Tenías miedo? —preguntó Juan.

—Por supuesto —contestó su abuelo—. No sabía hacia dónde iba o de qué se trataba nuestra misión. Pero por sobre todo, no sabía cómo iba a relacionarme allí afuera con las personas de las que tanto había oído hablar.

—¿Cómo lo hiciste? —preguntó Juan mientras se comía una uña.

Su abuelo se echó a reír.

—Éramos conocidos como el pelotón más resistente de todo el campamento. Habíamos marchado tanto en el internado que los entrenamientos no eran un problema. La caminata con una pesada mochila por el desierto de California no era peor que recoger agua del cañón en pleno verano. Y yo lo había hecho desde los cuatro años. Con respecto a los ejercicios de **supervivencia**, todos habíamos tenido que pasar sin comer algunos días. Un indígena navajo sabe sobrevivir.

—Un fin de semana nos trasladaron a un nuevo campamento en San Diego. El lunes estábamos marchando hacia un edificio con barras en todas las ventanas. Nos encerraron en una clase al final de un pasillo largo y angosto. Un oficial nos dijo que nuestra misión era secreta. No teníamos que contarles nada a nuestras familias. Necesitábamos desesperadamente que la invasión a las Islas del Pacífico fuera exitosa. Por aquel entonces, los japoneses ya podían **interceptar** y decodificar todos los mensajes estadounidenses en solo minutos. Esto significaba que no se podía intercambiar información entre los barcos, los aviones y las fuerzas en tierra estadounidenses. El gobierno pensó que el idioma navajo podía ser usado como un arma secreta. Solamente algunos extranjeros habían llegado a aprenderlo, y lo más importante es que nunca se había escrito. No existía un alfabeto que los japoneses pudieran descubrir o decodificar.

El abuelo continuó:

—Nos dieron una lista con más de doscientos términos militares para codificar. Debíamos memorizarlos todos. No debía encontrarse rastro del código por escrito. Viviría o moriría con nosotros en el campo de batalla. Cuando salí de la clase, un indígena navajo que se encontraba a mi lado se echó a reír y exclamó: "¡Todos estos años nos dijeron que olvidáramos el navajo y ahora el gobierno lo necesita para salvar al país!".

Nos hacían marchar todos los días a la clase. Nunca nos permitían dejar el edificio. Ni podíamos usar solos el servicio. Todas las noches, un oficial colocaba en una caja de seguridad nuestras notas. El código debía ser simple y rápido. Solamente tendríamos una oportunidad para enviar cada mensaje. Después de eso, los japoneses estarían rastreando nuestra ubicación para bombardearnos o tratar de grabar el código. Elegimos palabras de la naturaleza, que fueran fáciles de recordar en la línea de fuego. Como el navajo no tenía alfabeto, inventamos el nuestro.

'A' significaría *wollachee*.

—*Ant*, que es hormiga en inglés —dijo Juan.

El abuelo asintió con la cabeza.

—'B' era *shush*.

—*Bear*, que es oso en inglés —dijo Juan.

—'C' era *moasi*. 'D', *be*. 'E', *dzeh*.

El abuelo continuó con el alfabeto. Cada vez que nombraba una palabra del idioma navajo, Juan contestaba con otra en español.

—A los aviones les dábamos nombres de pájaros. El avión bombardero vertical era un gavilán. El avión de reconocimiento era un búho. El avión patrullero era un cuervo. El bombardero era un zopilote. En las noches solíamos recostarnos en nuestras literas y hacernos pruebas al respecto. Al poco tiempo ya soñaba en ese código.

AHORA COMPRUEBA

Resumir ¿Cómo crearon los soldados navajos un código? Resumir lo que hicieron puede ayudarte.

437

Ya que íbamos a ser hombres de la radio, debíamos aprender todas sus **operaciones**. Nos enseñaron cómo desarmar y armar la radio con los ojos cerrados. Los japoneses combatían de noche, por lo tanto, debíamos hacer la mayor parte de nuestro trabajo en la oscuridad. Hasta la pequeña llama de una cerilla podía ser un blanco. Cuando llegó el día en el que tuvimos que probar el código frente a los oficiales de alto rango de la marina, yo estaba aterrorizado. Me arrodillé en el extremo del campo con nuestra radio en tierra. Los oficiales marchaban hacia mí. Detrás de un edificio en el otro extremo del campo, otra persona que hablaba el código se sentó debajo de la guardia militar esperando mi transmisión. Un oficial me entregó un mensaje escrito:

"Recibiendo fuego de ametralladora constante. Solicite refuerzos".

Solo me tomó unos segundos hablar por el micrófono en código navajo. El oficial envió a un mensajero al otro lado del campo para verificar la velocidad y la precisión del mensaje. ¡El indígena navajo del otro lado le entregó exactamente el mismo mensaje, escrito en inglés incluso antes de que diera la vuelta al edificio! Nos probaron una y otra vez. No nos equivocamos nunca. El gobierno solicitó doscientos **reclutas** navajos de inmediato. Dos integrantes de nuestro grupo se quedaron para entrenarlos. El resto de nosotros partió.

—¡Cuéntame acerca del enfrentamiento! —exclamó Juan.

De repente, el rostro de su abuelo pareció arrugado y maltratado como las paredes del cañón que tenía detrás. Tras una larga pausa dijo:

—Lo que vi es mejor que se quede allí. No quisiera afectar mi hogar o a mi familia con esas imágenes. Antes de que invadiéramos, miré hacia la isla que había sido aplastada y quemada. "Que esto no le ocurra a una hermosa isla otra vez", pensé. Estuve en la cubierta del barco pensando en las ceremonias que estarían haciendo para mí en casa. Invadimos al amanecer. Casi me ahogué en un cráter hecho por una bomba antes de llegar a la costa. Trataba de correr entre el agua y las balas cuando me hundí en un agujero sin fondo. La mochila con la radio, que pesaba ochenta libras, me tiró hacia abajo. Perdí mi rifle tratando de subir a la superficie. En la playa, lo único que pude hacer fue sobrevivir. Recuerdo que me encontraba tirado con los disparos zumbando en mis oídos. Un arroyo que corría hacia la playa se veía claro cuando me tiré allí. Al mediodía estaba teñido de rojo.

—Lo peor fue pasar por encima de soldados caídos para poder seguir adelante. Ni siquiera podía detenerme a decirles que lo sentía. Solo tenía que pasarles por encima y continuar avanzando. Tenía que moverme por la selva de noche, para transmitir en código desde diferentes ubicaciones. Una unidad necesitaba suministros médicos. Otra necesitaba un refuerzo de soldados con ametralladoras. Había comenzado una transmisión con otra persona que hablaba en código. "¡Arizona! ¡Nuevo México!", llamaba, cuando detrás de mí un soldado estadounidense gritó:

—¿Sabes lo que les hacemos a los espías?

—¡No dispare! —dije—. Soy estadounidense. Mire mi uniforme. —Pero no me creía. Había oído el idioma extranjero. Había visto mi cabello y mis ojos. Se sabía que los espías japoneses se robaban los uniformes de los soldados caídos. Uno de mis amigos saltó de entre los arbustos justo en ese momento y me salvó la vida.

—¿Cómo sobreviviste el resto del tiempo? —preguntó Juan.

—Mi fe era mi escudo —contestó el abuelo.

Sacó una billetera gastada del fondo del bolsillo de la camisa.

—Dentro de esto, yo cargaba polen de maíz que me había dado un curandero. "Nunca tengas miedo", me dijo cuando me lo dio. "Nada te tocará". Y nada me tocó. Más de cuatrocientos hablantes en código combatieron en algunas de las más sangrientas batallas de la Segunda Guerra Mundial. Casi todos sobrevivimos.

Los japoneses nunca descifraron el código. Cuando finalmente descubrieron qué idioma era, capturaron y torturaron a un pobre navajo. No era un hablante en código y no podía comprender el mensaje que habían interceptado. Les dijo que estábamos hablando de lo que habíamos comido en el desayuno. Nuestra palabra en código para bombas era "huevos". Seis meses antes de que la guerra finalizara, durante la invasión de Iwo Jima, los hablantes navajos pasamos más de ochocientos mensajes en dos días.

Cuando la bandera estadounidense se izó en la cima de la montaña de Iwo Jima, se anunció la victoria en código para la flota estadounidense. Y el código fue *'Sheep-Uncle-Ram-Ice-Bear-Ant-Cat-Horse-Itch'*.

Juan trató de deletrearlas.

—¿Suribachi? —preguntó.

—Sí —contestó su abuelo—. Monte Suribachi.

—Cuando volví a casa, caminé doce millas desde la estación
del autobús hasta aquí. No hubo desfile ni fiesta. No podía contarle
a nadie acerca del código. Miré hacia abajo, al fondo de este
hermoso cañón y pensé: "No me iré nunca más".

—¿Pero por qué te fuiste la primera vez? —preguntó Juan.

Su abuelo lo alzó lentamente y lo subió al caballo.

—La respuesta a esa pregunta se encuentra en el código —contestó—. El código para Estados Unidos era "Nuestra madre". Uno lucha por lo que ama. Uno lucha por lo que le pertenece.

Se inclinó para subirse detrás de Juan y lo tomó por la cintura para sostener las riendas.

—Guarda mi billetera —dijo—. Te hará recordar el código indescifrable que alguna vez salvó a tu país.

Juan tomó firmemente la billetera con una mano y la crin del caballo con la otra. Ya no tenía tanto miedo de ir a un lugar nuevo. Su abuelo le había mostrado quién era y lo que siempre le pertenecería. Era el nieto de un hablante en código navajo y sabía un idioma que una vez había ayudado a salvar a su país.

AHORA COMPRUEBA

Hacer y responder preguntas ¿Cómo influye en Juan la historia del abuelo? Vuelve al texto para hallar la respuesta.

CONOCE A LAS AFICIONADAS A LA HISTORIA DE LOS NAVAJOS

Sara Hoagland Hunter viajó al sudoeste para escribir este cuento. Allí, entrevistó a algunas personas del pueblo navajo que habían luchado en la Segunda Guerra Mundial. Después de mucho debatir, los mayores de la tribu estuvieron de acuerdo en que Sara debía contar su historia. Los hombres navajos estaban ansiosos de contar sus experiencias a sus propios hijos y nietos, y un libro para niños era una buena manera de lograrlo.

Sara quería representar la cultura navaja fielmente. Respetaba la generosidad y sabiduría pacífica de las personas que había entrevistado. Durante el proceso de escritura, incluso compartió borradores con las personas que había conocido. *El código indescifrable* se convirtió en uno de los trabajos favoritos de Sara.

Julia Miner es una artista y arquitecta que disfruta ilustrando cuentos con un enfoque regional o histórico. Por esta razón estaba ansiosa de acompañar a Sara Hoagland Hunter en su viaje de investigación al sudoeste. Julia se enamoró del paisaje y estaba emocionada al dibujar y pintar la escena. Cuando compartió su trabajo de arte con los navajos, ellos quedaron encantados con sus dibujos realistas.

Propósito de la autora

Sara Hoagland Hunter descubrió que los navajos que ella entrevistó eran generosos, pacíficos y sabios. ¿De qué manera muestra estas características en *El código indescifrable*?

444

Respuesta al texto

Resumir

Resume cómo ayudó el abuelo al ejército en *El código indescifrable*. La información del organizador gráfico de tema puede servirte de ayuda.

¿Qué hace y dice el personaje?	¿Qué le ocurre al personaje?

Tema

Escribir

Piensa en cómo el abuelo le transmite a Juan una enseñanza. ¿Cómo te permite la narración de la autora entender que, al final, Juan interioriza esta enseñanza?

> La narración que desarrolla la autora…
> Así, esto me permite entender que Juan interioriza el mensaje del abuelo al…

Hacer conexiones

¿De qué manera los hablantes del código navajo y otras personas en el ejército contribuyeron a la causa? PREGUNTA ESENCIAL

Da otro ejemplo sobre personas de diferentes orígenes que trabajan juntas por una causa. ¿De qué manera se beneficia un grupo de las contribuciones de personas diferentes? EL TEXTO Y EL MUNDO

Compara los textos

Lee de qué modo grupos de personas contribuyeron a un esfuerzo durante la Segunda Guerra Mundial.

Aliados en acción

Entre 1930 y 1940, muchos países enfrentaron dificultades en su economía. Los líderes de dos naciones, Alemania y Japón, vieron una oportunidad e invadieron los países vecinos para expandir su poder. Otros países, como Italia, se les unieron. Estas fuerzas se llamaron las Potencias del Eje. Como respuesta, un grupo de países, incluidos Gran Bretaña, Francia, y más tarde la Unión Soviética, se unieron entre sí. Este grupo se conoció como las Fuerzas Aliadas. El conflicto empeoró y se expandió, hasta involucrar a más de cincuenta países. Esto se conoció como la Segunda Guerra Mundial.

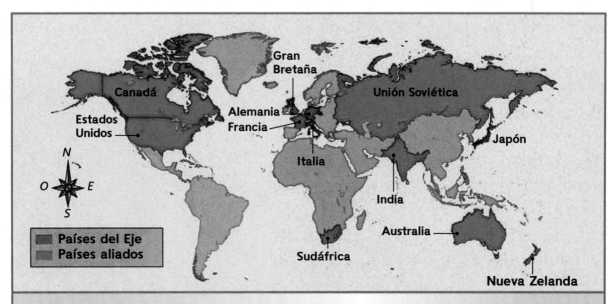

Gran Bretaña
Canadá
Estados Unidos
Alemania
Francia
Italia
Unión Soviética
Japón
India
Australia
Sudáfrica
Nueva Zelanda

N
O E
S

■ Países del Eje
■ Países aliados

Para 1941, Alemania y Japón habían invadido varios países. Como respuesta, Estados Unidos, la Unión Soviética, Francia y Gran Bretaña (y países que eran parte de su mancomunidad) se unieron para oponérseles.

Unirse a los aliados

Al comienzo, Estados Unidos intentó ser neutral. Sin embargo, después de que Japón atacara Pearl Harbor en diciembre de 1941, tuvo que actuar. El país se unió a los aliados y envió tropas a combatir en el Pacífico y Europa.

Muchos hombres partieron para combatir en la guerra. Las mujeres también **se alistaron** y con frecuencia prestaron su servicio en los cuerpos de enfermeras. El gran número de **reclutas** que se fue al extranjero ocasionó una escasez de trabajadores, así que muchas mujeres ocuparon trabajos que antes hacían los hombres. Se emplearon en cargos gubernamentales y trabajaron en fábricas. También consiguieron fondos y recogieron materiales que serían reciclados para hacer suministros para las tropas.

La escasez de trabajadores en la agricultura llevó a Estados Unidos a fundar el programa Bracero con México. *Bracero* es otra palabra en español para jornalero. Este programa animaba a los trabajadores mexicanos a prestar asistencia a los dueños de granjas. Estos trabajadores calificados ayudaron a mantener los cultivos e hicieron que la economía del país fuera productiva durante la guerra.

WOMAN'S PLACE IN WAR
The Army of the United States has 239 kinds of jobs for women
THE WOMEN'S ARMY CORPS

Aunque las mujeres se podían alistar en el ejército de reserva, la mayoría no eran enviadas directamente a la batalla.

Los pilotos de Tuskegee

Al comienzo de la guerra, una cantidad de hombres afroamericanos ya estaban activos en el ejército, sin embargo, sus cargos eran limitados y casi nunca les daban la oportunidad de avanzar o de estar en **operaciones** militares especiales.

Muchos grupos de derechos civiles habían protestado ante estas restricciones, y como respuesta, en 1941, el cuerpo aéreo del ejército comenzó un nuevo programa de entrenamiento. Allí prepararon a los afroamericanos para convertirse en pilotos y navegantes. Este programa tuvo su base en Tuskegee, Alabama. Aquellos que completaron el entrenamiento en aeronáutica o pilotaje allí se conocieron como "Los pilotos de Tuskegee".

Los pilotos volaron en misiones durante la Segunda Guerra Mundial y se ganaron una sólida reputación por sus habilidades. Su éxito llevaría al ejército a reconocer el servicio de los afroamericanos y a ofrecerles más oportunidades de entrenamiento.

Cerca de 1,000 afroamericanos completaron el programa de entrenamiento de pilotos en Tuskegee, Alabama.

Los codificadores en idioma navajo

Un grupo con una habilidad única tuvo un papel principal en el éxito militar de Estados Unidos durante la guerra. Philip Johnston, un veterano de la Primera Guerra Mundial e hijo de un misionero en una reservación de los navajos, sabía que los soldados de la tribu choctaw habían sido capaces de codificar, o poner en un código, los mensajes del ejército. Pensó que los navajos podían ayudar de la misma manera en la Segunda Guerra Mundial.

Johnston estaba en lo correcto. Demostró lo rápido que los navajos podían codificar y descifrar mensajes. Eran mucho más rápidos que las máquinas que se usaban. Adicionalmente, el complejo idioma navajo no era un lenguaje escrito, lo cual hacía que los mensajes codificados que el enemigo pudiera **interceptar** fueran aún más difíciles de descifrar.

En 1945, las fuerzas aliadas ganaron la guerra contra las Potencias del Eje. La victoria requirió las **contribuciones** de muchas personas de una **diversidad** de orígenes, tanto en el campo de batalla como en casa. Algunos ofrecieron sus capacidades y habilidades. Otros hicieron sacrificios, grandes y pequeños, para apoyar la causa de la guerra. Ya fuera en acción o como apoyo, los esfuerzos de estos diferentes grupos condujeron a un importante logro en la historia mundial.

Los pilotos de Tuskegee volaron en más de 15,000 misiones entre 1943 y 1945.

El código navajo dejó perplejos a los japoneses, quienes habían descifrado muchos otros códigos.

Haz conexiones

¿De qué modo grupos diferentes apoyaron el esfuerzo de Estados Unidos durante la Segunda Guerra Mundial? PREGUNTA ESENCIAL

¿En qué se parecen los pilotos de Tuskegee a otro grupo de un texto que hayas leído? ¿En qué se diferencian las habilidades y el propósito de cada grupo? EL TEXTO Y OTROS TEXTOS

(t) U.S. Marine Corps Photograph

449

Género • Fantasía

Pregunta esencial

¿Qué podemos hacer para llevarnos bien entre todos?

Lee sobre cómo Rulo el Rompedor cambia su comportamiento agresivo.

¡Conéctate!

todos los osos son zurdos

Ignacio Padilla   ilustrado por Duncan Tonatiuh

Rulo el Rompedor, desde muy pequeño, siempre se tropezaba y rompía todo lo que veía. Sus padres, que eran científicos, habían creado una tabla numérica de castigos donde enumeraban científicamente los castigos para cada cosa que rompía Rulo. Inspirado por eso, Rulo se dispuso a descubrir sus propias leyes de la naturaleza para justificar su torpeza. El descubrimiento más importante que hizo fue la Ley Rulo de la Rompitud de las Cosas. Su conclusión, al observar que en el universo hay cosas que casi siempre se rompen, era que a las cosas les gusta romperse. Y además, que era necesario obedecer a esa ley. El problema era que la humanidad no sabía que existía esa ley y no dejaba que las cosas cumplieran con su enorme deseo de romperse.

Una noche rompió la pecera con los peces japoneses y se sentó muy tranquilo a esperar que regresaran sus papás a casa para explicarles la Ley de la Rompitud. Para su sorpresa, ellos se enojaron mucho cuando vieron lo que había hecho y no pudieron entender aquella ley. Terminaron llevándolo a varios médicos, que lo pronunciaron sano. Por fin, la maestra Antonomasia sugirió que el problema de Rulo provenía de que era zurdo, y era normal que los zurdos rompieran cosas y tropezaran, ya que les costaba trabajo coordinar sus movimientos. Rulo interpretó eso como que era normal su comportamiento torpe, y escribió una segunda Ley de la Rompitud de las Cosas, que llamó la Ley Antonomasia. Pensó que nadie podía castigarlo por obedecer esa ley. Escribió en su cuaderno: "Los zurdos rompen cosas, Rulo es zurdo y por eso rompe cosas".

Además, Rulo no tenía la culpa de ser zurdo. Los zurdos merecían que el mundo entero tuviera mucha paciencia, pues eran especiales además de ser desgraciados. Ser la mayor víctima del universo le hacía sentirse poderoso. Su papá le había dicho que ser zurdo no era una enfermedad, sino que se nace zurdo y se es zurdo para siempre.

Tanto en casa como en la escuela lo empezaron a tratar mejor, y Rulo se estaba sintiendo como el rey del universo, hasta que un día llegó una nueva alumna llamada Victoria Camargo, que le arruinó su felicidad. Victoria era zurda, pero era bonita y simpática, estudiosa y bien portada: no tropezaba ni rompía las cosas. Para Rulo, que hasta ese momento había sido el único zurdo en la escuela, ella no podía ser una verdadera zurda, ya que la Ley Antonomasia era una ley de la naturaleza que no se podía desobedecer. Victoria era una impostora que decía ser zurda para tener un trato especial. Rulo tenía que defender su honor. Decidió retar a Victoria a un duelo para demostrar que él era el único zurdo auténtico.

451

El duelo de los zurdos

El duelo tuvo lugar en el parque cerca de la escuela. Victoria la Impostora llegó a la cita diez minutos antes, pues para colmo era muy puntual. Muchos de sus compañeros fueron a apoyarla.

Rulo el Rompedor llegó un poco tarde. Se había quedado dormido porque la noche anterior había estado **practicando** sus artes para vencer a Victoria. Le dolía la pierna izquierda de tanto practicar penaltis contra la puerta del garaje. Le dolía la cabeza por los **coscorrones** que le habían dado por romper la vajilla de las visitas. Le dolía cada parte del cuerpo, pero estaba seguro de que ganaría el duelo. Se sentía listo para demostrar que él era el único y máximo guardián de la Ley Antonomasia.

Lo primero que hizo al llegar fue decir que los zurdos siempre llegan tarde a los duelos. Dijo que ésa era una de las primeras reglas de la Ley Antonomasia. Victoria no parecía muy convencida. Rulo exigió medio punto de ventaja por haber llegado tarde. Luego de pensarlo un rato, los jueces decidieron dárselo. Entonces comenzó el duelo.

La primera prueba era muy simple. Los concursantes tenían que recortar con tijeras una tira de muñequitos de papel. El que hiciera la tira más fea sería el ganador. Rulo ganó sin discusión. Su tira de hombrecitos era francamente espantosa: parecía una pirámide de camellos. Por más que se esforzó por evitarlo, Victoria terminó haciendo una tira de hombrecitos casi perfectos. Rulo ganó un punto, aunque nadie lo festejó con él.

La segunda prueba fue más reñida: los concursantes debían romper con un tiro libre directo las ventanas de la casa del Ruco Bastonazos. La casa estaba en los límites del parque. Era un caserón tan viejo como su dueño. Casi no le quedaban ventanas sin romper. Los niños del barrio acostumbraban jugar allí porque la casa tenía una barda enorme, perfecta para chutar penaltis. Eso sí, había que tirarlos con mucho tino porque el balón podía volarse y el Ruco Bastonazos nunca devolvía los balones.

Cuando llovía, la barda acababa marcada de balonazos de lodo. Si uno se descuidaba, el Ruco Bastonazos salía furioso y perseguía a los jugadores con su bastón. Era un hombre gigantesco y malencarado. Tenía una pierna más larga que la otra y el pelo gris y muy corto. Tenía además un perrazo llamado Calígula. Decían por ahí que su amo lo alimentaba con balones de futbol y pantalones de niño.

Rulo fue el primero en tirar. Se preparó, chutó y voló el balón por encima de la casa.

¡Qué mala pata! ¡Por primera vez en su vida Rulo no conseguía romper nada! Las cosas comenzaban a ponerse feas. Cuando fue su turno, Victoria pateó el balón con una **puntería** digna de campeonato. Con sólo un tiro rompió dos ventanas. El público aplaudió a rabiar.

En eso estaban cuando salió de la casa el Ruco Bastonazos, seguido por su temible perro. Todos echaron a correr. En la carrera, Victoria tropezó. No se pegó muy fuerte pero le salió sangre de la nariz. Todos estaban impresionadísimos. En ese momento Gregorio recordó que, según Rulo, los Zurdos tropezaban siempre. ¡Y Victoria acababa de dar un tropezón espectacular! Además, todos notaron que Rulo no había tropezado en su huida. ¡Victoria había ganado! ¡Sin duda era más zurda que Rulo! Los seguidores de Victoria decidieron festejarla comiendo con ella sándwiches de crema de acifalfas. Rulo se tiró al suelo, pataleó, se raspó las rodillas, les gritó para que vieran cómo él también era bueno para tropezar.

—¡Oigan! —gritaba—. ¡No hemos terminado! ¡Les digo que ella es una impostora! A los zurdos nos choca la crema de acifalfas…

Nadie lo escuchó. Rulo se había quedado solo. Victoria había ganado el duelo de los zurdos y la Ley Antonomasia había fracasado por completo.

La Sociedad de los Osos Polares

Rulo debía reconocerlo: el duelo de los zurdos había sido un error. No sólo había sido un error, había sido un fracaso. Y no sólo había sido un fracaso, sino una catástrofe morrocotuda. Era algo así como el fin del mundo pero sin la parte divertida de las explosiones y los meteoritos.

Así veía las cosas Rulo el Rompedor después de su derrota. Ahora Victoria Camargo era conocida como Victoria la Victoriosa. Sólo el pobre de Rulo creía que el duelo había sido una catástrofe, pues los demás pensaban que había sido un éxito. Era lo mejor que había ocurrido en la escuela desde que expulsaron a Horacio Garabito por incendiar un cesto de basura.

Rulo no dejaba de reprocharse. ¿Cómo se le pudo ocurrir algo como un duelo de zurdos? Antes, a nadie le importaba que algunas personas usaran la mano izquierda o el pie derecho. En cambio ahora no se

AHORA COMPRUEBA

Resumir ¿Qué ocurrió en el duelo? Resumir los sucesos te puede ayudar.

hablaba de otra cosa. Los zurdos estaban de moda. Ser zurdo ya no era una enfermedad ni una ley de la naturaleza: era algo así como un premio del destino.

Lo peor era que, gracias al duelo, también Victoria había descubierto que ser zurda tenía muchas ventajas. Desde que venció a Rulo, aquella niña se hizo todavía más popular. Sus compañeros la imitaban en todo: hablaban como ella, se peinaban como ella y le rogaban que les enseñara a escribir con la mano izquierda. En el recreo aparecieron grupos de niños que practicaban el tiro zurdo. Otros copiaban con la mano izquierda unas planas que les ponía Victoria. A la salida de clases se juntaban para compartir sus horribles sándwiches de acifalfas.

Rulo tuvo que acostumbrarse a estar solo. Iba y venía sin que le hicieran caso. Un día encontró en el patio un papelito que decía:

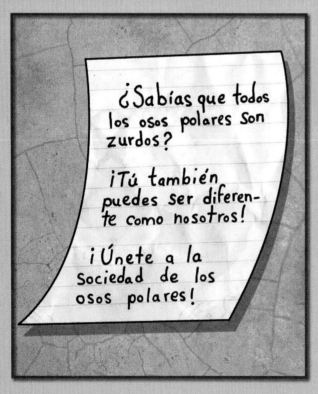

¿Sabías que todos los osos polares son zurdos?

¡Tú también puedes ser diferente como nosotros!

¡Únete a la Sociedad de los osos polares!

Rulo se quedó helado. ¿De dónde había salido ese ridículo papel? ¿Se habían vuelto todos locos o era él quien se estaba volviendo loco? Ahora no sólo había personas zurdas, sino osos polares zurdos. ¡Ahora cualquiera podía ser zurdo! Rulo fue al patio donde se reunían los seguidores de Victoria la Victoriosa. Les mostró el papel y preguntó:

—¿Qué significa esto?

—Es una invitación —dijo uno de los seguidores de Victoria.

—¡Ya sé que es una invitación! —dijo Rulo—. Quiero saber qué es la Sociedad de los Osos Polares.

—No podemos decirlo. Es una sociedad secreta —le respondieron.

Rulo comenzaba a perder la paciencia.

—¿Y por qué reparten invitaciones si es tan secreta?

Los seguidores de Victoria no supieron qué responder. Pensaron que Rulo quería confundirlos y lo miraron con desconfianza.

Rulo no se dio por vencido. Se plantó entre ellos y exigió que le dijeran por qué aquella sociedad se llamaba así. De pronto, una niña de quinto le preguntó:

—¿No sabías que todos los osos polares son zurdos? ¡Qué raro! Todos los zurdos lo saben.

—¡Claro que lo sé! —mintió Rulo.

Demasiado tarde: sus compañeros lo miraron como si viniera de otro planeta. ¿Cómo era posible que Rulo no supiera que todos los osos polares son zurdos?

Rulo sintió que el cielo se desplomaba sobre su cabeza. Todavía hizo un intento por defenderse:

—Escúchenme —dijo—. Nadie puede aprender a ser zurdo.

—¿Cómo lo sabes? —le preguntó un niño pequeño con cara de listo.

—¡Porque soy zurdo! —gritó Rulo—. ¡Soy un experto en ser zurdo!

—¿Nunca aprendiste a ser zurdo? —preguntó el niño.

—¡No, nací zurdo! —dijo Rulo.

—Entonces, ¿cómo sabes que no se puede aprender a ser zurdo?

Rulo no supo qué responder. Una vez más lo habían **derrotado**. Quizá sus compañeros tenían razón: tal vez sí se podía aprender a ser zurdo para llegar a ser un día como Victoria Camargo.

De repente Rulo notó que sus compañeros hablaban muy bajo entre ellos:

—¿Qué pasa?

—Rulo, ¿estás seguro de que eres zurdo? —le preguntó muy serio su ex amigo Gregorio.

—¡Segurísimo! —respondió Rulo indignado.

—Pues dicen por allí que tal vez no eres zurdo de verdad. Es decir, un zurdo zurdo. Como Victoria.

—¡Estoy harto de Victoria Camargo! —gritó Rulo fuera de control—. ¡Estoy harto de los osos polares! ¿Por qué dicen que no soy zurdo?

—Porque no eres como Victoria.

Esa tarde Rulo el Rompedor llegó a su casa y rompió una cafetera y tres muñecas de su hermana. También rompió el cuaderno donde había anotado las Leyes de la Rompitud. Mientras lo hacía, iba repitiendo: soy zurdo, soy zurdo. Pero nadie pareció escucharlo.

Las reglas de la Sociedad de los Osos Polares

No sólo la naturaleza tiene leyes. Los países tienen leyes. Los equipos y las escuelas tienen leyes. También las sociedades tienen sus leyes y sus reglas. Especialmente si se trata de sociedades secretas. La Sociedad de los Osos Polares tenía reglas muy estrictas aunque muy extrañas.

Así como no cualquiera puede ser zurdo, no cualquiera podía ser un oso polar. Para ser aceptados en esta sociedad secreta primero tenían que reconocer que ser zurdo era lo mejor que podía ocurrirle a un ser humano y que ser diestro no era ninguna maravilla. Luego era preciso salir a la calle al atardecer, ponerse en cuatro patas y gritar con fuerza: "¡Soy diestro, soy diestro! ¡Qué desgraciado soy!". Acto seguido los miembros de la sociedad le vendaban los ojos y lo llevaban a su guarida. Allí, el aspirante a Oso Polar tenía que confesar sus errores y sus crímenes de diestro. Debía decir: "Soy Fulano de Tal y me declaro culpable de ser diestro". Entonces contaba todas sus faltas. Finalmente la sociedad lo aceptaba a prueba, en calidad de Osezno Polar.

Después de esta ceremonia, el Osezno Polar aún debía pasar varias pruebas. En dos semanas debía ser capaz de escribir con la mano izquierda una página completa del libro de civismo. La página tenía que ser clara y sin faltas de ortografía. Luego, el Osezno Polar debía comerse sin vomitar ni hacer gestos un frasco entero de crema de acifalfas.

La prueba final consistía en romper con un tiro de izquierda una de las ventanas de la casa del Ruco Bastonazos. Por supuesto, ésta era la prueba más difícil. No sólo se necesitaba una combinación perfecta de fuerza, valor y puntería, sino además una ventana que no estuviera rota, y en la casa del Ruco Bastonazos ya sólo quedaban las más difíciles de alcanzar. Por otra parte, el viejo y su perro estaban más atentos que nunca, pues últimamente les habían roto más ventanas que de costumbre.

Cuando el Osezno Polar al fin conseguía pasar las pruebas, se convertía en Oso Polar. En una hermosa ceremonia era abrazado por sus compañeros y recibía un guante de color negro y la imagen de un oso polar dibujado por Victoria Camargo en persona. El guante negro era para la mano derecha, pues en adelante el Oso Polar debía usar sólo la mano izquierda. Por eso muchos de ellos rompían cosas al principio, aunque eso, como decía Victoria, era una muestra de que estaban aprendiendo a ser zurdos.

Lo del guante negro sólo se aplicaba en los recreos, en casa y en la calle. En el salón había que quitarse el guante y portarse como siempre para que nadie descubriera a la sociedad. De todos modos era imposible guardar un secreto así: los Osos Polares iban de aquí para allá con sus guantes, rompiendo cosas y saludándose siempre con la mano izquierda. Alumnos de todos los grados y de todos los barrios querían formar parte de la sociedad. Llegaron a ser tantos, que un día la casa del Ruco Bastonazos se quedó sin ventanas. Entonces cambiaron las reglas y comenzaron a romper las ventanas de otras casas del barrio.

La Sociedad de las Guacamayas Silvestres

Victoria Camargo era la gran jefa de la Sociedad de los Osos Polares. Fue ella quien puso las reglas. Era ella quien organizaba las reuniones y daba los discursos de bienvenida. Incluso entregaba los guantes negros y los dibujos de osos polares a cada uno de los miembros que eran aceptados en la sociedad.

Pero nada dura para siempre. Esto no quiere decir que la suerte de Rulo mejorara: fue sólo que la suerte de Victoria se acabó.

Un sábado, Rulo fue al parque a sentarse en su rincón favorito. Desde que fue derrotado en el duelo, tenía la costumbre de sentarse en un columpio oxidado que estaba en el **extremo** del parque. Allí nadie lo molestaba con duelos ni sociedades secretas. Cada que podía se llevaba un cuaderno y se ponía a dibujar. Hacía mucho que había dejado de estudiar las leyes de la naturaleza. Ahora sólo deseaba que lo dejaran en paz.

Pero ese día se le habían adelantado. ¡Había alguien en su columpio! Al principio Rulo pensó que era un niño de otro barrio y se dispuso a defender su rincón. Cuando estuvo más cerca se quedó de piedra: era Victoria Camargo. La gran jefa de la Sociedad de los Osos Polares estaba allí, frente a él. Rulo se molestó muchísimo. Iba a gritarle sus peores groserías cuando notó que Victoria estaba llorando. Entonces olvidó lo que iba a gritar y dijo con voz muy firme:

—¿Qué haces aquí?

Victoria dio un brinco del puro susto. Se bajó del columpio y se puso en guardia. Rulo notó que no traía su guante negro en la mano derecha. Cuando Victoria vio que Rulo no pensaba atacarla, se limpió las lágrimas y dijo:

—Me expulsaron de la Sociedad de los Osos Polares.

—¡No puede ser! —dijo Rulo—. ¡Tú eres la gran jefa de la sociedad!

—Pues ya no lo soy —respondió Victoria—. Ni siquiera soy una Osa Polar.

—¿Por qué? ¿Quién lo dice?

—¡Todos! Los Osos Polares dicen que no soy bastante zurda. Uno de ellos me vio jugar a la matatena con la mano derecha. Siempre me ha gustado jugar a la matatena con la mano derecha. ¡Pero ellos dicen que los traicioné por no usar la mano izquierda!

—¿Y no les dijiste nada? —preguntó Rulo. Otra vez sintió ganas de decir groserías.

—No —respondió Victoria—. Tienen razón. Rompí las reglas de la sociedad.

—¡Rompiste las reglas porque eres zurda! —explicó Rulo con ganas de tranquilizarla. ¡Recuerda que los zurdos lo rompemos todo!

Victoria sonrió. Pensó por un momento que debía volver a la sociedad y decirles que haber roto las reglas era una prueba de que de verdad era zurda. Luego lo pensó mejor y dijo:

—No, ni siquiera los zurdos podemos romper las reglas de los zurdos. Eso es lo único que no debemos romper. Merezco que me hayan expulsado. Además me quitaron mi mochila y se comieron mis sándwiches de acifalfas.

Rulo se quedó pensativo. ¿Cómo habían llegado las cosas hasta ese extremo? Volvió a pensar que tal vez él tenía la culpa de que ahora el mundo entero se hubiera vuelto loco. Era su culpa que la pobre Victoria Camargo estuviera allí.

—No te preocupes —le dijo al fin—. Yo sé que eres zurda. Eso es lo que importa. Te propongo algo. ¿Qué tal si hacemos una nueva sociedad?

—¿Quieres hacer la Sociedad Auténtica de los Osos Polares?

—No. Haremos una sociedad de zurdos auténticos. En ella sólo podrán participar los que hayan nacido zurdos. La llamaremos Sociedad de las Guacamayas Silvestres.

—¿Por qué guacamayas? ¡Son unos bichos horribles! —exclamó Victoria.

Rulo sonrió y dijo:

—También las guacamayas son zurdas, Victoria. Todas son zurdas como tú y como yo. ¿No lo sabías?

—La verdad es que no tenía idea.

Rulo sonrió.

—Pues ahora ya lo sabes.

Y diciendo esto le extendió la mano a Victoria.

AHORA COMPRUEBA

Resumir Por qué acaban escribiendo juntos Rulo y Victoria un documento? Usa la estrategia de Resumir.

La Declaración Universal

Victoria Camargo y Rulo el Rompedor pasaron el domingo organizando su nueva sociedad secreta. Rulo se olvidó para siempre de su cuaderno de leyes de la naturaleza y compró uno nuevo para anotar en él las leyes de la Sociedad de las Guacamayas Silvestres. Esta vez no podían equivocarse. En el cuaderno escribieron que sólo los que hubieran nacido zurdos podrían pertenecer a la Sociedad de las Guacamayas Silvestres. Los miembros podrían ser chinos o marcianos, negros o azules, pero, eso sí, tenían que ser completamente zurdos, zurdos de verdad.

Escribieron también que nadie aprende a ser zurdo. Y que los zurdos deben tener más derechos y privilegios que los diestros. Victoria y Rulo pensaban que el mundo estaba en deuda con ellos: la humanidad había maltratado a los zurdos a lo largo de muchos siglos y era hora de que pagara.

Todo esto lo escribieron porque Victoria sabía muchas historias de lo horrible que era ser zurdo en el pasado. Por su parte, Rulo tenía una lista larguísima de las cosas que sufrían los zurdos de hoy por vivir en un mundo donde casi todos eran diestros: las tijeras, los pupitres, los abrelatas, las navajas suizas, las tazas de chocolate, las guitarras, los guantes de beisbol, las cucharas para cortar el pastel y muchas cosas más se hacían sólo para diestros.

Victoria no salía de su asombro: nunca se había puesto a pensar en cuántas cosas no estaban hechas para zurdos. Y la verdad es que tampoco le había dado mucha importancia.

Ahora, en cambio, se sentía molesta. Rulo la convenció de que el universo entero estaba en contra de ellos y que había llegado el momento de la **venganza**. Sólo los otros zurdos del mundo podrían entender a las Guacamayas Silvestres. Los zurdos eran como caballeros andantes en un mundo de monstruos feroces que usaban la mano derecha sólo para hacerles la vida imposible a los zurdos.

Pensando en esto, Victoria y Rulo agregaron a su reglamento una lista de zurdos famosos que Victoria había encontrado en la enciclopedia: artistas, genios, deportistas, presidentes. Había zurdos importantes en todos los momentos de la historia, lo cual sólo podía significar una cosa: los zurdos eran más listos y más fuertes que los diestros.

Hay que decir que Rulo y Victoria también encontraron una lista de criminales zurdos. Luego de pensarlo un momento, decidieron no mencionar nada sobre ellos en su reglamento, pues se convencieron de que era una lista incorrecta o falsa. Sin duda había sido escrita por algún diestro con ganas de hacerles mala fama a los zurdos. Las Guacamayas Silvestres rompieron la lista de criminales y siguieron adelante con su trabajo.

Además de las listas de zurdos famosos y de sus leyes, Victoria y Rulo planearon entregarle a la maestra Antonomasia una Declaración Universal de los Derechos de los Izquierdos. No querían nada violento: sólo exigirían sus derechos. Demostrarían con razones firmes y claras que se les había tratado injustamente. Primero pedirían que en vez de *zurdos* se les llamara *izquierdos*, pues

esto sonaba mejor. Además, Rulo y Victoria pensaban que con ese cambio de nombre los tratarían mejor. Luego pedirían que en el salón siempre hubiera pupitres y tijeras para zurdos. Pedirían también que en la clase de música les enseñaran a tocar guitarra zurda. Pedirían que de cada diez maestros en la escuela hubiera por lo menos un zurdo auténtico, que por lo menos hubiera un zurdo en la sociedad de alumnos y que la escuela diera becas para zurdos sin importar si eran buenos estudiantes o no.

Rulo también pensó pedir que entre los animales del laboratorio de biología hubiera por lo menos una rana, un pez y un ratón

zurdos. Victoria estuvo de acuerdo, pero luego de reflexionar un momento, dijo:

—¿Y cómo van a saber si un pez o una rana son zurdos?

Victoria tenía razón. Rulo se dio cuenta de que ni siquiera sabía cómo era posible determinar que un oso polar o una guacamaya silvestre eran zurdos. Mejor sería sacar a los animales de su Declaración de los Derechos de los Izquierdos. No era necesario complicar tanto las cosas.

Ni osos ni guacamayas

La Sociedad de las Guacamayas Silvestres estaba lista para cambiar el mundo, pero el mundo no estaba listo para ellos. De hecho, mientras Victoria y Rulo se preparaban, el mundo había cambiado por sí solo. Y la verdad es que no había cambiado de muy buen modo que digamos.

El lunes por la mañana, Rulo el Rompedor y Victoria la Victoriosa caminaron juntos a la escuela. Llevaban consigo su cuaderno de Leyes de la Sociedad de las Guacamayas Silvestres y su lista de zurdos famosos. Además, Victoria había escrito la Declaración Universal de los Derechos de los Izquierdos en una cartulina enorme de color rosa. A la hora del recreo la pegarían en el muro de avisos y le entregarían una copia a la maestra Antonomasia.

Pero las cosas no ocurrieron como ellos esperaban. En cuanto llegaron a la escuela notaron que algo andaba mal. Sus compañeros estaban inquietos. Iban de aquí para allá con cara de espanto. Se juntaban en pequeños grupos y luego salían corriendo como si los persiguiera un fantasma. De repente pasó corriendo Gregorio. Rulo lo detuvo:

—¿Qué pasa, Gregorio? ¿Adónde vas?

Gregorio traía en la mano el guante negro que le habían dado cuando entró en la Sociedad de los Osos Polares. Pero no lo llevaba puesto: lo estrujaba como si quisiera esconderlo o arrojarlo muy lejos.

—¡Déjame ir, Rulo! ¡Tengo que esconder esto antes de que acabe la junta!

—¿De qué junta hablas? —preguntó Victoria.

—Hay una junta en la oficina de la directora —explicó Gregorio—. Vinieron a quejarse los vecinos. ¡Esto se va a poner feo!

Sonó la campana. Rulo y Victoria fueron a formarse. Siempre era una mala noticia que hubiera junta con la directora. De hecho, cualquier cosa que tuviera que ver con la directora era una pésima noticia, pues no era el tipo de persona que a uno le gustaría encontrarse por allí. Mucho menos cuando salía de junta con los vecinos de la colonia. Esas juntas siempre traían problemas. Los vecinos ponían a la directora de muy mal humor. Luego ella ponía a las maestras de mal humor y las maestras ponían a los alumnos a temblar. Es más, ella *siempre* estaba de mal humor. Pero los problemas con los vecinos la ponían como pantera. Una pantera mezclada con rinoceronte.

Cuando entraron en el salón, la maestra Antonomasia miró a todos desde el fondo de sus lentes de momia egipcia. Traía la misma cara que había puesto cuando expulsaron a Horacio Garabito por incendiar un cesto de basura.

—Los vecinos del barrio vinieron a quejarse de que les rompen las ventanas de sus casas —dijo.

Todos guardaron silencio. La maestra volvió a hablar:

—Sabemos que esas ventanas las rompieron los miembros de un grupo de delincuentes que se hace llamar la Sociedad de los Osos Polares.

Victoria palideció. Rulo trató de tranquilizarla. Le recordó en voz baja que ella ya no pertenecía a la Sociedad de los Osos Polares. No tenía de qué preocuparse. Victoria sonrió, aunque no estaba muy segura de si debía sentirse a salvo. Y tenía razón: en ese preciso momento la maestra Antonomasia pidió al grupo que dijera los nombres de quienes formaban parte de la sociedad. Se hizo un silencio absoluto. Finalmente, uno de los niños de adelante se puso de pie.

—¡Fueron ellos! —dijo señalando a Rulo y a Victoria.

Los demás también se pusieron de pie, los señalaron, les gritaron, los acusaron. De repente alguien dijo:

—¡Claro que fueron ellos! Cualquiera sabe que todos los osos polares son zurdos.

—¡Ellos son los únicos zurdos en la escuela! —gritó alguien más.

Rulo y Victoria no tuvieron tiempo de defenderse. La lengua se les había congelado. En cambio la maestra Antonomasia era un volcán. Estaba frente a ellos echando sapos y culebras por la boca. Dio un grito tan fuerte que por poco rompe las ventanas del salón. En un segundo, los miembros de la Sociedad de las Guacamayas Silvestres se habían

teletransportado como de rayo a la oficina de la directora.

El último de los osos

Dicen que los males nunca vienen solos. Ni los males ni los malos. Así lo comprobaron esa mañana los únicos dos miembros de la Sociedad de las Guacamayas Silvestres.

La directora no estaba sola en su oficina. Había alguien sentado frente a ella. Era uno de los vecinos. Pero no era un vecino cualquiera. Éste era enorme, tenía los brazos tatuados y el pelo muy corto y muy gris. ¡Allí estaba el Ruco Bastonazos! Ni más ni menos. Rulo y Victoria lo reconocieron de inmediato. Por fortuna no venía con él su perro Calígula. De todos modos las Guacamayas Silvestres sintieron que estaban metidos hasta el cuello en la peor de sus pesadillas.

Como era de esperarse, la directora se había convertido ya en la pantera mezclada con rinoceronte. Sólo le faltaba echar humo por la nariz. Si no fuera porque allí estaba el Ruco Bastonazos, de seguro habría roto la oficina. Rulo y Victoria no sabían a quién temerle más. Miraban en silencio al viejo y a la directora. De pronto, la directora se esforzó por controlar su enojo y dijo:

—Supongo, muchachos, que ya conocen al señor Capriati.

Las Guacamayas Silvestres asintieron. ¡Claro que lo conocían! Conocían su casa, su bastón, su mal genio y hasta a su perro. Lo único que no sabían hasta ese momento era que se llamaba Capriati. Por desgracia, esa importante información no los hizo sentirse más tranquilos.

La directora prosiguió:

—¿Así que ustedes inventaron la Sociedad de los Osos Polares?

—Sí, pero... —intentó decir Victoria. La directora la interrumpió:

—¿Sabían que todos los vecinos de la colonia están muy molestos porque les

463

rompieron las ventanas? —luego señaló un papel en su escritorio y dijo —: Los vecinos han escrito una demanda. El señor Capriati ha tenido la amabilidad de venir aquí antes de acudir a la policía. ¿Saben lo que eso significa?

Rulo y Victoria negaron con la cabeza.

—Significa que tenemos que expulsarlos si no queremos que demanden a la escuela.

Las Guacamayas Silvestres parecían ahora papagayos blancos. Victoria estaba a punto de llorar. Rulo no le quitaba la vista de encima al Ruco Bastonazos. El hombre no había abierto la boca desde que entraron en la oficina. De repente se movió un poco, adelantó su enorme cuerpo y les preguntó:

—¿Puedo saber por qué se llama así su sociedad?

—Porque, porque todos los osos polares son zurdos —tartamudeó Rulo.

—¡Y eso a quién le importa! —gritó la directora.

El Ruco Bastonazos levantó su bastón como pidiéndole que no interrumpiera. La directora se calló como si también le tuviera terror al bastón de su visitante.

—Es importante, señora directora —dijo muy serio el viejo—. Es muy importante que los osos polares sean zurdos. —Luego se dirigió a Rulo y a Victoria y les preguntó—: ¿Ustedes también son zurdos?

—Sólo a veces —mintió Victoria.

A Rulo le pareció que el Ruco Bastonazos sonreía. Sólo fue un instante: una sonrisa que desapareció enseguida. Luego le pidió a Victoria que le mostrara la cartulina que apretaba en la mano. Era la cartulina rosa donde ella y Rulo habían escrito la Declaración Universal de los Derechos de los Izquierdos. Victoria se la entregó al viejo.

El Ruco Bastonazos leyó con atención. En la oficina se escuchaba sólo su respiración profunda, como de barco a punto de hundirse. Cuando terminó de leer dio un suspiro que sacudió hasta a la directora. Ella aprovechó para decirle:

—Señor Capriati, le aseguro que estos niños no volverán a poner un pie en la escuela.

El Ruco Bastonazos había enrollado cuidadosamente la cartulina. Se la devolvió a Victoria diciendo:

—Creo que no hará falta, señora directora. Estos osos polares no volverán a romper una sola ventana, ¿verdad?

Rulo y Victoria dijeron que no. Fue un no muy suave, aunque por dentro tenían ganas de gritar de alivio. Ni siquiera la directora entendía lo que estaba pasando. Quiso decir algo pero el viejo volvió a levantar su bastón pidiendo a la directora una hoja de papel y una pluma. Ella le dio lo que pedía. El viejo le pasó la hoja y la pluma a Rulo y dijo:

—Escriba lo siguiente, por favor. —Rulo empezó a escribir lo que el viejo dictaba: "La Sociedad de los Osos Polares promete al señor Aldo Capriati que no volverá a romper las ventanas del barrio. Por su parte, el señor Aldo Capriati promete, a nombre de todos los vecinos, retirar las acusaciones contra la Sociedad de los Osos Polares".

Cuando el contrato estuvo listo, el señor Capriati pidió a Rulo y a Victoria que lo firmaran. Luego firmó él. En ese momento las Guacamayas Silvestres entendieron todo: el señor Capriati había firmado con la mano izquierda.

Salieron juntos de la oficina. Caminaban en silencio. Sólo se escuchaba el ruido del bastón del viejo. De pronto, el señor Capriati se detuvo para decirles:

—Les voy a compartir un secreto: no todos los osos polares son zurdos. Acabo de descubrir que en el zoológico hay uno que es diestro —y diciendo esto se alejó.

Ese fin de semana Rulo el Rompedor y Ana Victoria Camargo convencieron a sus padres de que los llevaran al zoológico. Al llegar fueron corriendo directamente a la fosa donde estaban los osos polares. Los observaron con mucha atención, estudiaron cada uno de sus movimientos, hicieron todo por descubrir cuál de ellos era diestro. Entonces notaron que tampoco era posible saber si los osos polares eran zurdos. Nunca encontraron una sola señal que les permitiera saber sin duda alguna si los osos preferían usar la garra izquierda o la garra derecha.

Al principio, Victoria y Rulo se sintieron decepcionados. Más tarde comenzaron a sentirse muy tranquilos. Los osos no parecían muy preocupados por ser zurdos o diestros. Cuando se despidieron esa tarde, Rulo y Victoria también dejaron de preocuparse.

AHORA COMPRUEBA

Volver a leer ¿Por qué decide el señor Capriati no ir a la policía? Vuelve a leer para comprobar que entendiste.

465

Conozcamos al autor y al ilustrador

Ignacio Padilla, escritor mexicano, nació en Ciudad de México en 1968. Es licenciado en Comunicación por la Universidad Iberoamericana, maestro en Literatura inglesa en la Universidad de Edimburgo y doctor en Literatura española e hispanoamericana en Salamanca. Sus obras han sido traducidas a más de quince idiomas y ha sido merecedor de numerosos premios. Entre los premios que ha recibido se destaca el Premio Internacional de Cuento Juan Rulfo en 2008.

Duncan Tonatiuh nació en la Ciudad de México, pero creció en San Miguel de Allende. Se graduó de la escuela de Parsons, The New School for Design, y de Eugene Lang College en la Ciudad de Nueva York en 2008. Duncan es un galardonado autor e ilustrador. Su libro, *Diego Rivera: Su mundo y el nuestro*, publicado en 2011 por la editorial Abrams Books para jóvenes lectores, ganó el premio Pura Belpré de ilustración 2012. El libro también ganó en 2012 el premio Tomás Rivera de libros infantiles mexicoamericanos.

Propósito del autor

El autor escribe sobre la vida de un niño muy agresivo. ¿Cuál consideras que es el mensaje que quiso dar?

Respuesta al texto

Resumir

Resume qué le ocurrió a Rulo en *Todos los osos son zurdos* para que al fin se pudiera llevar bien con los demás. La información del organizador gráfico de tema puede servirte de ayuda.

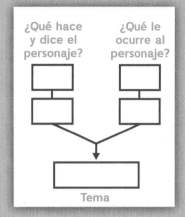

Escribir

Piensa en cómo se narran y estructuran los sucesos del duelo de los zurdos, la Declaración Universal y la visita al zoológico. ¿Cómo se relaciona el problema de agresividad de Rulo con estos sucesos de la trama?

En el suceso del duelo de los zurdos…
En los sucesos de la Declaración Universal y la visita al zoológico…
Así, estos sucesos de la trama se relacionan con el problema de agresividad de Rulo en que…

Hacer conexiones

Comenta cómo pudo Rulo al fin llevarse bien y cómo esto resolvió el problema. PREGUNTA ESENCIAL

Da un ejemplo de cómo se lleva bien un personaje del cuento con otros. ¿De qué otras maneras pueden llevarse bien las personas? EL TEXTO Y EL MUNDO

Compara los textos
Lee sobre las acciones que realizan las personas para llevarse bien con los demás.

ELIGE TU ESTRATEGIA:
Una guía para llevarse bien

Toc, toc, toc.
Tu compañera de clase golpea su pie contra tu escritorio y te cuesta trabajo concentrarte. *¿Qué haces?*

Ja, ja, ja.
Tus medias disparejas hacen reír a tus amigos y no paran de burlarse. Ahora tu cara se está poniendo rosada y roja también. *¿Qué puedes hacer?*

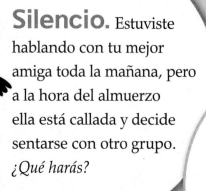

Silencio.
Estuviste hablando con tu mejor amiga toda la mañana, pero a la hora del almuerzo ella está callada y decide sentarse con otro grupo. *¿Qué harás?*

Crac.
Oyes que un lápiz se parte detrás de ti. Esos dos niños han empezado nuevamente a acosar a tu compañero de clase. *¿Qué decides hacer?*

¿Se acercan problemas? Seguro puedes imaginar lo que es estar en estas circunstancias pues, desafortunadamente, los problemas surgen. Lo que decides hacer y cómo responder a este tipo de situaciones es importante: tu reacción puede influir en cómo te sientes contigo mismo y con los demás, y en cómo se sienten contigo.

Debido a que cada persona y problema son diferentes, las estrategias que uses para resolver los problemas también serán diferentes. Estas son algunas de las formas en que las personas pueden llevarse bien con los demás.

Ten en cuenta otras perspectivas

Una buena forma de enfrentar un problema es pensar en la perspectiva que tiene la otra persona de la situación. ¿Alguna vez has oído la expresión "Ponerse en los zapatos del otro"? No, esto no quiere decir que vas a usar los zapatos de otra persona. Significa imaginar cómo sería estar en la posición de alguien más. Después de todo, tal vez tu compañera de clase estaba concentrada y no se había dado cuenta de que su golpeteo te molestaba. Tener en cuenta otras posibilidades y puntos de vista te ayuda a decidir cómo responder de la mejor manera. Además, antes de reaccionar de manera impulsiva, detente y pregúntate: ¿es este un problema *grande*? Entonces, puedes decidir si vale la pena decir o hacer algo al respecto.

Háblalo

Los problemas generalmente surgen cuando hay malentendidos entre las personas. A veces, es difícil saber cómo se siente otra persona, y tú no puedes adivinar qué anda mal. Hablar claramente es una manera de solucionar el problema. Pero ¿por dónde empezar? Un simple "¿Qué tal?" puede abrir un espacio para hablar. Por ejemplo, si una amiga tuya de repente te evita, preguntarle qué sucede puede darte una pista. A lo mejor no te diste cuenta de que hiciste un comentario que hirió sus sentimientos. Una sencilla conversación puede ayudarlos a ver el punto de vista del otro y resolver los malentendidos.

Modifica tu actitud

Una de las mejores formas de llevarse bien con otros es tener una actitud positiva. Recuerda que tu actitud y tu tono de voz afectan a quienes te rodean. Si le respondes con un grito a tu compañero, es probable que este reaccione de manera negativa, y esto puede convertir un problema pequeño en uno grande. Si preguntas amablemente, puedes obtener un mejor resultado.

Buscar humor en la situación también puede ayudar a reducir la tensión. Digamos que estás mortificado por tus medias disparejas, pero detente y piensa si realmente es algo por lo que valga la pena enfurecerse. Pensándolo bien, *es* gracioso. A veces la risa es la mejor medicina y un cambio de actitud puede cambiar tu día.

Ayuda adicional

Cuando surge un **conflicto** grave entre amigos o compañeros de clase, puede ser necesario pedir ayuda adicional. Tal vez un adulto, como un padre o un maestro, deba **intervenir** si el problema no se soluciona con otras estrategias. Algunas situaciones pueden empeorar o convertirse en un problema repetitivo, en cuyo caso es mejor pedir ayuda. Si esos dos niños molestan a tu compañero de clase todos los días, puedes sugerirle que pida ayuda a un adulto.

Recuerda, no existe solo una manera de resolver un problema. Como en un juego, llevarse bien requiere de estrategia y lo que funciona para una persona o en una situación, puede no funcionar para otra. Cada situación es única y está en tus manos decidir qué hacer.

Haz conexiones

¿Qué estrategias nos pueden ayudar a llevarnos bien con los demás? **PREGUNTA ESENCIAL**

Piensa en un personaje sobre el que hayas leído que haya tenido un conflicto con otro personaje. ¿Qué acciones toma el personaje para llevarse bien con los demás? ¿Qué otras acciones hubiera podido tomar? **EL TEXTO Y OTROS TEXTOS**

Illustration: John Haslam

Género • Texto expositivo

SUPERVIVENCIA A 40 bajo cero

Debbie S. Miller
ilustrado por Jon Van Zyle

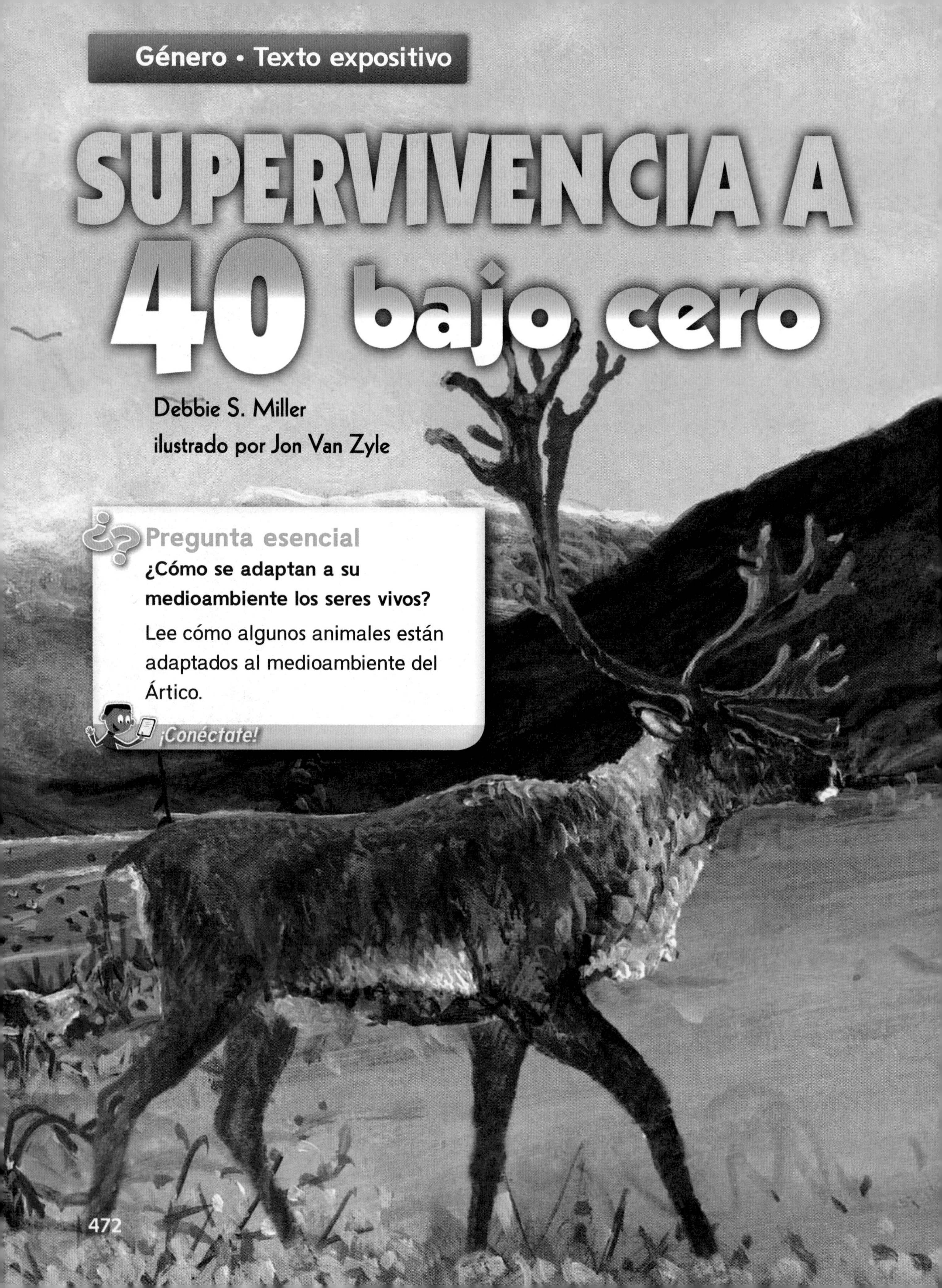

Pregunta esencial

¿Cómo se adaptan a su medioambiente los seres vivos?

Lee cómo algunos animales están adaptados al medioambiente del Ártico.

¡Conéctate!

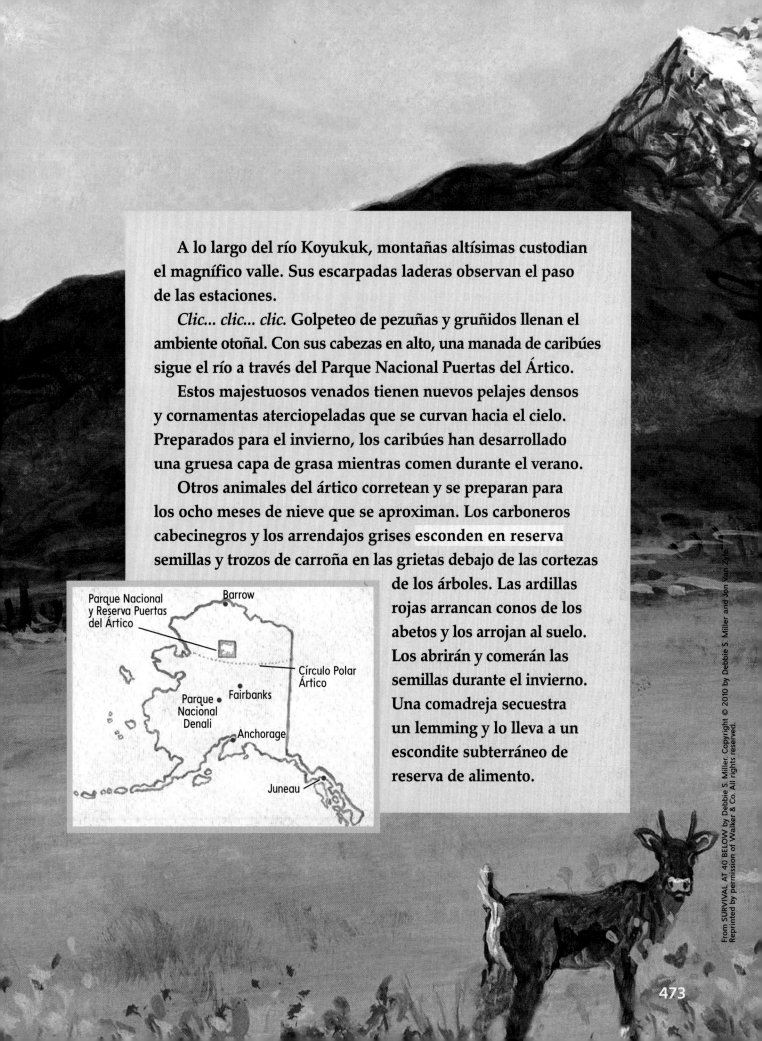

A lo largo del río Koyukuk, montañas altísimas custodian el magnífico valle. Sus escarpadas laderas observan el paso de las estaciones.

Clic... clic... clic. Golpeteo de pezuñas y gruñidos llenan el ambiente otoñal. Con sus cabezas en alto, una manada de caribúes sigue el río a través del Parque Nacional Puertas del Ártico.

Estos majestuosos venados tienen nuevos pelajes densos y cornamentas aterciopeladas que se curvan hacia el cielo. Preparados para el invierno, los caribúes han desarrollado una gruesa capa de grasa mientras comen durante el verano.

Otros animales del ártico corretean y se preparan para los ocho meses de nieve que se aproximan. Los carboneros cabecinegros y los arrendajos grises esconden en reserva semillas y trozos de carroña en las grietas debajo de las cortezas de los árboles. Las ardillas rojas arrancan conos de los abetos y los arrojan al suelo. Los abrirán y comerán las semillas durante el invierno. Una comadreja secuestra un lemming y lo lleva a un escondite subterráneo de reserva de alimento.

Parque Nacional y Reserva Puertas del Ártico

Barrow

Círculo Polar Ártico

Parque Nacional Denali

Fairbanks

Anchorage

Juneau

Las noches son cada vez más frías. Una delgada capa de hielo se desliza a través de una laguna, cerca del río. Cómodos en sus madrigueras, los castores descansan luego de cortar muchos árboles jóvenes para su escondite de reserva subacuático. Cerca de su montón de alimento, un pez negro de Alaska nada lentamente a través de la vegetación de una laguna en busca de larvas de insectos. Este habitante del fondo puede sobrevivir al invierno en lagunas congeladas poco profundas y con poco oxígeno. Además de branquias, el pez negro tiene un esófago inusual que funciona como un pulmón y toma oxígeno del aire. Durante el invierno, este pez encontrará huecos en el hielo y respirará por la boca.

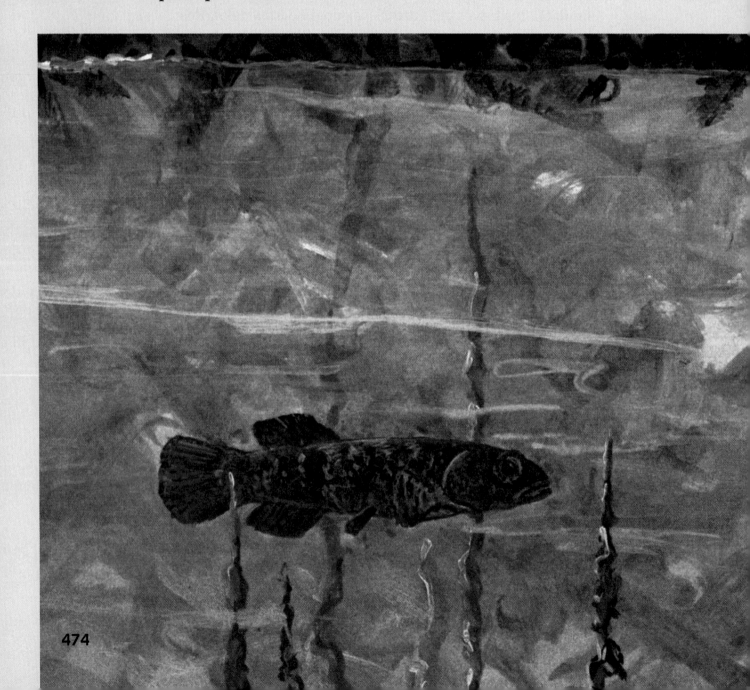

Las hojas susurran suavemente a medida que una rana
de la madera excava en el mantillo del bosque. De repente,
la rana siente que su piel se congela. Su corazón empieza a latir
con rapidez. El hígado de la rana produce muy pronto gran
cantidad de glucosa. Este líquido azucarado, que la rana bombea
por todo su cuerpo durante varias horas, protegerá el interior de
sus células de los cristales de hielo. Cuando se congelan más de
las tres cuartas partes de su cuerpo, la rana deja de respirar
y su corazón deja de latir.

Pero, como por arte de magia, la rana aún está viva. Debajo de
las capas aislantes de mantillo y la nieve, este anfibio congelado
hibernará hasta la primavera. ¡Es una paleta de rana viva!

A lo lejos en el valle, un pequeño mamífero dorado está gordo luego de una dieta veraniega de plantas y semillas de la tundra. A medida que los días se vuelven más cortos, la ardilla ártica macho cava túneles en el suelo para preparar su madriguera. Excava una cámara subterránea, de casi el tamaño de una cancha de baloncesto, y la llena con pasto y mechones de pelaje de caribú. Luego, recolecta y almacena semillas y bayas.

Sic... sic... sic. La ardilla cotorrea, es una señal de advertencia. Al otro lado del río, un oso pardo da un vistazo a las bayas y desentierra raíces gruesas, parecidas a las papas, con sus garras afiladas. Asustada por este enorme depredador, la ardilla se pone a salvo bajo la tundra. Al igual que la ardilla, este oso pardo cavará su guarida invernal en la ladera de una montaña.

AHORA COMPRUEBA

Hacer y responder preguntas ¿De qué manera el cambio de estación afecta a la ardilla ártica? Lee de nuevo el texto para encontrar la respuesta.

Ya se arremolinan los copos de nieve y la ardilla está lista para hibernar. Se enrosca y forma una pelota en su madriguera. Luego, lentamente sobreenfría su cuerpo justo por debajo del punto de congelación del agua. Su ritmo cardíaco desciende gradualmente a tres latidos por minuto y su actividad cerebral se detiene. Esta helada ardilla afelpada parece muerta pero, increíblemente, solo está en un estado inactivo de adormecimiento.

Después de tres semanas, algo desencadena el despertar de la ardilla. Su ritmo cardíaco asciende. Calienta su cuerpo quemando grasa parda. Esta grasa aislante protege sus órganos vitales y actúa como una almohadilla calentadora. Al cabo de pocas horas, su ritmo cardíaco y temperatura son normales.

Después de reacomodar su madriguera, la ardilla vuelve a enroscarse y se duerme. Sueña y duerme profundamente durante alrededor de doce horas. Luego, su cuerpo vuelve a sobreenfriarse. Como un yoyó, la ardilla se calienta a sí misma, duerme y se sobreenfría aproximadamente una docena de veces durante el invierno para conservar suficiente energía para sobrevivir.

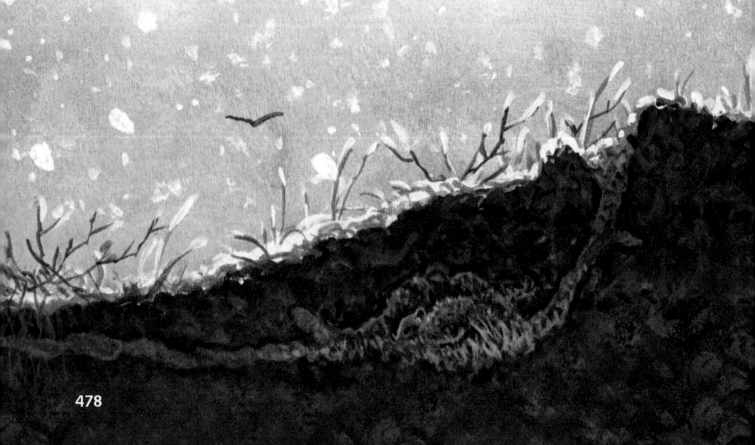

Encima de la madriguera de la ardilla, un zorro ártico busca una presa. El zorro recibe el olor de los campañoles que están debajo de la nieve. Estos animales parecidos a los ratones se acurrucan en su nido para mantenerse calientes. Como un acróbata, el zorro salta alto y se abalanza sobre los campañoles. Atraviesa la nieve y atrapa a uno por sorpresa.

El zorro ártico se mantiene caliente en las temperaturas glaciales porque tiene dos pelajes invernales. El pelaje inferior denso lo aísla, tal como lo hacen los plumones de una bolsa de dormir esponjosa. Los pelos que conforman el grueso pelaje externo tienen en su interior diminutos bolsillos llenos de aire, en lugar de pigmentos. El pelaje de color blanco nieve lo camufla perfectamente, de manera que puede cazar y escapar de los depredadores. Además, el pelaje cubre las almohadillas de sus patas, y su cola grande y tupida le proporciona calor adicional.

Pulgada a pulgada, la capa de nieve se hace más profunda con cada tormenta invernal. En un glacial día de enero, la temperatura de desploma a 40 bajo cero. El hielo grueso de la laguna se agrieta y produce sonidos espeluznantes. La esponjosa cobertura de nieve aísla y protege los numerosos animales, plantas e insectos que están debajo de ella. Es mucho más caliente debajo de la capa de nieve que al aire libre.

Otros animales están bien adaptados para sobrevivir las temperaturas más frías del aire que está encima del hielo y la nieve. La liebre de patas blancas y la perdiz nival serpentean entre los arbustos de sauces. Ambos animales pueden viajar velozmente sobre la nieve con sus patas aisladas que les ayudan a repartir su peso. Pero la perdiz no puede sobrevivir a las letales temperaturas nocturnas y, al atardecer, echa a volar en busca de refugio.

¡*Puf!* Se sumergen en la nieve que parece polvo. Invisibles
al mundo, las perdices nivales se posan en sus madrigueras
de nieve, protegidas de los depredadores y del frío extremo.

Otra ave combate el frío intenso. Un carbonero cabecinegro
revolotea de árbol en árbol, para comer su alimento escondido en
reserva. Debe obtener suficiente grasa cada día para sobrevivir
durante la noche.

Pero esta pequeña ave necesita más que alimento para
sobrevivir. Esponja sus densas plumas para lograr un mejor
aislamiento. Músculos diminutos controlan el ángulo de cada
pluma, mientras que otros se estremecen para producir calor. El
carbonero también puede bajar su temperatura y metabolismo
para ahorrar energía. Se posa dentro de un bosque denso o en las
cavidades de los árboles, que le ofrecen el mejor refugio.

Mientras las aves descansan bajo la luna llena, no todo es quietud. Un lobo aúlla en un cerro distante y los caribúes aplastan la nieve con sus pezuñas anchas. Estos ciervos están bien aislados para el Ártico con su pelaje denso y pelos huecos. Olfatean y detectan el olor de las cenizas de un viejo incendio forestal. Dando la vuelta, los caribúes evitan la zona quemada.

Con el hocico pegado al suelo, los caribúes detectan el aroma de líquenes parecidos a hongos. Escarban para buscar alimento en los terrones de estos organismos sin raíces. Sus pezuñas y piernas delgadas están bien adaptadas para escarbar. Una grasa líquida especial protege sus articulaciones. La sangre que viaja directamente a las pezuñas ayuda a calentar la sangre que regresa al corazón. Este flujo circular protege las patas y ayuda a reducir la pérdida de calor.

AHORA COMPRUEBA

Hacer y responder preguntas ¿De qué manera las pezuñas de los caribúes les ayudan a sobrevivir en el frío? Lee el texto para encontrar la respuesta.

Mientras que los caribúes deambulan sin rumbo, un oso pardo hembra con sus dos cachorros recién nacidos están cómodos en su guarida. La hembra somnolienta los alimenta y descansa para ahorrar energía. Los tres sobreviven gracias al gran depósito de grasa de la madre. Mientras adormilada alimenta a los oseznos que crecen rápidamente, no nota el sonido de débiles pasos en la nieve.

Ágiles y de patas firmes, las ovejas de Dall caminan a través de la pendiente de la montaña. Vientos muy fuertes se llevan la nieve de la tundra alpina y dejan al descubierto los pastos y juncos congelados. Las ovejas comen estas plantas marchitas y luego buscan refugio del viento tumbadas detrás de los peñascos a sotavento.

Mes a mes, el invierno pasa lentamente. De espaldas al viento, un grupo de bueyes almizcleros ahorra energía en la tundra cubierta de nieve. Piernas cortas, orejas pequeñas y pelaje interno esponjoso, conocido como *qiviut*, los aíslan incluso del frío más intenso. Un buey ve que se aproximan lobos y siente el peligro. Inmediatamente, los bueyes se reúnen. Hombro a hombro forman una pared circular de pelaje grueso y cuernos. Cuando un lobo se acerca, un buey grande baja sus mortales y afilados cuernos. Con un ataque repentino embiste al lobo.

El lobo da media vuelta y emprende una veloz retirada. Los bueyes siguen trabajando en equipo, atacando y alejando a los lobos hambrientos.

Tiqui... tiqui... tiqui. La nieve y el hielo empiezan a derretirse. A medida que la temperatura sube, abejorros, mariposas y otros insectos en estado de dormancia empiezan a despertar. Una oruga peluda se deleita bajo el sol después de haber estado cubierta de nieve durante ocho meses. Su cuerpo oscuro y peludo atrapa el calor del sol. Avanza con lentitud hacia un sauce con brotes y mastica una hoja diminuta.

Estas criaturas peludas y otros insectos del norte tienen sustancias anticongelantes que evitan la formación de cristales de hielo en sus cuerpos. La oruga peluda pasará hasta catorce inviernos en el Ártico en forma de oruga. Luego, esta sorprendente superviviente se transformará en polilla pero ¡tan solo por un corto verano!

485

Una por una, las hojas húmedas susurran cerca de la laguna. La rana de la madera se descongela lentamente y su corazón comienza a latir de nuevo. *Croac... croac.* Cerca del borde de la laguna, la rana empieza a llamar a una pareja con un sonido parecido al de un pato. Golpeando las colas contra el agua, los castores se sumergen mientras el pez negro se lanza hacia el fondo de la laguna en busca de presas. A lo lejos en el valle, la ardilla ártica macho come su alimento escondido de reserva y luego sale de su madriguera en busca de una pareja.

Hora tras hora, día tras día, el pulso de la vida aumenta con los días más calientes de junio y el reverdecer de las plantas. Los caribúes festejan con el bufet del verano, mientras que los juguetones oseznos juegan y exploran la tundra cuando sus madres buscan presas. Las aves que migraron hacia el sur para pasar el invierno regresan a su lugar de nacimiento, construyen nidos en la tundra y llenan el ambiente con música. Durante más de dos meses los días serán interminables a medida que la cima del mundo se inclina hacia el sol y la mágica tierra del sol de medianoche se llena con una explosión de vida.

AHORA COMPRUEBA

Visualizar ¿De qué manera el tiempo atmosférico más cálido influye en la vida en el Ártico? La visualización de los animales y sus acciones te puede ayudar.

LA AUTORA Y EL ILUSTRADOR DEL INVIERNO

Debbie S. Miller se trasladó a Alaska con el fin de enseñar en una comunidad del pueblo atabasco, originario del Ártico. Una vez que estuvo allí, exploró el cercano Refugio Nacional de Vida Silvestre del Ártico y aprendió acerca del medioambiente y sus habitantes. La fauna, la flora y el paisaje de Alaska han inspirado muchos de sus libros galardonados. Debbie espera que estos ayuden a que las personas aprendan a apreciar el medioambiente natural.

Jon Van Zyle ha ilustrado nueve de los libros de Debbie S. Miller. Vive cerca del río Eagle, en Alaska, donde él y su esposa crían huskies siberianos. Jon ha participado dos veces en la carrera de trineos de Iditarod y ha elaborado un cartel para cada carrera desde 1979. Además de pintar equipos de perros, Jon dibuja las personas, los paisajes, la fauna y la flora de Alaska.

Propósito de la autora

En *Supervivencia a 40 bajo cero*, la autora escribe acerca de una variedad de animales en el transcurso de las cuatro estaciones. ¿Por qué piensas que ella organizó el texto de esta manera?

Respuesta al texto

Resumir

Usa detalles de *Supervivencia a 40 bajo cero* para resumir cómo se adaptan los animales del Ártico a su medioambiente durante el invierno. La información del organizador gráfico de causa y efecto puede servirte de ayuda.

Causa → Efecto
→
→
→
→

Escribir

Piensa en cómo las descripciones que hace la autora influyen en el tono del texto. ¿Cómo logra la autora generar un efecto en el lector a partir del modo como expresa su punto de vista acerca de los animales del Ártico?

> La autora describe que los animales del Ártico…
> Esto influye en el tono del texto ya que…
> Así, el modo como se expresa la autora genera un efecto en el lector al…

Hacer conexiones

Comenta cómo se adaptan los animales del Ártico a su medioambiente durante el invierno. PREGUNTA ESENCIAL

¿Qué adaptaciones de animales te parecieron más raras o interesantes? ¿Qué pueden aprender las personas si estudian estos animales? EL TEXTO Y EL MUNDO

Compara los textos
Lee lo que ocurre cuando un ave trata de encontrar un hogar para el invierno.

¿Por qué los árboles perennes no pierden sus hojas?

La proximidad del invierno trae cambios a muchos ambientes del norte que hacen que algunos animales se desplacen en busca de regiones más cálidas. Otros se quedan, pero deben hibernar o buscar el alimento y el refugio que los mantendrá calientes durante los fríos meses del invierno. Cada animal tiene una adaptación que lo ayuda a sobrevivir.

Se acercaba el invierno y las aves habían volado hacia el sur, en donde el aire era cálido y encontrarían bayas para comer. Un ave pequeña se había roto su ala y había quedado **inactiva**, no pudo volar con las demás aves. Estaba sola en este mundo frío de hielo y nieve. El bosque se veía cálido y ella, como pudo, se abrió camino hacia los árboles para pedir ayuda.

Primero se acercó a un abedul.

—Hermoso abedul —le dijo—, mi ala está rota y mis amigos han volado lejos. ¿Puedo vivir entre tus ramas hasta que ellos regresen?

Illustration: Richard Downs

—No, ciertamente —respondió el abedul, que con un ademán alejó sus hermosas hojas—. Nosotros los del gran bosque tenemos nuestras propias aves que ayudar. No puedo hacer nada por ti.

"El abedul no es muy fuerte", dijo la pequeña ave para sí, "debe ser por eso que no podría sostenerme fácilmente. Le preguntaré al roble". El ave dijo:

—Gran roble, tú, que eres tan fuerte, ¿no me dejarías vivir entre tus ramas hasta que mis amigos regresen en la primavera?

—¡En la primavera! —gritó el roble—. Es demasiado tiempo. ¿Cómo sé qué harás en todo ese tiempo? Las aves siempre están buscando algo que comer y tú podrías llegar a comerte algunas de mis bellotas.

"Tal vez el sauce sea amable conmigo", pensó el ave, y dijo:

—Amable sauce, mi ala está rota y no pude volar hacia el sur con las demás aves. ¿Podría vivir en tus ramas hasta la primavera?

El sauce ya no lucía tan amable, pues se enderezó orgullosamente y dijo:

—No te conozco en absoluto y nosotros los sauces jamás conversamos con quienes no conocemos. Es muy probable que en alguna parte haya árboles que alberguen aves desconocidas. Déjame ahora mismo.

491

La pobre y pequeña ave no sabía qué hacer.
Su ala aún no estaba fuerte, pero comenzó a volar
lo mejor que podía. Antes de haberse alejado
mucho se escuchó una voz.

—Pequeña ave —dijo—, ¿a dónde vas?

—De hecho, no lo sé —respondió el ave tristemente—.
Tengo mucho frío.

—Entonces, acércate —dijo el amigable abeto, de quien
provenía la voz que la había llamado—. Puedes vivir en mi
rama más caliente todo el invierno si así lo decides.

—¿De verdad, me dejarías hacerlo? —preguntó.

—Claro que sí lo haré —respondió el amable abeto—.
Si tus amigos se han ido es el momento de que los árboles
te ayuden. Esta es la rama en donde mis hojas son más
gruesas y blandas.

—Mis ramas no son muy gruesas —dijo el amigable
pino—, pero soy grande y fuerte, y puedo mantener al
viento del norte alejado de ti y del abeto.

—También puedo ayudar —dijo un pequeño enebro—.
Puedo darte bayas durante todo el invierno, y toda ave
sabe que las bayas de enebro son buenas.

Así, el abeto le dio refugio a la solitaria ave, el pino
mantuvo alejado al frío viento del norte y el enebro
le dio bayas para comer.

Los otros árboles miraron y comentaron sabiamente.

—Yo no albergaría aves desconocidas en mis ramas —dijo el abedul.

—Yo no le daría mis bellotas a nadie —dijo el roble.

—Yo nunca me relaciono con extraños —dijo el sauce. Y los tres árboles se abrazaron con sus ramas.

En la mañana, todas esas brillantes hojas yacían sobre el piso, pues un viento frío del norte había llegado durante la noche, y cada hoja que había tocado, había caído del árbol.

—¿Puedo tocar todas las hojas del bosque? —preguntó el viento que jugueteaba.

—No —dijo el rey del hielo—. Los árboles que fueron amables con la pequeña ave del ala rota pueden conservar sus hojas.

Y es por esto que las hojas del abeto, el pino y el enebro siempre son verdes.

Moraleja: El que ayuda, recibe.

Haz conexiones

¿Cómo se adapta el ave a los cambios de su medioambiente? ¿Qué ocurre como resultado? PREGUNTA ESENCIAL

¿En qué se diferencia la adaptación del ave de este cuento de las adaptaciones de los otros animales acerca de los que has leído? EL TEXTO Y OTROS TEXTOS

Pregunta esencial

¿Qué impacto tienen nuestras acciones en el mundo?

Lee acerca de cómo una mujer marcó la diferencia en su país.

¡Conéctate!

494

Plantando
los árboles *de* Kenia

La historia de Wangari Maathai

escrito e ilustrado
por Claire A. Nivola

Wangari Maathai cuenta que, cuando era niña y vivía
en una granja en las colinas del centro de Kenia, la tierra estaba
revestida con un manto verde.

El paisaje estaba cubierto de higueras, olivos, crotones y
flamboyanes, y las aguas cristalinas de los ríos estaban llenas
de peces.

En aquella época, la higuera era un árbol sagrado, y Wangari
sabía que no tenía que molestarla, ni recoger las ramas caídas para
llevárselas a casa como leña. En el arroyo que corría cerca de su granja,
adonde iba a buscar agua para su madre, jugaba con los **centelleantes**
huevos de las ranas y los unía como si fueran las cuentas de un collar,
pero siempre le resbalaban entre los dedos y caían de nuevo al agua.

Cuando salió de Kenia, su corazón estaba impregnado de la belleza de su tierra **natal**. Fue muy lejos, a Estados Unidos, para ingresar en una universidad de monjas benedictinas. Allí estudió biología, la ciencia de los seres vivos. Fue una época muy estimulante para Wangari. En aquellos años, los estudiantes en Estados Unidos soñaban con hacer un mundo mejor. Y las monjas le enseñaron a Wangari a pensar no solo en ella, sino en el mundo que la rodeaba.

¡Qué impaciente estaba por volver a Kenia! ¡Estaba tan llena de esperanza y de todo lo que había aprendido!

Había estado fuera de su país durante cinco años, solo cinco años, pero bien pudieran haber sido veinte, tan cambiado estaba el **paisaje**. Wangari encontró las higueras cortadas y el arroyo seco, sin rastro de peces, ranas, ni ristras de huevos plateados. Donde antes había pequeñas granjas en las que se cultivaba lo que cada familia necesitaba para alimentarse, y grandes **plantaciones** de té para **exportar**, ahora casi todas las granjas cultivaban solo para vender. Observó que los granjeros ya no cultivaban lo que comían, sino que compraban los alimentos en las tiendas. Pero las tiendas eran caras, y lo poco que podían comprar no era tan bueno como lo que antes cultivaban, de modo que los niños, e incluso los adultos, estaban más débiles y enfermizos.

Wangari vio que donde antes había colinas boscosas en las que pacían las vacas y las cabras, ahora apenas quedaban árboles, y los bosques habían desaparecido. Se habían cortado tantos árboles para ganar espacio para cultivos, que las mujeres y los niños debían caminar cada vez más distancia en busca de leña para cocinar o para calentar la casa. A veces caminaban durante horas antes de encontrar un árbol o un arbusto. Con cada tala quedaban menos árboles, y la mayor parte del país estaba tan pelado como un desierto.

Sin árboles no había raíces que retuvieran el suelo. Sin árboles no había sombra. Lo que antes era una rica capa vegetal ahora era una capa de polvo árido, y el llamado «viento del diablo» lo dispersaba. La lluvia arrastraba la tierra polvorienta hasta los arroyos y ríos, antaño de aguas cristalinas, y los enlodaba.

AHORA COMPRUEBA

Hacer y responder preguntas
¿Cómo cambió Kenia desde que Wangari se fue? Encuentra detalles que sustenten tu respuesta.

499

—No tenemos agua para beber —se lamentaban las mujeres del campo—, ni leña para cocinar. Nuestras cabras y nuestras vacas no tienen donde pacer, y no dan leche. Nuestros niños tienen hambre, y somos más pobres que antes.

Wangari vio que la gente que antes había honrado las higueras y que ahora las cortaba había olvidado cuidar la tierra que les alimentaba. Ahora la tierra, débil y enferma, ya no podía hacerse cargo de sus habitantes, y sus vidas se hacían cada vez más duras.

Las mujeres echaban la culpa a los demás, echaban la culpa al gobierno, pero Wangari no era de las que se quejaban. Quería hacer algo.

—Pensad en lo que nosotras estamos haciendo —les decía a las mujeres—. Estamos cortando todos los árboles de Kenia.

—Cuando somos conscientes de que somos parte del problema —decía—, podemos llegar a ser parte de la solución.

Tenía una idea. Parecía simple, pero era una gran idea.

—¿Por qué no plantamos árboles? —preguntó a las mujeres.

Les mostró cómo recoger las semillas de los árboles que quedaban. Les enseñó a preparar el suelo, a abonarlo. Les mostró cómo se tenía que regar, y cómo hacer un hoyo con un palo, e introducir la semilla cuidadosamente. Y sobre todo les enseñó a cuidar de los plantones que crecían de las semillas, como si fueran bebés, regándolos dos veces al día para asegurarse de que crecieran fuertes.

No era fácil. El agua siempre era difícil de conseguir. A menudo las mujeres tenían que cavar un profundo agujero con las manos y meterse dentro de él para sacar el agua con cubos que subían por encima de sus cabezas fuera del agujero. Uno de los primeros viveros en el patio trasero de la casa de Wangari se malogró; casi todos los plantones murieron. Pero Wangari no era de las que se daban por vencida, y enseñó a las demás a no darse por vencidas.

Muchas de las mujeres no sabían leer ni escribir. Eran madres y granjeras, y nadie las tomaba en serio.

AHORA COMPRUEBA

Hacer y responder preguntas
¿Por qué fue difícil sembrar árboles? Encuentra detalles en el texto como ayuda.

Pero no necesitaban estudios para plantar árboles. No tenían que esperar que el gobierno les ayudara. Podían empezar a cambiar sus propias vidas.

Había que trabajar duro, pero las mujeres se sentían orgullosas. Lentamente, empezaron a ver a su alrededor el fruto del trabajo de sus manos. Crecieron los bosques de nuevo. Ahora, cuando cortaban un árbol, plantaban dos en su lugar. Sus familias eran más ricas, comían la fruta de los árboles que habían plantado y las verduras como el ñame, la mandioca, los guisantes y el sorgo que tan bien crecían en las huertas. Tenían mucho trabajo que hacer, y el trabajo las unió estrechamente, como los árboles que crecían en las nuevas colinas boscosas.

Los hombres, al ver lo que hacían sus esposas, sus madres y sus hijas, las **admiraron** e incluso se les unieron.

Wangari distribuyó plantones en las escuelas y enseñó a los
alumnos a hacer sus propios viveros.

Dio plantones a los reclusos de las cárceles e incluso a los
soldados.

—Lleváis un arma —dijo a los soldados—, pero ¿qué protegéis?
El viento y el agua se están llevando todo el campo. Deberíais
llevar el arma en la mano derecha y un plantón de árbol en la
izquierda. Así es como os convertiréis en buenos soldados.

Y así fue como, en los treinta años desde que Wangari empezó su movimiento, fueron plantados, árbol a árbol, persona a persona, treinta millones de árboles en Kenia y la plantación aún continúa.

—Cuando el suelo está desprotegido —decía Wangari—,
está pidiendo ayuda, está desnudo y necesita que le vistan. Es la
naturaleza del país. Necesita color, necesita su manto verde.

AHORA COMPRUEBA

Volver a leer ¿Cómo logró Wangari que las
personas se unieran a su movimiento? Usa
la estrategia de Volver a leer como ayuda.

505

Amante de los árboles, la autora e ilustradora

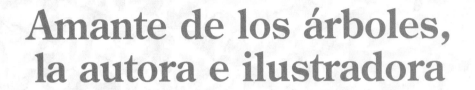

Claire A. Nivola creció en la ciudad de
Nueva York. Esta hija de dos artistas hizo dibujos
y creó esculturas desde su infancia. También le
encantaba leer. Después de estudiar literatura
e historia en la universidad, comenzó a ilustrar
libros para niños, incluyendo uno titulado *Conejo
desordenado*, escrito por su madre. Otros libros
para niños que ha escrito e ilustrado incluyen
Elisabeth y *El bosque*.

Claire se inspiró para escribir sobre Wangari Maathai después
de oírla hablar en la radio sobre su proyecto de siembra de árboles
en Kenia, llamado el Movimiento Cinturón Verde. Claire quería
que los niños entendieran cómo pueden dañar las acciones de las
personas el medioambiente, que es el que provee beneficios a todos.
Sin embargo, quería que su mensaje fuera esperanzador. "Un niño
está apenas comenzando en la vida y necesita esperanza", dijo. Ella
espera que su biografía de Wangari inspire a los lectores a hacer
cambios positivos en el mundo.

Propósito de la autora

Claire A. Nivola escribió e ilustró *Plantando
los árboles de Kenia*. ¿Cómo te ayudan las
ilustraciones de la autora a entender los
cambios que ocurrieron en Kenia?

Anther Kiley

Respuesta al texto

Resumir

Utiliza los sucesos más importantes de
Plantando los árboles de Kenia para resumir
cómo ayudó Wangari Maathai a su país.
La información del organizador gráfico de
problema y solución puede servirte de ayuda.

Problema	Solución

Escribir

Piensa en cómo la autora emplea recursos de lenguaje para
desarrollar sus ideas. ¿Cómo le permiten estos recursos
mostrar la manera como Wangari ayudó a la tierra y a los
habitantes de Kenia?

> Algunas ideas que la autora presenta son...
> Desarrolla estas ideas por medio de recursos
> de lenguaje como...
> Así, la autora muestra cómo Wangari ayudó
> a la tierra y a los habitantes de Kenia al...

Hacer conexiones

Comenta sobre cómo afectaron las acciones de las personas
de Kenia a la tierra tanto antes como después del movimiento
de Wangari. PREGUNTA ESENCIAL

¿Por qué es importante que las personas cuiden
la tierra? EL TEXTO Y EL MUNDO

Compara los textos

Lee sobre cómo los estudiantes de una escuela primaria aportaron en su comunidad.

EL PROYECTO DEL PARQUE

Dos estudiantes de tercer grado, Adeline Dixon y Sophia Kimbell, vieron que el Parque Letty Walter, un parque en su comunidad de Indiana, estaba en malas condiciones y necesitaba reparaciones. Las estudiantes querían plantar nuevos árboles a lo largo del riachuelo del parque, pero el proyecto requería dinero, el cual ellas no tenían. Entonces decidieron escribir una carta pidiendo dinero a una organización comunitaria para **restaurar** el parque.

—La escribimos nosotras mismas —dijo Sophia—. Nuestros padres revisaron la ortografía, pero eso fue todo.

Felizmente les dieron el dinero. Las dos estudiantes y sus compañeros de clase compraron y plantaron árboles a lo largo del riachuelo del parque. Llamaron a un árbol El árbol sobreviviente porque creció de una semilla de un árbol que sobrevivió a la bomba en la ciudad de Oklahoma en 1995.

Sophia Kimbell trabajó para mejorar el Parque Letty Walter en New Albany, Indiana.

Desafortunadamente, las mejoras del parque no duraron mucho tiempo. Más tarde ese año, tormentas muy poderosas causadas por un huracán cercano destruyeron la mayoría de los árboles que los estudiantes habían sembrado. Solo dos árboles se mantuvieron en pie, incluido El árbol sobreviviente. Los alumnos de tercer grado estaban tristes por la destrucción, pero se aferraron a su sueño de mejorar el parque.

Dos años después, Adeline y Sophia, ahora en quinto grado, escribieron otra carta a la misma organización. De nuevo **alentaron** al grupo a donar dinero de manera que los estudiantes pudieran arreglar el Parque Letty Walter. De nuevo les dieron el dinero para sembrar árboles y para otras mejoras, como añadir dos bancas de parque y esparcir mantillo, una mezcla de hojas y paja, en el parque de juegos.

Una vez que tuvieron suministros, había mucho trabajo por hacer. Más de 60 estudiantes de las escuelas locales ayudaron. Realizaron una variedad de tareas para este proyecto. Algunos sembraron árboles o pintaron de nuevo las butacas de madera. Otros cortaron los arbustos, deshierbaron el área del parque de juegos y sacaron basura del riachuelo. Los estudiantes incluso se las arreglaron para influir en sus padres y otros en su comunidad para que también ayudaran en el parque.

El profesor Scott Burch y sus estudiantes descansan junto al arroyo del parque.

Cuando el trabajo estaba terminado, el parque se veía más verde y más limpio. Scott Burch, un maestro que ayudó a organizar el proyecto, elogió a los estudiantes por lo que habían hecho. Él pensaba que los niños habían aprendido una lección importante.

—Esto muestra que los estudiantes pueden lograr cualquier cosa —declaró.

¿Haz conexiones

¿Cómo las acciones de los estudiantes tienen un impacto en su comunidad? **PREGUNTA ESENCIAL**

Piensa en otra persona o grupo sobre el que hayas leído que haya restaurado un lugar. ¿En qué se diferencian las acciones de las niñas? Explica cómo cada uno logra resultados. **EL TEXTO Y OTROS TEXTOS**

Caupolicán

Es algo formidable que vio la vieja raza;
robusto tronco de árbol al hombro de un campeón
salvaje y aguerrido, cuya fornida maza
blandiera el brazo de Hércules, o el brazo de Sansón.

Por casco sus cabellos, su pecho por coraza,
pudiera tal guerrero, de Arauco en la región,
lancero de los bosques, Nemrod que todo caza,
desjarretar un toro, o estrangular un león.

Anduvo, anduvo, anduvo. Le vio la luz del día,
le vio la tarde pálida, le vio la noche fría,
y siempre el tronco de árbol a cuestas del titán.

«¡El Toqui, el Toqui!», clama la conmovida casta.
Anduvo, anduvo, anduvo. La aurora dijo: «Basta»,
e irguióse la alta frente del gran Caupolicán.

Rubén Darío

Pregunta esencial

¿Qué nos puede enseñar nuestra conexión con el mundo?

Lee los relatos de dos poetas sobre un mismo personaje histórico. Estos nos pueden conectar con otra cultura y otra época.

¡Conéctate!

Merce López

¿Quién es...?

¿Quién es el que,
como el tigre,
cabalga en el viento
con cuerpo fantasma?
Cuando lo ven los robles,
cuando lo ve la gente
se dice, en voz baja
cual rumor:
"Mira, hermano, ahí está;
Es el espectro de Caupolicán".

Poema tradicional araucano

512

Respuesta al texto

Resumir

Utiliza los detalles importantes de "Caupolicán" para resumir el poema. Piensa en la conexión que hace el autor con los demás personajes. Los detalles del organizador gráfico de punto de vista pueden servirte de ayuda.

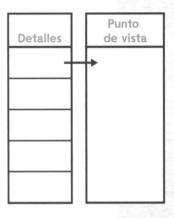

Detalles	Punto de vista

Escribir

Piensa en cómo se crea en los poemas una imagen del paso de Caupolicán por tierras araucanas. ¿Cómo se pueden contrastar los recursos que emplean los poetas para crear estas imágenes?

El poeta de "Caupolicán" emplea recursos como…
En "¿Quién es?" se incluyen recursos como…
Los recursos que emplean los poetas para crear las imágenes de Caupolicán se pueden contrastar…

Hacer conexiones

¿Qué puede aprenderse del pasado? PREGUNTA ESENCIAL

En ambos poemas se habla de un mismo personaje histórico. ¿Qué se puede aprender de este personaje y su cultura? EL TEXTO Y EL MUNDO

Género • Poesía

Compara los textos

Lee acerca de cómo se puede tener una conexión con otra época a través de un barco de juguete.

Barcarola

Mi niño tiene un barco
pequeño, rojo y blanco,
con una banderola
que ondea con el sol.

Un capitán de corcho,
cuatro nuevos grumetes,
cañones, dos mosquetes
y bombarda mejor.

Tiene un ancla que flota
amarrada en la popa,
y velas japonesas
en el palo mayor.

Un cofre sin monedas,
el mapa de un tesoro,
un catalejo, un loro
con plumas de color.

Mi niño tiene un barco
como lo tuve yo.

Óscar Corea

Haz conexiones

¿Qué época describe el poeta al hablar del barco en
"Barcarola"? ¿Cómo lo expresa? Usa detalles del poema
para apoyar tus ideas. PREGUNTA ESENCIAL

Piensa en otro poema donde el poeta haga una conexión
con otra época. ¿En qué forma son distintas las experiencias
de los dos poetas? EL TEXTO Y OTROS TEXTOS

Merce López

Glosario

En este glosario puedes encontrar el significado de muchas de las palabras más difíciles del libro. Las palabras están en orden alfabético.

Palabras guía

Las palabras guía en la parte superior de cada página te indican la primera y la última palabra de la página.

coscorrón/desesperado

Primera palabra de la página

Última palabra de la página

Ejemplo de entrada

Cada entrada o palabra está dividida en sílabas. Después encontrarás la parte de la oración (por ejemplo, si aparece *adj.* es adjetivo), seguida de la definición de la palabra y una oración de ejemplo.

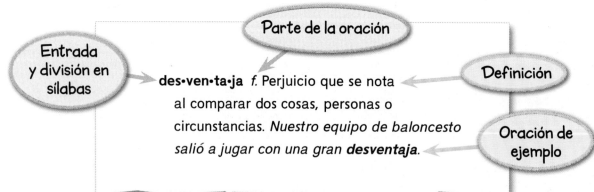

Parte de la oración

Entrada y división en sílabas

des•ven•ta•ja *f.* Perjuicio que se nota al comparar dos cosas, personas o circunstancias. *Nuestro equipo de baloncesto salió a jugar con una gran **desventaja**.*

Definición

Oración de ejemplo

Abreviaturas usadas en este glosario

adj. adjetivo
adv. adverbio
f. sustantivo femenino
fr. frase

m. sustantivo masculino
v. verbo
s. sustantivo masculino o femenino

Aa

a•ban•do•nar *v.* Dejar, desamparar a alguien o algo. *Luis **abandonó** su ciudad natal cuando tenía cinco años.*

a•bo•ga•do *m.* Persona que se dedica a defender en juicio los intereses de sus clientes. *Debemos pedir consejo al **abogado** antes de firmar los documentos.*

ab•sor•ber *v.* Atraer un fluido. *Hay tejidos que **absorben** más de su peso en líquido.*

a•cu•sa•ción *f.* Imputación de un delito o falta. *Fue castigado debido a una falsa **acusación**.*

a•dap•ta•ción *f.* Acción de acomodar o ajustar una cosa a otra. *Cuando cambié de escuela mi **adaptación** fue rápida.*

a•di•vi•nar *v.* Acertar algo por azar. *Tendrás que **adivinar** adónde vamos a ir.*

ad-mi-rar *v.* Considerar con agrado o aprecio a alguien o algo. *Es fácil **admirar** a mis padres por su gran empeño.*

a•dop•ti•vo *adj.* Alguien tomado legalmente como hijo propio, que no lo es biológicamente. *Saber que era una hija **adoptiva** no cambió el amor de Andrea por su familia.*

a•fec•tar *v.* Producir la alteración de algo. *El limón **afecta** el sabor del postre.*

á•gil *adj.* Capaz de moverse con ligereza. *Mi gata es muy **ágil** a pesar de su edad.*

a•gra•de•ci•mien•to *m.* Sentimiento o muestra de gratitud. *Ana expresó su **agradecimiento** a quienes la apoyaron.*

a•grí•co•la *adj.* Relativo a la agricultura. *En los huertos hay productos **agrícolas**.*

ais•lar *v.* Impedir el paso. *Las ventanas especiales **aíslan** la casa del frío o del calor.*

a•len•tar *v.* Animar, infundir aliento. *Nuestros abuelos siempre nos **alentaron** a conservar nuestras tradiciones.*

a•lis•tar•se *v.* Inscribirse alguien en el Ejército. *Desde niño, Álvaro quiso **alistarse** en la Armada.*

am•bi•cio•so *adj.* Que tiene pasión por alcanzar fama, poder o dinero. *Pedro es **ambicioso** con sus objetivos deportivos.*

a•ná•li•sis *m.* Estudio minucioso de una obra, un escrito, una situación o un objeto. *Después de un **análisis** cuidadoso, el juez decidió que Luis era inocente.*

a•pa•ci•ble *adj.* Tranquilo, agradable. *¡Qué **apacibles** son las tardes en el campo!*

a•pa•ra•to *m.* Instrumento o mecanismo con una función determinada. *El reloj es un **aparato** que indica la hora.*

a•po•yar *v.* Favorecer, ayudar. *Carla **apoya** la candidatura de Perla al consejo estudiantil.*

a•pro•xi•ma•da•men•te *adv.* Con proximidad, con corta diferencia. *La lluvia durará **aproximadamente** dos semanas más.*

ar·que·ó·lo·go *m.* Persona que profesa la arqueología. *Los **arqueólogos** descubrieron un nuevo asentamiento indígena.*

ar·ti·fi·cial *adj.* Hecho por el ser humano; no natural. *El lago del parque es **artificial**.*

as·tro·nó·mi·co *adj.* Relativo a la ciencia que estudia los astros. *Los estudios **astronómicos** nos han permitido conocer más del cielo.*

a·ten·der *v.* Cuidar algo o a alguien. *Mis abuelos siempre me **atienden** muy bien.*

a·te·rri·za·je *m.* Acción de posarse en la tierra. *El avión realizó un **aterrizaje** de emergencia debido a la neblina.*

at·mós·fe·ra *f.* Capa de aire que rodea la Tierra. *El humo de los automóviles contamina la **atmósfera**.*

a·ve·ri·guar *v.* Buscar la verdad hasta descubrirla. *Leo nunca **averiguó** quién era su benefactor.*

Bb

bo·le·tín *m.* Publicación periódica sobre una información determinada. *El **boletín** de la escuela cada día está más interesante.*

bru·ces *f.* Boca abajo. *Ana perdió el equilibrio y cayó de **bruces** sobre la acera.*

bus·car *v.* Procurar hallar algo o a alguien. *Manuel **buscaba** trabajo cuando le dieron la noticia de su ascenso.*

Cc

cál·cu·lo *m.* Cuenta matemática que se realiza para resolver un problema. *Gracias a sus **cálculos**, el ingeniero pudo hacer dos puentes.*

can·je *m.* Cambio, trueque o sustitución. *Hagamos un **canje**: tú me das tu balón y yo te doy mi gorra favorita.*

ce·le·brar *v.* Conmemorar, festejar. *Hoy **celebramos** el cumpleaños de mi tía Rosario.*

cen·te·lle·an·te *adj.* Que emite destellos de luz. *Algunas estrellas **centelleantes** tienen gran intensidad.*

ci·clo *m.* Conjunto de una serie de fenómenos u operaciones que se repiten periódicamente. *Los motores de los autos funcionan por **ciclos**.*

cien·tí·fi·co *adj.* Relacionado con la ciencia. *Los descubrimientos **científicos** han mejorado la calidad de vida en el planeta.*

cir·cu·lar *v.* Andar, moverse dentro de un circuito. *El gas propano **circula** por tuberías hasta los hogares.*

ci·tar *v.* Mencionar autores o textos para autorizar o justificar lo que se escribe. *La maestra nos pidió **citar** dos libros para la tarea de escritura.*

co·cer *v.* Calentar un alimento crudo en un líquido al fuego para que pueda comerse. *Debes **cocer** muy bien las papas.*

co·la·bo·rar *v.* Trabajar con otras personas para alcanzar algún fin. *Si todos colaboramos, podemos ordenar los archivos esta semana.*

co·mi·té *m.* Grupo encargado de un asunto. *Los premios del concurso de ortografía estarán a cargo del comité organizador.*

com·pa·ra·ción *f.* Relación entre dos o más elementos. *Para mi clase de ciencias naturales, debo hacer una comparación entre los ecosistemas.*

com·pli·ca·ción *f.* Dificultad imprevista. *Siempre se esperan complicaciones en un gran proyecto.*

com·por·ta·mien·to *m.* Conducta, manera de portarse o de actuar. *El comportamiento de todo el grupo durante la excursión fue el mejor.*

com·pos·tu·ra *f.* Modestia, mesura, comportamiento digno o adecuado. *Hay que mantener la compostura en las situaciones más difíciles.*

co·ne·xión *f.* Enlace o relación entre distintos elementos. *La conexión que hay entre mis hermanos y yo es muy fuerte.*

con·fiar *v.* Esperar un resultado de alguien, contando con su buena fe. *El dueño de la compañía confía en sus empleados.*

con·flic·to *m.* Cuestión que se debate, materia de discusión. *El Consejo estudiantil puede ayudar a resolver conflictos.*

con·ser·va·do *adj.* Que se ha mantenido o cuidado adecuadamente. *La comida conservada duró todo el invierno.*

con·ser·var *v.* Guardar o preservar con cuidado una cosa o costumbre. *Betty conserva las tradiciones de su país.*

cons·te·la·ción *f.* Conjunto de estrellas identificable a simple vista por su disposición. *La constelación de Capricornio parece muy pequeña.*

con·tac·to *m.* Unión de dos elementos, de manera tal que lleguen a tocarse. *El transbordador hizo contacto con la Estación Internacional.*

con·tem·plar *v.* Mirar con atención. *Todos los días contemplamos la puesta de sol.*

con·tra·po·si·ción *f.* Oposición de una cosa frente a otra. *Las opiniones de los políticos están en constante contraposición.*

con·tra·tar *v.* Emplear a una persona o institución para un trabajo. *El ayuntamiento contrató un nuevo servicio de transporte.*

con·tri·bu·ción *f.* Realización de una labor en la que participan varias personas. *Con la contribución de toda la ciudadanía, mejoraremos la seguridad.*

con·ven·ción *f.* Reunión de asociaciones o agrupaciones. *Los odontólogos dieron a conocer sus nuevas técnicas en la convención anual.*

cos•co•rrón *m.* Golpe doloroso en la cabeza, pero sin consecuencias importantes. *Juancho recibió varios coscorrones de sus amigos.*

cri•te•rio *m.* Juicio para discernir, clasificar o relacionar. *Es bueno tener un criterio basado en la experiencia cuando se escoge una nueva bicicleta.*

cul•ti•var *v.* Cuidar la tierra y las plantas para que den frutos. *En China se cultiva la mayoría del trigo consumido en el mundo.*

cul•tu•ral *adj.* De la cultura o relativo a ella. *El centro comunitario tiene actividades culturales.*

Dd

da•to *m.* Información que permite una deducción o conocimiento exacto. *Los datos de la investigación fueron concluyentes.*

de•ba•te *m.* Discusión, confrontación de opiniones diferentes. *Antes de tomar una decisión, debemos hacer un debate público.*

de•di•car *v.* Emplear o destinar algo a un uso determinado. *Los estudiantes dedican su tiempo a las tareas.*

de•mos•tra•ción *f.* Ejecución, práctica de una prueba. *Nancy hizo una demostración de cómo prepara sus ricas galletas.*

de•rro•tar *v.* Vencer a un rival en una competencia. *Los estudiantes de quinto grado derrotaron a sus competidores en el torneo de ajedrez.*

de•sa•fiar *v.* Enfrentarse a las dificultades con decisión. *Los bomberos lograron rescatar a la familia desafiando todos los peligros.*

des•a•pa•ri•ción *f.* Ausencia u ocultación de la vista. *La desaparición de algunas especies desequilibra el medioambiente.*

des•con•sue•lo *m.* Angustia, pena o dolor por falta de consuelo. *El desconsuelo era evidente al oír la noticia.*

des•cri•bir *v.* Representar algo para dar una idea ajustada. *En el libro de educación cívica se describe el proceso de votación.*

des•cu•bri•mien•to *m.* Hallazgo, conocimiento de algo desconocido u oculto. *El descubrimiento de los agujeros negros fue un suceso importante del siglo XX.*

de•se•cho *m.* Residuo o desperdicio producto de una actividad. *Los desechos producidos por la fábrica contaminan el río que pasa por el pueblo.*

des•em•bar•car *v.* Bajar a las personas u objetos de una embarcación o medio de transporte. *Todos los pasajeros desembarcaron ayer en el puerto más cercano.*

de•ses•pe•ra•do *adj.* Que ha perdido toda esperanza. *La leona hizo un desesperado intento por recobrar a su cachorro.*

des·man·te·lar *v.* Desbaratar una estructura o una organización. *Lo mejor para todos los accionistas era **desmantelar** la compañía.*

des·or·den *m.* Ausencia o alteración de un orden. *El **desorden** en la habitación de Luisa era terrible.*

des·ti·no *m.* Punto de llegada al que se dirige una persona o una cosa. *El **destino** preferido de los turistas en la Florida es el parque de diversiones.*

des·ven·ta·ja *f.* Perjuicio que se nota al comparar dos cosas, personas o circunstancias. *Nuestro equipo de baloncesto salió a jugar con una gran **desventaja**.*

diá·me·tro *m.* Recta que pasa por el centro de la circunferencia. *El maestro nos enseñó a calcular el **diámetro** de las monedas.*

di·ne·ro *m.* Moneda o papel corriente que tiene valor legal. *Necesitaremos **dinero** para ir al mercado y comprar cosas.*

di·rec·ción *f.* Rumbo que sigue un cuerpo. *El huracán cambió de **dirección** durante la noche.*

dis·mi·nuir *v.* Hacer menor la extensión, la cantidad o la intensidad de algo. *El calor **disminuirá** al acercarnos al otoño.*

di·ver·si·dad *f.* Abundancia de cosas distintas. *En esta tienda puedes encontrar una gran **diversidad** de artículos deportivos.*

di·ver·sión *f.* Acción y efecto de disfrutar. *Pasamos una tarde de mucha **diversión** con los malabaristas.*

Ee

e·le·gir *v.* Escoger o seleccionar algo. *Hay que **elegir** a un nuevo representante de la clase esta semana.*

en·cuen·tro *m.* Acto de coincidir en un punto dos o más personas o cosas. *Los jefes de gobierno acordaron que habrá un nuevo **encuentro** el próximo mes.*

e·nér·gi·co *adj.* Que se manifiesta con fuerza o energía. *Los grupos ambientalistas hacen un **enérgico** llamado a ahorrar agua.*

én·fa·sis *m.* Importancia que se da a algo. *Los padres hicieron **énfasis** en la necesidad de comunicación.*

e·nig·ma *m.* Dicho o cosa que no se alcanza a comprender. *Las causas de la desaparición de los dinosaurios son un **enigma**.*

e·ra *f.* Periodo histórico con características que lo distinguen. *La **era** Paleozoica es la de los invertebrados.*

e·ro·sio·nar *v.* Producir desgaste, causar erosión. *El río **erosionó** las laderas de la montaña.*

es·car·pa·do *adj.* Abrupto y accidentado. *El camino hacia el rancho es muy escarpado.*

es·cla·vo *m.* Persona que está bajo el dominio absoluto de un amo y carece de libertad. *Antiguamente se compraban esclavos para trabajar en las grandes haciendas.*

es·con·der en re·ser·va *fr.* Retirar algo a un sitio escondido para conservarlo. *Las ardillas esconden en reserva alimentos para el invierno.*

es·fe·ra *f.* Sólido de superficie curva cuyos puntos están a igual distancia de otro interior llamado centro. *Los geólogos estudian la esfera terrestre.*

es·pec·ta·cu·lar *adj.* Que llama la atención por su vistosidad. *La presentación del ballet folclórico fue espectacular.*

es·pe·ran·za *f.* Confianza en que ocurrirá o se logrará lo que se desea. *Todos teníamos la esperanza de ganar.*

es·ta·bi·li·dad *f.* Seguridad o firmeza. *La estabilidad del edificio depende de unos buenos cimientos.*

es·truc·tu·ra *f.* Sistema de elementos relacionados e interdependientes entre sí. *La estructura de la sociedad es la familia.*

e·va·luar *v.* Determinar o estimar el valor o importancia de algo. *El primer paso después del huracán es evaluar los daños.*

e·va·po·rar·se *v.* Convertirse un líquido en vapor. *Cuando destapamos el perfume, todo el alcohol se evaporó.*

e·xa·ge·ra·ción *f.* Dicho, hecho o cosa que traspasa los límites de lo verdadero o lo razonable. *Decir que vas a saltar ocho metros es una exageración.*

ex·ca·var *v.* Hacer en el terreno hoyos, zanjas o galerías subterráneas. *Los arqueólogos han excavado por todo el Valle de los Reyes.*

ex·cla·mar *v.* Emitir palabras con fuerza o vehemencia para dar intensidad o emoción a lo que se dice. *El niño exclamó: "¡No me dejes acá!".*

ex·pec·ta·ti·vas *f.* Esperanzas o posibilidades de conseguir una cosa. *Se tenían muchas expectativas por la llegada de Felipe.*

ex·pe·rien·cia *f.* Conocimiento que se adquiere con la práctica. *Roberto tiene cinco años de experiencia como piloto.*

ex·po·ner *v.* Presentar o exhibir una cosa en público para que sea vista. *La próxima semana expondremos todos los proyectos en la feria de ciencia.*

ex·por·tar *v.* Enviar o vender productos del propio país a otro. *Latinoamérica ha exportado muchos más productos en el último año.*

ex·pre·sión *f.* Manifestación con palabras u otros signos exteriores de lo que uno siente o piensa. *El músico tenía una **expresión** de alegría mientras tocaba.*

ex·ten·der *v.* Expandir o difundir un elemento. *La nueva especie de aves se **extendió** por toda la provincia.*

ex·tre·mo *adj.* Que está en el grado máximo de cualquier cosa, suele ser algo excesivo. *En el desierto del Sahara puedes encontrar temperaturas **extremas**.*

Ff

fil·trar·se *v.* Pasarse por un filtro, usualmente un líquido. *El café de la abuela siempre **se filtra** antes de servirlo.*

fin·gir *v.* Simular o aparentar situaciones irreales. *Cuando era pequeño, mi tío **fingía** estar enfermo para no ir al colegio.*

fle·xi·ble *adj.* Que puede doblarse fácilmente sin partirse. *En los juegos olímpicos participan muchas gimnastas muy **flexibles**.*

for·ma·ción *f.* Acción de dar forma, construir o educar. *La **formación** en el ejército es muy exigente.*

for·mi·da·ble *adj.* Elemento o situación magnífica, estupenda, enorme o admirable. *Ayer hubo un espectáculo **formidable** en el teatro Estrella.*

fór·mu·la *f.* Modelo establecido para expresar, realizar o resolver algo. *La **fórmula** para alcanzar nuestras metas es la dedicación.*

frag·men·to *m.* Cada una de las partes de algo roto o partido. *Mi padre se cortó con un **fragmento** de vidrio.*

fran·co *adj.* persona sincera y abierta. *Cuando era pequeño, mi mamá me enseñó que debía ser **franco** todo el tiempo.*

fu·gi·ti·vo *m.* Alguien que huye de algo. *Ayer pasó frente a mi casa un **fugitivo** de la policía.*

fun·ción *f.* Actividad propia de alguien o algo. *La **función** de un maestro de escuela es dar clases a los alumnos.*

Gg

ga·rra·fón *m.* Recipiente de vidrio o barro cocido, de cuello corto, a veces protegido por un revestimiento. *El **garrafón** de agua es muy pesado.*

ge·ne·ra·ción *f.* Sucesión de descendientes en línea recta. *Mi familia transmite el conocimiento de **generación** en **generación**.*

gla·cial *adj.* Algo muy frío o helado. *¡El frío de esta noche es **glacial**!*

gla·ciar *m.* Hielo de las zonas altas de las cordilleras que se desliza como un río de hielo. *Sobrevolamos un parque nacional donde había varios **glaciares**.*

gra·dual *adj.* Dicho de algo progresivo, de grado en grado. *Mi progreso en la clase de teatro fue muy **gradual**.*

gue·rre·ro *m.* Que combate en alguna guerra. *Aquiles fue un gran **guerrero** de la antigua Grecia.*

guiar·se *v.* Dejarse dirigir por alguien o por indicios o señales. *Los hijos deben **guiarse** por los consejos de los padres.*

Hh

he·ren·cia *f.* Transmisión de rasgos genéticos de una generacón a otra. *De mi madre tengo la **herencia** de unos lindos ojos.*

he·roi·co *adj.* Admirable y extraordinario por su valor o méritos. *Los policías y los bomberos realizan actos **heroicos**.*

hi·ber·nar *v.* Pasar el invierno en estado de letargo o dormido. *Los osos **hibernan** en invierno.*

his·to·ria *f.* Acontecimientos pasados relacionados con cualquier actividad humana. *En la **historia** han existido grandes personajes.*

his·to·ria·dor *m.* Persona que se dedica profesionalmente a estudiar y escribir sobre la historia. *El **historiador** de la universidad sabe mucho acerca de la historia de Uruguay.*

hu·me·dad *f.* Presencia de agua u otro líquido en el ambiente. *La **humedad** mantiene saludables a las plantas en las selvas.*

Ii

i·dén·ti·co *adj.* Igual o muy parecido a otra cosa o persona. *Toda mi vida mi madre me ha dicho que soy **idéntica** a mi abuela.*

i·den·ti·fi·car *v.* Reconocer algo que se busca. *Hoy logramos **identificar** al estudiante que escondía nuestros libros.*

i·ma·gi·nar *v.* Representar algo en la mente, en la imaginación. *Todos los días, el escritor **imagina** historias divertidas para sus libros.*

im·pac·to *m.* Golpe emocional producido por una noticia desconcertante o dramática. *La noticia del accidente causó un gran **impacto** en toda la clase.*

im·pe·dir *v.* Dificultar o imposibilitar la ejecución de una acción. *Mi papá me **impidió** ir a la playa hoy porque llovía.*

in·ac·ti·vo *adj.* Sin actividad o movimiento, apagado o en reposo. *El puerto ha estado **inactivo** durante mucho tiempo.*

in·cré·du·lo *adj.* Que no cree fácilmente. *Camila se mostró **incrédula** ante las afirmaciones de Nancy.*

in·da·ga·ción *f.* Investigación que se hace para averiguar lo desconocido. *La **indagación** de la pérdida de mi teléfono móvil no ha tenido resultados positivos.*

in·di·car *v.* Comunicar, explicar o dar a entender algo con indicios y señales. *Jaime me **indicó** cómo llegar fácilmente a su casa.*

in·es·pe·ra·do *adj.* Que sucede sin esperarse, imprevisto. *El resultado del partido de béisbol de hoy fue inesperado.*

in·ge·nio·so *adj.* Que tiene la facultad para crear e inventar. *Martín es la persona más ingeniosa que conozco; él inventó un robot nuevo.*

i·no·cen·cia *f.* Ausencia de culpa. *Yo creo en la inocencia de mi primo.*

in·qui·si·ti·vo *adj.* Que indaga de modo apremiante y cuidadoso. *Marta tiene una mirada muy inquisitiva.*

in·tac·to *adj.* Que no tiene alteración, modificación o deterioro. *Te prestaré mi computadora, pero me la tienes que devolver intacta.*

in·ter·cep·tar *v.* Apoderarse de una cosa antes de que llegue a su destino. *La NASA interceptó el satélite antes de que llegara a la Luna.*

in·ter·pre·tar *v.* Explicar el sentido o significado de una cosa. *No es fácil interpretar las estadísticas, para eso se debe estudiar mucho.*

in·ter·ve·nir *v.* Interceder o mediar. *Traté de intervenir en la controversia cuando vi que se empezaron a gritar.*

in·ven·tar *v.* Imaginar o crear algo. *Román inventó una nueva manera de jugar.*

in·ves·ti·ga·ción *f.* Estudio profundo de alguna materia. *En la universidad han comenzado una nueva investigación sobre las plantas del Amazonas.*

Jj

juez *m.* Persona que tiene autoridad y potestad para juzgar y sentenciar. *Una de las cualidades para ser juez es ser justo e imparcial.*

Ll

li·bre *adj.* Que no está sujeto ni sometido. *Los esclavos lucharon para ser libres.*

Mm

ma·nan·tial *m.* Nacimiento de las aguas. *El agua de manantial es muy fresca y pura.*

mer·can·cí·a *f.* Todo lo que se puede vender o comprar. *Las mercancías llegan todos los días del puerto.*

mi·grar *v.* Emigrar o cambiar el lugar de residencia. *Las ballenas migran al sur cada año para tener a sus crías.*

mi·sión *f.* Trabajo, función o encargo que alguien debe cumplir. *La misión del abogado defensor era demostrar la inocencia del acusado.*

mos·trar *v.* Exponer algo a la vista o señalarlo para que se vea. *Los vendedores mostraban sus mercancías a los compradores.*

Nn

na·tal *adj*. Perteneciente o relativo al nacimiento. *Mientras viajábamos en el auto de mi papá, pasamos por la tierra natal de mi abuelo.*

na·tu·ra·lis·ta *s*. Del naturalismo o relativo a él. *Los naturalistas buscan proteger el medioambiente.*

ne·ce·si·dad *f*. Impulso o elemento imprescindible para sobrevivir. *La respiración es una necesidad para el organismo.*

no·ta·ble·men·te *adv*. Dicho de algo que se nota fácilmente. *La habilidad de Sofía para tocar el piano mejoró notablemente.*

Oo

o·bli·ga·ción *f*. Aquello que hay que hacer o se está obligado a hacer. *Nuestra obligación es apoyar al equipo del colegio.*

ob·ser·va·ción *f*. Acción y resultado de observar. *La observación de aves es una afición muy común.*

obs·tá·cu·lo *m*. Impedimento o estorbo. *Los obstáculos en la carretera retrasaron nuestro viaje.*

o·ca·sio·nar *v*. Causar o motivar algo. *Las lluvias ocasionaron una gran congestión vehicular.*

o·cul·tar *v*. Impedir que alguien o algo se vea, se sepa o se note. *Cuando comenzaron a bailar, yo me oculté de todos.*

o·pe·ra·ción *f*. Realización o ejecución de un plan. *La operación para salvar a las aves del malecón fue un éxito.*

or·bi·tar *v*. Moverse en órbitas, alrededor de un cuerpo. *Los satélites climáticos orbitan alrededor de la Tierra.*

Pp

pai·sa·je *m*. Extensión de terreno que se ve desde un sitio determinado. *Lo más atractivo de la casa nueva es el hermoso paisaje que se ve desde la ventana.*

par·tí·cu·la *f*. Cuerpo muy pequeño o la parte más pequeña de algo. *El laboratorio está sin una sola partícula de polvo.*

pa·ten·te *f*. Documento en el que una autoridad concede un derecho o permiso. *Gustavo está tramitando la patente para su invento.*

pers·pec·ti·va *f*. Manera de ver algo desde un punto espacial específico. *La perspectiva desde mi balcón me deja ver toda la ciudad.*

plan·ta·ción *f*. Terreno para la explotación agrícola. *Los campesinos preferían trabajar en la plantación de caña de azúcar.*

po·blar *v*. Habitar o vivir en un lugar. *Los colonos trataron de poblar todo el territorio americano.*

pó·ci·ma *f.* Bebida medicinal de materias vegetales. *La **pócima** de la abuela siempre alivia mi resfriado.*

prac·ti·car *v.* Ensayar una actividad o disciplina para perfeccionarla. *Debes **practicar** tu inglés con más frecuencia.*

pri·sión *f.* Cárcel o dependencia donde se encierra a los presos. *Por seguridad, la **prisión** estatal queda lejos del centro de la ciudad.*

pro·ba·ble *adj.* Que tiene bastante posibilidad de suceder. *Es **probable** que vayamos a verte este fin de semana.*

pro·mo·ver *v.* Incentivar una determinada acción, buscando su realización. *Verónica puso todo su empeño en **promover** los derechos de los niños.*

pro·pues·ta *f.* Proposición o idea que se ofrece a alguien para un fin. *La **propuesta** fue interesante pero Juan decidió rechazarla.*

pros·pe·rar *v.* Mejorar o avanzar. *Mi huerto **prosperó** después de ponerle fertilizante.*

pro·ta·go·nis·ta *m.* Personaje principal de una obra. *La audición para escoger al **protagonista** de la obra de la escuela comienza mañana.*

pu·drir·se *v.* Corromperse o descomponerse la materia orgánica. *El contenido de la nevera **se pudrió** con el corte de electricidad.*

pun·te·ría *f.* Destreza del tirador para dar en el blanco. *Vamos al campo de tiro a probar mi **puntería**.*

Rr

rá·fa·ga *f.* Viento fuerte, repentino y de corta duración. *Una **ráfaga** se llevó el sombrero de mamá.*

ra·zo·na·mien·to *m.* Ordenamiento de ideas y conceptos para llegar a una conclusión. *Todos los **razonamientos** nos llevaron a la misma conclusión.*

re·clu·ta *m.* Soldado nuevo e inexperto. *Los **reclutas** salieron temprano a patrullar la zona.*

re·co·ger *v.* Coger algo que se ha caído. *Es tiempo de **recoger** la cosecha.*

re·co·no·ci·do *adj.* Alguien o algo distinguido de las demás personas por sus rasgos o características. *Mi hermano es un matemático **reconocido** en las universidades del mundo entero.*

re·cons·truir *v.* Volver a construir. *Con las ayudas del exterior, **reconstruyeron** el hospital.*

re·pe·ti·ción *f.* Acción de volver a hacer o decir lo ya hecho o dicho. *Habrá una **repetición** del programa de radio este domingo.*

re·pre·sen·tan·te *m.* Persona que actúa en nombre de otra persona o de una entidad. *Durante la reunión estudiantil, el **representante** de cuarto grado pidió la palabra.*

res•guar•do *m.* Defensa o protección. *La caverna nos servirá de* **resguardo** *por esta noche.*

re•sol•ver *v.* Hallar la solución a un problema. *Sara* **resolvió** *por fin la ecuación más difícil del libro de matemáticas.*

res•tau•rar *v.* Reparar una pintura, escultura o edificio. *El museo de la ciudad va a ser* **restaurado** *este año.*

res•to *m.* Parte que queda de algo. *¡Ya podemos visitar los* **restos** *de la antigua ciudadela!*

re•sul•ta•do *m.* Efecto y consecuencia de un hecho, operación o deliberación. *No esperábamos este* **resultado,** *pero fue una grata sorpresa.*

re•tro•ce•der *v.* Volver hacia atrás. *Mi padre decidió* **retroceder** *el auto y recoger al cachorro.*

re•ve•lar *v.* Descubrir lo secreto. *El detective* **reveló** *todo el misterio.*

ro•bus•to *adj.* Objeto o persona de aspecto saludable y fuerte. *El bosque está lleno de árboles* **robustos**.

Ss

sa•cu•dir *v.* Mover algo violentamente de un lado a otro. *El terremoto* **sacudió** *los municipios cercanos al epicentro.*

sa•tis•fac•ción *f.* Alegría o placer que se siente después de un determinado evento. *El maestro recibió con* **satisfacción** *el premio de la academia.*

se•gu•ri•dad *f.* Lo que es o está seguro. *Con* **seguridad,** *podremos viajar en tren.*

sig•ni•fi•ca•ti•vo *adj.* Dicho de algo considerable o extenso. *El alcalde trata de darle un cambio* **significativo** *al transporte en la ciudad.*

si•tua•ción *f.* Conjunto de circunstancias que se producen en un momento determinado. *La* **situación** *económica de Felipe mejoró este año.*

so•li•da•rio *adj.* Persona o acto desinteresado y asociado a la causa y opinión de otro. *Toda la comunidad tuvo un acto* **solidario** *con los desamparados.*

su•per•vi•ven•cia *f.* Prolongación o continuación de la existencia. *La* **supervivencia** *de los ciudadanos depende de la protección del gobierno.*

su•pli•car *v.* Rogar o pedir algo con humildad y sumisión. *Por más que Lucio les* **suplicó** *a sus papás que lo dejaran ir al paseo, no le dieron permiso.*

Tt

téc·ni·ca *f.* Procedimientos de una ciencia, un arte o un oficio. *La **técnica** empleada por el artista es muy original.*

te·ner ac·ce·so *fr.* Tener permitida la entrada o paso. *No **tuvimos acceso** a internet por varias horas.*

teo·rí·a *f.* Conocimiento especulativo considerado con independencia de su aplicación. *La **teoría** de la relatividad fue desarrollada por Einstein.*

te·rres·tre *adj.* Perteneciente a la Tierra. *La atmósfera **terrestre** es la parte gaseosa del planeta.*

trans·cu·rrir *v.* Pasar o correr el tiempo. *Entre el comienzo y el fin de mis vacaciones solo **transcurre** un mes.*

trans·for·mar *v.* Hacer a algo o alguien cambiar de forma o aspecto. *Cuando decoro mi casa para Navidad, los espacios se **transforman**.*

tran·si·ción *f.* Paso de una idea o materia a otra. *La **transición** del líquido a gas se llama evaporación.*

trans·mi·sión *f.* Acción y resultado de hacer llegar a alguien algún mensaje. *La **transmisión** del mensaje fue interrumpida a tiempo.*

Uu

u·nión *f.* Acción y resultado de juntar dos cosas o más entre sí. *La **unión** de las empresas logró un cambio en la economía.*

Vv

va·lien·te *adj.* Se dice de alguien con coraje, y valentía. *El señor que salvó al niño del tiburón fue muy **valiente**.*

va·ria·ción *f.* Variedad o diversidad. *Con mi paleta de colores puedo ver las diferentes **variaciones** de los colores.*

ven·de·dor *m.* Persona que vende. *Los **vendedores** de viviendas aumentaron las ventas en junio.*

ven·gan·za *f.* Respuesta con una ofensa o daño a otro recibido. *Para algunas tribus antiguas, la **venganza** era la única forma de resolver problemas.*

vi·si·ble *adj.* Que se puede ver. *El espectro de luz **visible** para el ojo humano es muy pequeño.*

vo·lun·tad *f.* Facultad de decidir hacer o no hacer una cosa. *La falta de **voluntad** debe ser combatida con energía y entusiasmo.*